21世纪立体化中等职业学校规划教材·财经系列

U0837787

经济法基础

史　磊　高立明　王立峰　主　编
周继文　王毓峰　王英伟
　　　　张　颖　汪　澜　副主编
　　　　　　　　陈明文　主　审

電子工業出版社
Publishing House of Electronics Industry
北京·BEIJING

内 容 简 介

本书以我国社会主义市场经济法制体系为框架，全面、系统地介绍了我国社会主义市场经济法制体系的主要内容。全书共分为7章，内容包括经济法概述、市场主体法律制度、市场规制法律制度、合同法律制度、宏观调控法律制度、社会保障法律制度、经济纠纷解决的法律制度，此外还在附录中列出各类合同范本，以供参考。本书吸纳了我国社会主义市场经济最新立法成果，注重理论联系实际。通过本书的学习，学生能掌握经济法的基础知识，提高对经济法的理论认识和从事经济法实务的能力，培养运用经济法理论解决经济生活中的实际问题的能力。

本书既可作为职业院校经管类、财经类及其他相关专业的教材，也可供读者作为经济法的入门参考书。

图书在版编目（CIP）数据

经济法基础 / 史磊，高立明，王立峰主编. --北京：电子工业出版社，2015.6

21世纪立体化中等职业学校规划教材. 财经系列

ISBN 978-7-121-26235-7

Ⅰ. ①经… Ⅱ. ①史… ②高… ③王… Ⅲ. ①经济法-中国-中等专业学校-教材 Ⅳ. ①D922.29

中国版本图书馆CIP数据核字（2015）第120330号

策划编辑：陈 虹 黄园园
责任编辑：陈 虹 特约编辑：许振伍 苗丽敏
印 刷：北京虎彩文化传播有限公司
装 订：北京虎彩文化传播有限公司
出版发行：电子工业出版社
北京市海淀区万寿路173信箱 邮编100036
开 本：787×1 092 1/16 印张：12 字数：331千字
版 次：2015年6月第1版
印 次：2021年7月第6次印刷
定 价：28.00元

前 言

市场经济就是法制经济和契约经济，对于作为未来经济活动的从业者的财经类专业学生来说，必须学习和自觉遵守经济法律法规。经济法涉及内容广泛，全面掌握有难度。中等职业学校的学生一般没有系统学习过法律基础理论，各方面的经济知识又比较欠缺，同时本课程在财经类专业教学计划中安排的课时往往不多，如何在有限的时间内让学生学习更多的、更实用的经济法律知识是安排本课程教学内容的关键。

本书在编写过程中，以适应中等职业学校财经类专业学生未来工作岗位的基本要求为目标，以培养学生具备学法、守法、依法办事的能力为本位，突出实用性、浅显性、技能性和通俗性。在内容安排上，重点安排了一章介绍合同法，要求学生基本具备签订、履行合同和处理合同纠纷的能力；对于其他法律制度也做了详细介绍，使学生掌握其主要内容，重点分清合法和违法的界限，在查阅相关法律法规的基础上可以对有关的法律问题做出处理。在编写体例上，本书力求新颖实用、通俗易懂，每章开头安排“知识导读”、“学习目标”和“引导案例”，让学生分清学习目的和重点难点；正文除安排基本法律知识外，还设有“知识拓展”、“知识链接”、“案例分析”、“思考”等内容，便于学生理解与学习；每章最后还安排了“练习题”和“实战演练”，便于教师教学和学生学习，以培养学生分析问题、解决问题的能力。

本书由中等职业学校一线担任经济法基础课程教学的教师编写，力求适应中等职业学校教学的实际要求。本书由太原铁路机械学校史磊、高立明，河北沧州工贸学校王立峰担任主编；黑龙江省贸易经济学校周继文、王毓峰、王英伟，太原铁路机械学校张颖、汪澜担任副主编；汕头市林百欣科技中专陈明文担任主审。各章节的编写分工为：第 1 章由高立明、王立峰编写，第 2 章由史磊编写，第 3 章由张颖编写，第 4 章由王英伟、王立峰编写，第 5 章由汪澜编写，第 6 章由周继文编写，第 7 章由王毓峰编写，附录由王英伟编写。本书在编写过程中参考了许多经济法相关的资料，同时，许多同仁也提供了大量有益的建议，在此一并表示感谢。

由于编写水平有限，书中不足之处在所难免，敬请同行及读者批评指正。

编　者

请注意：本书有配套的教学资源，为保证教学秩序，选用本教材的学校请仔细阅读书后所附教学资源索取表；通过网站和书店零购的读者，请提供购书发票、购买地点等信息索取。

目　　录

第1章 经济法概述

知识导读

经济法这一概念起源于法国。第一次世界大战之后,德国先后出版了很多以经济法为题的学术著作和教科书,经济法的概念有了较为完整的含义。迄今,国内外学者对经济法的概念仍没有达成共识。本书所讲的经济法,是指调整一定范围内经济关系的法律规范的总称。由于经济法与民法有着密切联系,本章将从法的一般原理讲起,介绍经济法的概念和调整对象、经济法的地位和作用、我国经济立法现状等方面的知识,重点讲解经济法律关系的相关知识,还介绍了民法和我国市场经济立法情况,使同学们对经济法有一个粗略的认识。本章是经济法的基础知识,学好本章的知识对于宏观掌握经济法其他章节的内容具有重要的指导作用。

学习目标

重点:法的渊源和法律部门。

经济法的概念和调整对象。

经济法律关系的构成要素。

经济法律责任。

难点:经济法与民法的关系。

引导案例

小冯大学毕业后面对竞争激烈的严峻就业形势,凭借其出众的个人形象和扎实的专业素养于万千求职大军中觅得工作良机,如愿以偿地进入一家外资企业工作。到用人单位报到后经过一段时间的基本岗前培训,他正式入职了。正式定岗的当日,企业人力资源部的负责人通知他进入涉外业务部进行工作。工作内容涉及大量经济法相关知识。小冯大学学的是财务会计专业。其中,经济法是一门必修课程。由于小冯对这门课程的掌握情况一般,因此上岗后他迫不及待地对经济法的知识内容进行了强化学习和深入认知。

1.1 法的一般原理

1.1.1 法的概念和特征

1. 法的概念

我国法学界对"法"这一概念的一般表述是:法是反映并调整一定社会关系,由国家制定或认可，并以国家强制力保证实施的社会行为规范的总和。

2. 法的特征

法是一个社会上层建筑的重要组成部分。它作为一种特殊的社会规范，具有以下基本特征。

① 法是调节人们行为的社会规范。

② 法是由国家制定或认可的行为规范。

③ 法是由国家强制力保证实施的行为规范。

④ 法是明确规定人们权利与义务的行为规范。

思考

法与其他行为规范，如道德、政策、制度、风俗习惯、宗教信仰等有何联系与区别？

知识链接

我国提倡依法治国，人治与法治的不同主要表现在以下几个方面。

- 从立法上讲，人治表现出主观性，法治表现出客观性。
- 从司法上讲，人治表现出宗法性，法治表现出平等性。
- 从约束上讲，人治表现出多样性，法治表现出单一性。
- 从理念上讲，人治表现出空想性，法治表现出有效性。

1.1.2 我国法律的渊源

法律渊源，又称为法的效力形式，是指一定国家机关制定或认可，具有不同的法律效力或法律地位的各种法律的表现形式。在我国，依据效力层次的高低，法律渊源主要有以下几种。

1. 宪法

宪法是国家的根本大法，是我国最高的法律形式，具有最高的法律效力和法律地位，是其他法律制定和修改的基础和依据。

2. 法律

狭义的法律是指由最高立法机构，即全国人民代表大会及其常务委员会制定并公布的法律规范。

3. 行政法规

行政法规是由国务院依据宪法和法律制定并颁布的有关国家行政管理活动的各种规范性法律文件，多以条例、实施细则、规定等命名。

4. 地方性法规

地方性法规是由依法享有地方立法权的地方各级人民代表大会及其常务委员会依据宪法、法律、行政法规并结合本地方实际情况制定并在本辖区内具有法律效力的规范性文件。

5. 行政规章

行政规章是国务院各部门和地方人民政府在其职权范围内依法定程序制定、发布的规范性文件，多以办法、规程、规则等命名。

知识拓展

行政规章虽然是广义上的法律规范，但其法律效力层次低，适用范围较窄，法律作用受到了一定限制。

6. 国际公约、条约、协定和惯例

在法律适用上，遵循特别法优先于普通法、国际条约与惯例优先于国内法的原则。

知识拓展

司法解释是最高人民法院、最高人民检察院等司法机关就法律、法规的适用所做的说明，具有司法执行上的法律效力。

知识链接

新中国成立以来，特别是改革开放30多年来，经过各方面坚持不懈的共同努力，我国立法工作取得了举世瞩目的巨大成就，一个立足中国国情和实际、适应改革开放和社会主义现代化建设需要、集中体现党和人民意志的，以宪法为统帅，以宪法相关法、民商法等多个法律部门的法律为主干，由法律、行政法规、地方性法规等多个层次的法律规范构成的中国特色社会主义法律体系已经形成。

到2010年年底，全国人民代表大会及其常务委员会制定现行有效法律239件，国务院制定行政法规690多件，地方人民代表大会及其常务委员会制定地方性法规8 600多件，涵盖社会关系各个方面的法律部门。各法律部门中基本的、主要的法律已经制定，相应的行政法规和地方性法规比较完备，法律体系内部总体做到了科学、和谐、统一。

1.1.3 法律部门

法律部门，又称为部门法，是运用特殊调整方法调整一定种类社会关系的法律规范的总和。在现行法律规范中，由于调整的社会关系及其调整方法不同，可分为不同的法律部门。凡调整同一类社会关系的法律规范的总和，就构成一个独立的法律部门。

我国的法律体系一般分为宪法及宪法相关法、民商法、行政法、经济法、社会法、刑法、诉讼及非诉讼程序法这7个法律部门。

1. 宪法及宪法相关法

宪法及宪法相关法是宪法部门最基本的规范，主要反映在《中华人民共和国宪法》这样的规范性文件中。宪法部门还包括主要国家机关组织法、选举法、民族区域自治法、特别行政区基本法、授权法、立法法、国籍法等法律。

2. 民商法

民法是调整作为平等主体之间的财产关系和人身关系的法律。它规定了自然人制度、法人制度、法律行为制度、代理制度、时效制度、物权制度、债权制度、人身权制度、知识产权制度、民事责任制度等基本法律制度。我国民法部门主要由民法通则和物权法、合同法、担保法、婚姻法、继承法、收养法、商标法、专利法、著作权法、侵权责任法等单行民事法律组成。

商法是民法的特别法，商法是调整平等主体之间的商事关系或商事行为的法律。我国的商法包括公司法、证券法、票据法、保险法、企业破产法、海商法等。我国实行“民商合一”的原则，民法规定的有关民事关系的很多概念、规则和原则也通用于商法。

3. 行政法

行政法是调整国家行政管理活动中各种社会关系的法律规范的总和。它包括规定行政管理体制的规范，确定行政管理基本原则的规范，规定行政机关活动的方式、方法、程序的规范等法律制度。我国行政法主要有行政许可法、行政复议法、行政处罚法、行政监察法、国家赔偿法、国家公务员法等。与国家行使行政权有关的各类法律，如管理军事、外交、教育等方面的法律也属于行政法。

思考

行政法与行政法规有何区别？

4. 经济法

经济法是调整特定经济关系的法律。经济法作为独立的法律部门，是国家从社会整体利益出发对市场干预和调控、管理的法律。经济法最主要的作用是创造竞争环境、维护市场秩序，包括反垄断法、反不正当竞争法、消费者权益保护法等法律。国家对土地、资源、货币、税收等进行管理的法律也属于经济法。

5. 社会法

社会法是保障劳动者、丧失劳动能力的人和其他需要辅助的人的权益的法律，其目的在于从社会整体利益出发，保护劳动者，维护社会安定，保障市场健康发展。社会法主要包括劳动法、劳动合同法、社会保险法等。

6. 刑法

刑法是规定犯罪和刑罚的法律。在人们的日常生活中，刑法也是最受人关注的一种法律。刑法这一法律部门中占主导地位的规范性文件是《中华人民共和国刑法》。一些单行法律、法规的有关条款也规定了刑法规范。

7. 诉讼及非诉讼程序法

诉讼程序法，也称为诉讼法，是有关各种诉讼活动的法律。它从诉讼程序方面保证实体法的正确实施，保证实体权利、义务的实现。诉讼法这一法律部门中的主要规范性文件为刑事诉讼法、民事诉讼法和行政诉讼法。同时，律师法、法官法、检察官法、仲裁法、监狱法等法律的内容也属于这个法律部门。

知识链接

到2010年年底，我国现行有效的法律239件。其中，宪法及宪法相关法39件，民商法33件，行政法78件，经济法60件，社会法18件，刑法1件，诉讼及非诉讼程序法10件。这239件法律构成了我们现行的法律体系的核心内容。

1.2 经济法的概念和内容

1.2.1 经济法的概念

经济法作为一个法律部门,时间不算太长。由于世界各国经济法律制度的差异,经济法的理论相去甚远。我国法学界对经济法的概念和调整对象以及它和民法、商法、行政法等法律部门的研究和探讨,始于改革开放之初。30 多年来,经济法得到了不断的发展和完善。

一般来说,经济法的概念有广义与狭义之分。

1. 狭义的经济法

狭义的经济法特指调整在国家调节社会经济过程中发生的各种社会关系,以规范和保障国家调节,促进社会经济协调、稳定和发展的法律规范的总称。狭义的经济法通常是指作为部门法的经济法学,对内容有严格限制,主要包括国家对经济活动进行调节所实施的宏观调控和微观市场管理方面的法律制度。

2. 广义的经济法

广义的经济法是调整各种经济关系的法律规范的总称。它包括的范围很广,除了狭义的经济法外,还包括民商法中的合同法、企业法、工业产权法等内容。

对于广大从事经济工作的人而言,他们并不关心和在乎法学理论上的争论和部门法划分的依据和界限,而是对经济活动中起码应了解和掌握哪些经济法律知识更感兴趣。因此,本书并不拘泥于部门法意义上的经济法范畴,而是选择经济法规体系中重要的、在实际经济生活中应用较多的法律法规予以重点介绍。

思考

经济法与民法、行政法、社会法的关系如何?

1.2.2 经济法的调整对象

与广义的经济法定义相对应,经济法的调整对象包括以下三方面的社会关系。

1. 国民经济管理关系

它是指各级国家机关之间,国家机关与经济组织、公民之间在国民经济管理活动中产生的经济关系。国家对国民经济的管理表现为宏观调控关系和微观的市场管理关系。宏观调控是国家为了实现经济总量的基本平衡,促进经济结构的优化,引导国民经济持续、快速、稳定、健康发展,对国民经济总体活动进行的调节和控制。微观的市场管理是国家为了维护市场经济的有效运行,发挥市场功能的正面效应,克服市场竞争的负面效应,通过法律手段对市场进行必要的规制和管理。

2. 企业组织关系

企业是最主要的市场经济活动主体。为了协调经济运行,国家通过经济立法对市场经济主体的法定资格和条件、设立的法律程序、主体资本制度、内部治理结构等进行统一规定,对企业设立、变更、终止,企业内部机构的设置及职权,企业的财务、会计等进行必要的调整和干预。

3. 经济协作关系

它是指法人、其他组织及公民相互之间在经济往来中产生的经济关系，主要是指合同关系。这部分本属于民法的范畴，但也属于广义的经济法的范围。

1.2.3 经济法的主要内容

与调整对象相适应，我国经济法的主要内容大致可分为以下几类。

1. 宏观调控法律制度

宏观调控法律制度是宏观调控法制化的要求。国家通过行政手段、经济手段和法律手段对经济进行适度的干预，实现国家资源的优化配置。目前，我国宏观调控法律制度主要有计划法律制度、国有资产法律制度、财政税收法律制度、金融法律制度及自然资源和能源法律制度等。

2. 市场主体法律制度

市场主体法律制度是经济法的重要内容。离开了市场主体，市场机制和宏观调控机制不能发挥任何作用，经济法的功能也就无法得到实现。在我国特定的历史阶段，以所有制作为企业法律形态分类和立法的主要标准具有一定的必要性，并起了主要作用，但随着改革的深化，企业法律形态分类和立法已逐步为企业的组织形态和投资者的责任形态所取代。我国目前的市场主体法律制度趋于成熟，主要有公司法律制度、合伙企业法律制度、个人独资企业法律制度、全民所有制企业法律制度、集体所有制企业法律制度、外商投资企业法律制度、企业破产法律制度等。

3. 市场规制法律制度

市场有序化是发挥市场机制作用的前提。要维护市场经济秩序，必须加强对市场的管理，特别是要用法律手段强化对市场秩序的监督，规范市场主体的行为，这是市场经济得以健康、快速发展的前提条件之一。目前，我国市场规制法律制度主要有反不正当竞争法律制度、反垄断法律制度、产品质量法律制度、消费者权益保护法律制度、价格管理法律制度、工业产权法律制度、证券交易法律制度等。

4. 经济协作法律制度

市场主体之间经济协作的主要形式是合同，维护合同自由是市场经济最重要的基石。目前，我国经济协作法律制度主要有合同法律制度、担保法律制度等。

知识拓展

社会主义市场经济法律制度的基本原则如下。

- 财产所有权一体保护原则。
- 合同自由原则。
- 自己责任原则。
- 公平竞争原则。
- 经济民主原则。
- 诚实信用原则。
- 保护弱者的原则。
- 维护社会正义的原则。
- 违法行为法定原则。
- 适当合理地兼顾国家、集体、个人利益，兼顾不同地区利益的原则。

1.3 经济法律关系

法律关系是法律规范所确认和调整的人与人之间的权利义务关系。经济法律关系就是由经济法确认和调整的在经济活动中所产生的权利义务关系。经济法律关系是法律关系的一种,由主体、客体和内容三要素组成。

知识拓展

要弄清什么是经济法律关系,首先要了解什么是法律关系。法律关系是社会关系的一种,是社会关系为法律规范调整时所形成的权利义务关系。通过什么样的法律调节、规范,就会形成什么样的法律关系,如人们根据民法而构成的权利义务关系,就构成民事法律关系;根据合同法构成的权利义务关系,就构成合同法律关系。

思考

社会关系、法律关系、经济法律关系有何联系与区别?

案例分析

乘客乘坐火车旅行,是否构成法律关系?其主体、客体、内容分别是什么?

1.3.1 经济法律关系的主体

经济法律关系的主体,也称为经济法的主体,是指能够独立参加经济法律活动,享有经济权利和承担经济义务的当事人。经济法主体是经济法律关系的参与者、构成者,是经济权利的享受者、经济义务的承担者。

我国现阶段,经济法律关系的主体的范围非常广,主要包括以下几类。

1. 国家机关

作为经济法主体的国家机关主要是指国家机关中的经济管理机关,在国民经济管理关系中行使国家职能,充当权利主体。

2. 社会组织

社会组织包括法人和其他组织。法人包括国家机关法人、事业单位法人、社会团体法人和企业法人,企业法人是经济法律关系中最活跃、最主要的主体;其他组织是指依法取得营业执照,具有生产经营资格但不具有法人资格的组织,合伙企业、个人独资企业等属于此类。

知识拓展

法人是具有民事权利能力和民事行为能力,依法独立享有民事权利和承担民事义务的组织。法人是社会组织的人格化,是社会组织获得的法律上的人格。并不是所有的社会组织都是法人,只有具有相应的法律条件的社会组织,才可以成为法人。根据《民法通则》第三十七条的规定,法人必须具备这些条件:依法成立,有必要的财产或经费,有自己的名称、组织机构和场所,能够独立承担民事责任。

法人的民事权利能力始于法人依法设立或登记,止于法人依法被撤销或解散。法人的民事行为能力与民事权利能力同时产生,同时终止,且大小与范围和民事权利能力一致。

3. 个体工商户、农村承担经营户等个人主体

经济法律关系的主体主要是组织,但不能说只能是组织。在经济法律规定的条件下,公民及其组合的家庭具有生产经营者资格,从事生产经营活动,参与经济法律关系,也可以成为经济法律关系的主体。

知识拓展

自然人是基于自然出生而依法在民事上享有权利和承担义务的个人。自然人具有民事权利能力和民事行为能力。自然人的民事权利能力始于出生,止于自然死亡。《民法通则》以我国自然人的认识能力和判断能力为依据,以年龄、智力和精神状态为条件,自然人按其民事行为能力分为完全民事行为能力人、限制民事行为能力人和无民事行为能力人3类。

类　型	范　围	行为能力
完全民事行为能力人	年满十八周岁的成年人; 十六周岁以上不满十八周岁,以自己的劳动收入为主要生活来源的人,视为完全民事行为能力人	可以自主地进行民事活动
限制民事行为能力人	十周岁以上的未成年人; 不能完全辨认自己行为的精神病人	可以进行与他们的年龄、智力相适应的民事活动;其他民事活动,由其法定代理人代理或征得其法定代理人同意
无民事行为能力人	不满十周岁的未成年人; 不能辨认自己行为的精神病人	民事活动均应由其法定代理人代理

思考

自然人和法人的权利能力和行为能力有何区别?

案例分析

列举税收征纳法律关系、买卖合同法律关系、保险合同法律关系的主体。

1.3.2 经济法律关系的客体

经济法律关系的客体,也称为标的,是指经济法律关系的主体的经济权利和经济义务所共同

指向的对象。经济法律关系的客体主要有以下几种。

1. 物

物是由人们所控制和支配的具有经济价值的财产。物是经济法律关系最普通、最主要的客体,包括天然物、人工制造的物,以及充当一般等价物的货币和有价证券等。物按其能否自由流通,分为自由流通物和限制流通物;按其特性及能否被替代,分为种类物和特定物;按其能否独立存在及使用,分为主物和从物等。

2. 经济行为

经济行为是指经济法律关系的主体为达到一定的目的所进行的经济活动。其具体包括经济管理行为、提供劳务行为和完成工作行为等。

知识拓展

提供劳务和完成工作是有区别的。完成工作指的是物化的劳动,即劳动最终表现为一定的物质成果,即物化的劳动成果,如加工产品、建设工程等,而提供劳务则没有物化的劳动成果,仅表现为一定的经济效果,如提供仓储服务、运输服务等。

思考

运输合同关系的客体是否是货物、旅客等?为什么?

3. 智力成果

智力成果是指人们通过脑力劳动所创造的具有一定的经济价值或能够带来一定的经济效益的精神产品,又称非物质财富、无形财产。智力成果的法律表现形式主要有商标权、专利权、著作权、专有技术等,还有经济信息、科技成果、商业秘密、商业信誉、企业标志、技术改进方案、合理化建议、管理经验等。

1.3.3 经济法律关系的内容

经济法律关系的内容是指经济法律关系的主体所享有的经济权利和承担的经济义务。

1. 经济权利

经济权利是指经济法律关系的主体依法享有的某种经济权益。其权益表现在:一是经济法律关系的主体可以根据自己的业务或管理的需要,有权做出或不做出一定的行为;二是有权要求他人做出或不做出一定的行为;三是他人的行为使自己的经济权利不能实现时,有权要求法院或仲裁机构给予法律保护。经济权利包括经济职权和物权、债权、知识产权等。

(1) 经济职权

经济职权是国家机关及其工作人员在行使经济管理职能时由法律所赋予的一种具有命令与要求服从性质的权利,是一种基于法律的规定而直接产生的权限。经济职权通常表现为宏观决策权、调节与协调权、行政命令权、行政征收权、行政许可权、行政审批权等。在行使行政职权时,其他经济法律关系的主体有义务服从。

(2) 物权

物权是指权利人依法对特定的物享有直接支配和排他的权利,包括所有权、用益物权和担保物权。

知识拓展

所有权是指所有人依法对自己的财产享有占有、使用、收益、处分的权利。所有权是最充分、最完整的物权。财产所有权的权能可与所有人分离设定用益物权或担保物权，如抵押人丧失对抵押物的处分权等。

(3) 债权

债权是指按照合同约定或法律规定在特定当事人之间产生的特定财产权利。

(4) 知识产权

知识产权包括著作权、商标权和专利权等。商标权和专利权合称为工业产权。

知识拓展

民事权利可分为财产权和人身权。财产权包括物权、债权、继承权和知识产权中的财产权利。人身权分为人格权和身份权，其中，人格权包括生命权、身体权、健康权、姓名权、名称权、名誉权、肖像权，身份权包括亲权、配偶权、亲属权、荣誉权。

2. 经济义务

经济义务是指由经济法律、法规所确认的一种责任。其含义包括：其一，经济义务主体必须依据经济法律、法规、合同、协议为或不为一定经济行为，以实现经济权利主体的利益和要求；其二，经济义务主体应自觉履行经济法律、法规、合同、协议所确定的各项要求，否则要受到国家强制力的制裁。

经济义务可分为法定义务和约定义务。法定义务是法律、法规规定的义务；约定义务是依据合同、协议约定的义务。

经济权利与经济义务是相互依存、相辅相成的。在经济法律关系中，除经济职权外，各方经济法律关系的主体既享有权利，又承担相应的义务。

思考

- 权利与义务有何关系？
- 如何区别“权利”和“权力”？

1.4　经济法律责任

1.4.1　经济法律责任的概念和构成

1. 经济法律责任的概念

经济法律责任是指由经济法律法规规定，在经济法律关系的主体违反法定义务时必须承担的法律后果。违反法律规定，应当承担相应的法律责任，这是对法律关系的保护，也是法律权威的具体体现。法律法规中一般都列举了各种违法行为相对应的法律责任。

本书在讲述经济法律法规时一般不列举每一部经济法律法规所规定的法律责任。如需要了解具体法律所对应的法律责任，请查阅相关法律规定。

2. 经济法律责任的构成要件

经济法律责任的构成要件是指构成经济法律责任必须具备的各种条件，是国家机关要求行为人承担法律责任时进行分析、判断的标准。

经济法律责任的构成要件包括主体、过错、违法行为、损害事实和因果关系5个方面。

(1) 主体

法律责任主体是指违法主体或承担法律责任的主体。法律责任主体不完全等同于违法主体。

(2) 过错

过错即承担法律责任的主观故意或过失。

知识拓展

故意是指行为人明知自己的行为会引起相应的法律后果却无视法律法规的约束，主观过错严重。过失是指行为人应当预见到自己的行为可能引起的法律后果。过失一般具有盲目性和轻信性，主观过错较轻。

(3) 违法行为

违法行为是指违反法律所规定的义务，超越权利的界限行使权力，以及侵权行为的总称。一般认为，违法行为包括犯罪行为和一般违法行为。

(4) 损害事实

损害事实即受到损失和伤害的事实，包括对人身、对财产、对精神（或三方面兼有）的损失和伤害。

(5) 因果关系

因果关系即行为与损害之间的因果关系。

3. 经济法律责任的归责原则

法律责任的归责，简称归责，是指对违法行为所引起的法律责任进行判断、确认、归结、缓减及免除的活动。归责一般必须遵循以下法律原则。

(1) 过错责任原则

过错责任是以行为人主观上的过错为承担法律责任的基本条件的认定责任的准则。按过错责任原则，行为人仅在有过错的情况下才承担法律责任；没有过错，就不承担法律责任。在法律没有特别规定的情况下，都适用过错责任原则。

过错推定也是认定过错的方式，是指根据法律规定推定行为人有过错，行为人不能证明自己没有过错的，应当承担法律责任。

(2) 无过错责任原则

无过错责任，又称为严格责任，是指行为人损害他人权益，不论行为人有无过错，按法律规定都应当承担法律责任。无过错责任原则适用于法律规定的特殊情况下的民事责任的归责。没有法律条款的明文规定，不能构成无过错责任。

适用无过错责任的情形有产品缺陷致人损害、高度危险作业致人损害、环境污染致人损害、地面施工致人损害、饲养的动物致人损害等损害赔偿案件。

知识链接

《侵权责任法》的有关规定

第六条 行为人因过错侵害他人民事权益,应当承担侵权责任。

根据法律规定推定行为人有过错,行为人不能证明自己没有过错的,应当承担侵权责任。

第七条 行为人损害他人民事权益,不论行为人有无过错,法律规定应当承担侵权责任的,依照其规定。

第四十一条 因产品存在缺陷造成他人损害的,生产者应当承担侵权责任。

第四十二条 因销售者的过错使产品存在缺陷,造成他人损害的,销售者应当承担侵权责任。

第四十四条 因运输者、仓储者等第三人的过错使产品存在缺陷,造成他人损害的,产品的生产者、销售者赔偿后,有权向第三人追偿。

上述责任哪些属于过错责任,哪些属于无过错责任?

知识拓展

按份责任是指责任人为多人时,各责任人按照一定的份额向债权人承担民事责任,各债务人之间无连带关系。在一般情况下,多人债务是以按份责任为基本清偿原则的。

连带责任是指依照法律规定或当事人的约定,两个或两个以上当事人对其共同债务全部承担或部分承担,并能因此引起其内部债务关系的一种民事责任。连带责任可以基于法律规定,也可以基于合同约定。法律规定适用连带责任的情况主要有合伙、担保等合同关系,代理,共同侵权等。

1.4.2 经济法律责任的方式

根据违法行为所违反法律的性质,法律责任可分为民事责任、行政责任和刑事责任等。

1. 民事责任

民事责任是民事法律责任的简称,是民事主体因违反民事义务所应承担的民事法律后果。

承担民事责任的前提一般是行为人对因故意或过失侵害侵犯了他人的人身权或财产权。民事责任主要是一种民事救济手段。民事责任的功能主要在于救济当事人的权利,赔偿或补偿当事人的损失。当然,民事责任也执行惩罚的功能,具有惩罚的内容。例如,违约金本身就含有惩罚的意思。

承担民事责任的方式主要有停止侵害,排除妨碍,消除危险,返还财产,恢复原状,修理、重作、更换,赔偿损失,支付违约金,消除影响、恢复名誉,赔礼道歉等。

2. 行政责任

行政责任是指因行为人违反法律法规的规定依行政程序给予的制裁。

行政责任可分为行政处罚和行政处分。对违反法律规定的单位和个人通常给予行政处罚。其种类主要有警告、罚款、没收违法所得、没收非法财物、责令停产停业、暂扣或吊销许可证、暂扣或吊销执照、行政拘留及法律法规规定的其他行政处罚。对违反法律规定的国家机关工作人员或被授权、委托的执法人员所实施的行政处分有警告、记过、记大过、降级、降职、撤职、留用查看、开除等。

3. 刑事责任

刑事责任是指对行为人违反法律、情节严重、构成犯罪的行为，依照刑事法律的规定追究的法律责任。

我国《刑法》规定，刑罚分为主刑和附加刑：主刑有管制、拘役、有期徒刑、无期徒刑和死刑；附加刑有罚金、剥夺政治权利和没收财产。对于犯罪的外国人，可以独立适用或附加适用驱逐出境。

刑事责任基本上是一种个人责任。一般来说，只有实施犯罪行为者本人才能承担刑事责任。公司、企业等单位实施危害社会的行为，法律明确规定为单位犯罪的，应当负刑事责任。单位犯罪的，对单位判处罚金，并对直接负责的主管人员和其他直接责任人员判处刑罚。

思考

- 违反《产品质量法》的行为应当承担哪些法律责任？
- 民事责任与刑事责任、行政责任有何关系？

练习题

一、填空题

1. 法是由国家__________或__________，并由__________来保证实施的__________的总和。

2. 经济法律关系的构成要素有__________、__________、__________。

3. 经济法律关系的主体包括__________、__________、__________。经济法中最常见的主体是__________。

4. 我国主要诉讼法有__________、__________、__________ 3 种。经济诉讼一般适用__________诉讼法。

5. 法律是由__________制定的，行政法规是由__________制定的。

6. 法律责任的主要形式有__________责任、__________责任、__________责任 3 种，经济合同纠纷主要追究的是__________责任。

二、单项选择题

1. 经济法律关系是以(　　)为内容的社会关系。

   A. 经济制度和经济权利　　B. 经济职责和经济关系

   C. 经济权利和经济义务　　D. 经济政策和经济规章

2. 行政法规的颁布机关是(　　)。

   A. 全国人民代表大会　　B. 省一级人民政府

   C. 国务院　　D. 国务院各部委

3. 从经济法的渊源分析，《铁路旅客运输规程》属于(　　)。

   A. 法律　　B. 行政法规　　C. 行政规章　　D. 司法解释

4. 按合同标的分,铁路货物运输合同属于(　　)的合同。
A. 转移财产　B. 完成工作　C. 提供劳务　D. 其他

三、多项选择题

1. 可以充当经济法律关系的客体的有(　　　)。
A. 法人　B. 货币　C. 商标权　D. 劳务活动
2. 属于经济法律关系要素的有(　　　)。
A. 主体　B. 客体　C. 内容　D. 对象
3. 经济权利的主要种类有(　　　)。
A. 财产所有权　B. 经营管理权　C. 经济职权　D. 经济债权

四、判断题

1. 公民不是法人,但在一定范围内仍可作为经济法律关系的主体。(　)
2. 法是统治阶级意志的体现,因此只约束被统治阶级的行为。(　)
3. 经济法律关系是平等主体间的一种平等协商、等价有偿的权利义务关系。(　)
4. 经济法是调整经济关系的法律规范的总称。(　)
5. 经济法律关系的主体应具备法人资格。(　)

五、简答题

1. 简述我国法律的渊源形式。
2. 简述我国法律体系的构成(即我国的法律体系包括的部门法)。
3. 试列举常用的经济法律法规。
4. 简述法律责任的类型、承担条件、作用和具体形式。

六、论述分析题

1. 法律与制度的区别与联系。
2. 故意和过失的不同与认定。
3. 过错责任和无过错责任有何区别与联系,各自的适用条件是什么?

实战演练

收集有关资料,比较经济法与民法调整对象的共同之处和不同之处,讨论经济法与民法的关系。

第2章 市场主体法律制度

知识导读

市场主体法律制度是调整企业和个人在设立、组织、活动、终止过程中发生的社会关系的法律规范总称。它调节、调整国家对企业的经济管理关系、企业内部组织关系、企业部分经营活动产生的经济关系和个人在市场从事交易活动的关系。

学习目标

重点：掌握市场主体法律制度的基本概念。
熟悉和掌握公司法、合伙企业法。
了解全民所有制工业企业法、个人独资企业法。

难点：股份有限公司和有限责任公司的区别。

引导案例

小冯因为自己所从事的涉外业务关系，在对经济法相关基本知识做了复习之后，开始对市场主体法律制度进行学习。当前企业经营所针对的市场环境要求就职者必须在了解本企业基本情况的前提下掌握市场主体法律制度的相关知识内容，于是小冯找到了企业涉外法务办公室的负责人小董。小董就相关内容和小冯进行了深入的探讨，并在其原有知识的基础上给予了更为细致的解读。

2.1 市场主体法律概述

2.1.1 市场主体的定义、分类和基本特征

1. 市场主体的定义

市场主体是指在市场上从事交易活动的组织和个人。

2. 市场主体的分类

(1) 按法律地位分

市场主体按法律地位，可分为法人组织和非法人组织。

(2) 按性质和职能分

市场主体按性质和职能，可分为经济组织(包括企业和非营利性经济机构)和非经济组织(包括国家机关和事业单位)。

3. 市场主体的基本特征

市场主体的基本特征如下。

① 市场主体是市场体系的核心。
② 市场主体既有广泛性，又有限定性。
③ 市场主体具有平等性。

2.1.2 市场准入制度

1. 市场准入的定义

所谓市场准入，一般是指货物、劳务与资本进入市场程度许可。食品质量安全市场准入制度就是为保证食品的质量安全，具备规定条件的生产者才允许进行生产经营活动，具备规定条件的食品才允许生产销售的监督制度。因此，实行食品质量安全市场准入制度是一种政府行为，是一项行政许可制度。

2. 市场准入制度的定义

市场准入制度是指政府或其授权机构规定公民和法人进入市场从事商品生产、经营活动所必须满足的条件和必须遵守的制度与规范的总称。它是国家为保护社会公共利益而对市场进行监管的基本制度。

市场准入制度是国家对市场主体资格的确立、审核和确认的法律制度，包括市场主体资格的实体条件和取得主体资格的程序条件。其表现是国家通过立法规定市场主体资格的条件及取得程序，并通过审批和登记程序执行。

2.2 公司法

2.2.1 公司的概念、特征和分类

1. 公司的概念和特征

公司是依照法定的条件与程序设立的、以营利为目的的社团法人。公司是由股东投资形成的企业法人，具有独立法人资格。公司具有以下特征。

① 公司是依公司法设立的经济组织。
② 公司是以营利为目的的经济组织。
③ 公司具有法人资格。
④ 公司对外承担有限责任。

2. 公司的分类

(1) 以公司股东的责任形式划分

以公司股东的责任形式划分，公司可分为无限责任公司（对应普通合伙企业）、两合公司（对应有限合伙企业）、股份两合公司、有限责任公司、股份有限公司。根据我国《公司法》的规定，公司只包括有限责任公司和股份有限公司两种类型，属于法人分类中的企业法人。

(2) 以公司之间的组织关系为标准划分

以公司之间的组织关系为标准划分，公司可分为总公司和分公司；母公司和子公司。

设立了公司全部机构的公司为总公司，也称为本公司。分公司是总公司的分支机构，是总公司的组成部分。分公司没有自己独立的名称，没有健全的组织机构，没有独立的财产，也不能独立地对外承担民事责任。

母公司拥有一个或一个以上的子公司，子公司具有法人资格，依法承担民事责任。

知识链接

子公司与分公司的区别如下。

1. 法律地位

子公司:虽受母公司实际控制,但具有独立的法人人格,在工商部门领取企业法人营业执照,有自己的公司名称和章程,以自己名义开展经营活动。

分公司:不具有独立的法人人格,虽有公司字样但并非真正意义上的公司,无自己的章程,公司名称只要在总公司名称后加上"分公司"字样即可。

注意:分公司虽不具独立法律地位,但依《民事诉讼法》第四十九条和《民诉意见》第四十条,依法设立的分公司可以作为民事诉讼的当事人,具有诉讼资格。另外,分公司也具有独立的缔约能力。

2. 责任承担

子公司:以其自身财产独立承担民事责任,与母公司互不连带,除出资人(即子公司的各股东)出资不实或有抽逃资金,以及公司人格否认的情形下,债权人不得就未得清偿部分向出资人追偿。

分公司:业务开展过程中出现债务不能履行情形时,债权人可以要求总公司(设立公司)承担清偿义务,提起诉讼时,可以直接把总公司列为共同被告要求承担责任。须特别注意:这并不意味着二者之间为连带关系,应当是同一个人格,由总公司承担全部责任。

3. 设立方式

子公司:由一个股东(一人有限责任公司)或两个以上股东按照《公司法》规定的公司设立条件和方式投资设立。

分公司:总公司在其住所地之外向当地工商部门申请设立,属于总公司的分支机构,在公司授权范围内独立开展业务活动。

4. 投资限制

子公司:公司向其他有限责任公司、股份公司投资的,公司章程对投资或担保的总额及单项投资或担保的数额有限额规定的,不得超过规定的限额。

分公司:总公司对分公司的投入原则上不受限制。注意:依照《商业银行法》第十九条第二款,商业银行拨付其子公司运营资金的总和不得超过总行资本金总额的60%。

3. 公司法的概念和特征

公司法是规定各种公司的设立、组织活动和解散,调整其与公司组织有关的对内对外关系的法律规范的总称。公司法具有以下特征。

(1) 公司法既是实体法,又是程序法

公司法规定公司进行经营活动中必须遵循的原则、公司内部组织机构有关的对内的权限、股东的权利和义务等,这些是实体方面的内容。同时,公司法关于公司设立、变更、解散、清算,以及其他对内对外活动的相关程序的法律规定,又体现了公司法程序性的一面。

(2) 公司法既是组织法,又是行为法

我国公司法规定了公司的法律地位、公司股东人数、组织机构及权限等相关内容,具有组织法的特征。同时,公司法具体规定了公司股东在公司设立、变更、终止、解散、清算,以及公司经营管理活动中的权利和义务,是公司和股东、董事、经理等人员和机构的行为准则,具有行为法的特征。

(3) 公司法既有强制性,又有任意性

公司是市场主体法,其目的是规范公司的组织和行为,保护公司和股东债权人的合法利益,维护市场经济秩序,因而,公司法中有许多强制性规定,如股东人数、注册资本、股票和债券的发行等,公司必须遵守。同时,公司法中又有许多任意性条款允许公司和股东在一定的范围内对其权利和义务进行自由选择。

(4) 公司法体现了国际性和国内性的结合

公司法首先是国内立法,主要是规范本国公司的组织和行为。随着国际经济技术合作与交流的发展,跨国公司、外国公司的分支机构,本国与外国合资公司大量涌现,我国公司立法中十分注意借鉴外国先进的立法经验,以使我国公司法能适应和促进国际经济技术交流与合作。因此,我国公司法又具有国际性。

4. 公司法的适用范围

我国《公司法》第二条规定:"本法所称公司,是指依照本法在中国境内设立的有限责任公司和股份有限公司。"因此,凡在中国境内设立的有限责任公司和股份有限公司均适用我国《公司法》。另外,《公司法》还规定,在我国境内设立的外商投资企业中的有限责任公司和股份有限公司也适用公司法。

2.2.2 公司的股票和债券

1. 股票的概念

股份是股份有限公司资本的基本构成单位,股东以其所持股份数来确定其在公司中的权利义务的大小。股份是股东权或股东地位的基础和表现形式。

股票是股份的表现形式,是公司签发的证明股东所持股份的凭证。我国《公司法》规定,股份有限公司的资本划分为股份,每一股的金额相等。股票采用纸面形式或国务院证券监督管理机构规定的其他形式。股票应当载明公司名称、公司登记成立的日期、股票种类、票面金额及代表的股份数、股票的编号等事项。股票由董事长签名,公司盖章。

知识拓展

股票可分为记名股和无记名股:记名股是将股东的姓名或名称记载于股票票面的股份,记名股的权利只能由股东本人享有,非股东即使持有股票也不能享有股权;无记名股是股票票面不记载股东姓名或名称的股份。无记名股票的合法持有人为公司股东,股份转让时交付股票即可。

2. 股份或股票的发行

(1) 股份发行的原则

股份的发行,实行公平、公开的原则,同种类的每一股份应当具有同等权利。同次发行的同种类股票,每股的发行条件和价格应当相同;任何单位或个人所认购的股份,每股应当支付相同的价格。

(2) 股票发行价格

股票发行价格可以按票面金额,也可以超过票面金额,但不得低于票面金额。

（3）发行新股条件

根据《公司法》的规定，公司经国务院证券监督管理机构核准公开发行新股时，必须公告新股招股说明书和财务会计报告，并制作认股书；公司发行新股，可以根据公司经营情况和财务状况，确定其作价方案；公司发行新股募足股款后，必须向公司登记机关办理变更登记，并公告。

3. 股份或股票的转让

（1）转让方式

股份转让的方式主要包括记名股票的转让方式和无名记股票的转让方式。

（2）对股份转让的限制

① 股东转让其股份，应当在依法设立的证券交易场所进行或按照国务院规定的其他方式进行。

② 发起人持有本公司股份的，自公司成立之日起1年内不得转让。

③ 公司公开发行股份前已发行的股份，自公司股票在证券交易所上市交易之日起1年内不得转让。

④ 监事、高级管理人员应当向公司申报所持有的本公司的股份及其变动情况，在任职期间每年转让的股份不得超过其所持有公司股份总数的25%；所持本公司股份自公司股票上市交易之日起1年内不得转让。上述人员离职后半年内不得转让其所持有的本公司股份。

（3）记名股票的失效

记名股票被盗、遗失或灭失，股东可以依照《民事诉讼法》规定的公示催告程序请求人民法院宣告该股票失效。人民法院宣告该股票失效后，股东可以向公司申请补发股票。

4. 公司债券

公司债券是指公司依照法定程序发行的、约定在一定期限内还本付息的有价证券。公司以实物券方式发行公司债券的，必须在债券上载明公司名称、债券票面金额、利率、偿还期限等事项，并由法定代表人签名，公司盖章。

（1）发行公司债券的条件

《公司法》对公司发行债券的条件做了较严格的规定。根据我国《证券法》及相关法律的规定，发行公司债券，必须符合这些条件：股份有限公司的净资产不低于人民币3 000万元，有限责任公司的净资产额不低于人民币6 000万元；累计债券总额不超过公司资产额的40%；最近3年平均可分配利润足以支付公司债券1年的利息；筹集的资金投向符合国家产业政策；债券的利率不得超过国务院限定的利率水平；国务院规定的其他条件。发行公司债券筹集的资金，必须用于审批机关批准的用途，不得用于弥补亏损和非生产性支出。凡有这些情形之一的，不得再次发行公司债券：前一次发行的公司债券尚未募足的；对已发行的公司债券或其债务有违约或延迟支付本息的事实，且仍处于继续状态的。

（2）发行公司债券的程序

股份有限公司和有限责任公司发行债券，由董事会制订方案，股东会做出决议。国有独资公司发行公司债券，应由国家授权投资的机构或国家授权的部门做出决定。公司做出决议或决定后，应当向国务院证券管理部门报请批准，并提交有关文件。公司发行债券，应当置备公司债券存根簿，对发行记名公司债券和不记名公司债券应分别登记。

（3）公司债券的转让

根据我国《公司法》第一百六十条的规定，公司债券可以转让，转让价格由转让人与受让人约定。公司债券在证券交易所上市交易的，按照证券交易所的交易规则转让。除法律法规的禁止性和限制性规定外,投资者可以随时按照自己的意愿转让公司债券。公司债券的转让,尤其是在集中市场进行的持续不断的转让活动,可以为债券持有人、发行公司、潜在的投资者等所有市场参与者提供有关公司债券的信息。

思考

股票与债券有何异同?

2.2.3 公司的合并、分立、解散和清算

1. 公司的合并

(1) 公司合并的方式

公司合并可以采取吸收合并或新设合并的方式。一个公司吸收其他公司为吸收合并,被吸收的公司解散。两个以上公司合并设立一个新的公司为新设合并,合并各方解散。

吸收合并:A+B=A;B的人格消灭,A的人格存续。

新设合并:A+B=C;A、B的人格都消灭,产生新的人格C。

(2) 合并的程序

公司合并应当由合并各方签订合并协议,并编制资产负债表及财产清单。公司应当自做出合并决议之日起10日内通知债权人,并于30日内在报纸上公告。债权人自接到通知书之日起30日内,未接到通知书的自公告之日起45日内,可以要求公司提前清偿债务或提供相应的担保。

在上述期限内,不主张债权的权利人,视为同意合并。

公司合并时,合并各方的债权、债务,应当由合并后存续的公司或新设的公司承继。

2. 公司的分立

公司分立的方式有派生分立和新设分立。

派生分立:A=A+B;B公司的人格派生出来,A的人格继续存续。中国电信的拆分就属于派生分立。

新设分立:A=B+C;A公司的人格消灭,产生两个或两个以上的新人格。

公司分立,其财产做相应的分割。公司分立应当编制资产负债表和财产清单。公司应当自做出分立决议之日起10日内通知债权人,并于30日内在报纸上公告。公司分立前的债务由分立后的公司承担连带责任,但公司在分立前与债权人就债务清偿达成的书面协议另有约定的除外。公司分立不影响债权人利益,不需要提前清偿债务或提供相应的担保。

3. 公司注册资本的增加

公司注册资本的增加,即公司增资,是指公司依照法定的条件和程序增加注册资本的行为。有限责任公司增加注册资本时,股东认缴新增资本的出资依照《公司法》设立有限责任公司缴纳出资的有关规定执行。股份有限公司为增加注册资本发行新股时,股东认购新股,依照《公司法》设立股份有限公司缴纳股款的有关规定执行。

4. 公司注册资本的减少

公司注册资本的减少,即公司减资,是指公司依照法定的条件和程序减少注册资本的行为。公司减少注册资本时,必须编制资产负债表和财产清单。公司应当自做出减少注册资本决议之日起10日内通知债权人,并于30日内在报纸上公告。债权人自接到通知书之日起30日内,未

接到通知书的自公告之日起45日内有权要求公司提前清偿债务或提供相应的担保。

公司减资后的注册资本不得低于法定的最低限额。

减资影响债权人的利益,擅自减资无效,仍在原资本额度内对外负责;公司增资没有程序要求,因为不影响债权人利益。

5. 公司的破产

《公司法》第一百九十一条规定:"公司被依法宣告破产的,依照有关企业破产的法律实施破产清算。"

公司的解散是使公司丧失法人资格的行为,这种行为的后果是使公司丧失进行业务活动的能力并归于消灭。

根据我国《公司法》第一百八十一条的规定,公司因这些原因解散:公司章程规定的营业期限届满或公司章程规定的其他解散事由出现;股东会或股东大会决议解散;因公司合并或分立需要解散;依法被吊销营业执照、责令关闭或被撤销;人民法院依照本法第一百三十八条的规定予以解散。该法第一百三十八条规定:"公司经营管理发生严重困难,继续存续会使股东利益受到重大损失,通过其他途径不能解决的,持有公司全部股东表决权10%以上的股东,可以请求人民法院解散公司。"

根据《公司法》第一百八十四条的规定,公司因上述第一百八十一条的规定(第3项除外)而解散的,应当在解散事由出现之日起15日内成立清算组开始清算。有限责任公司的清算组由股东组成,股份有限公司的清算组由董事或股东大会确定的人员组成。逾期不成立清算组进行清算的,债权人可以申请人民法院指定有关人员组成清算组进行清算。人民法院应当受理该清算,并及时组织清算组进行清算。

清算组在清算期间行使这些职权:清理公司财产,分别编制资产负债表和财产清单;通知、公告债权人;处理与清算有关公司未了结的业务;清缴所欠税款及清算过程中产生的税款;清理债权、债务;处理公司清偿债务后的剩余财产;代表公司参与民事诉讼活动。

清算组在清理公司财产、编制资产负债表和财产清单后,应当制订清算方案,并报股东会、股东大会或人民法院确认。公司财产在分别支付清算费用、职工的工资、社会保险费用和法定补偿金,缴纳所欠税款,清偿公司债务后的剩余财产,有限责任公司按照股东的出资比例分配,股份有限公司按照股东持有的股份比例分配。清算期间,公司存续,但不得开展与清算无关的经营活动。公司财产在未按前款规定清偿前,不得分配给股东。清算组在清理公司财产、编制资产负债表和财产清单后,发现公司财产不足清偿债务的,应当依法向人民法院申请宣告破产。公司经人民法院裁定宣告破产后,清算组应当将清算事务移交给人民法院。公司清算结束后,清算组应当制作清算报告,报股东会、股东大会或人民法院确认,并报送公司登记机关申请注销公司登记,公告公司终止。

清算组成员应当忠于职守,依法履行清算义务,不得利用职权收受贿赂或其他非法收入,不得侵占公司财产。清算组成员因故意或重大过失给公司或债权人造成损失的,应当承担赔偿责任。

2.2.4 有限责任公司

有限责任公司是依照公司法设立的,股东以其出资额为限对公司承担责任,公司以其全部资产为限对公司的债务承担有限责任的企业法人。

1. 有限责任公司的设立条件

根据我国《公司法》的规定,在我国设立有限责任公司应当具备以下条件。

(1) 股东符合法定人数

根据我国《公司法》第二十四条的规定,有限责任公司由50个以下股东出资设立。这就是说,允许一个人或自然人投资设立一人有限责任公司。

(2) 有符合公司章程规定的全体股东认缴的出资额

有限责任公司的注册资本为在公司登记机关登记的全体股东认缴的出资额。"法律、行政法规及国务院决定对有限责任公司注册资本实缴、注册资本最低限额另有规定的,从其规定。"据新公司法的规定,不再对股东出资的时间及非货币出资的比例做出限制,登记时也无须提交验资报告,认缴的出资是由股东各自先认缴,成立公司时无须资金到位,在一定期限内予以补齐即可。

(3) 股东可以用货币出资,也可以用实物、知识产权、土地使用权等可以用货币估价并可以依法转让的非货币财产作价出资

法律、行政法规规定不得作为出资的财产除外。对作为出资的非货币财产应当评估作价,核实财产,不得高估或低估作价。法律、行政法规对评估作价有规定的,从其规定。

(4) 股东共同制定公司章程

公司章程是指公司设立人依法订立的关于公司组织及其活动的基本规则的法律文件。制定公司章程是设立公司的必备条件和必经程序。有限责任公司的章程由股东共同制定,所有股东应当在公司章程上签名、盖章。公司章程一旦生效,不得随意变更,必须按法定的条件和程序修改。

(5) 有公司名称,建立符合有限责任公司要求的组织机构

公司名称必须符合法律、法规的规定,必须在公司名称中使用"有限责任公司"字样。公司必须建立符合法律规定的组织机构。

(6) 有固定的生产经营场所和必要的生产经营条件

公司的生产经营场所包括公司的住所,即公司主要办事机构所在地和公司营业场所。另外,公司应具备机器设备、设施工作环境和工作人员等必要的生产经营条件。

2. 有限责任公司的设立程序

(1) 制定公司章程

设立有限责任公司首先由全体股东共同制定公司章程,并在公司章程上签名、盖章。公司章程对公司、股东、董事、监事、经理均具有约束力。

(2) 股东出资和验资

股东应按《公司法》规定缴纳出资,并经法定的验资机构出具证明。

(3) 办理登记

股东的全部出资经法定验资后,由全体股东指定的代表或共同委托的代理人向公司登记机关申请设立登记。公司登记机关对符合公司法规定条件的予以登记,并发放营业执照。公司营业执照签发日期为有限责任公司成立日期。

3. 有限责任公司的组织机构

根据我国《公司法》的规定,有限责任公司的组织机构包括股东会、董事会或董事、经理、监事会或监事。

(1) 股东会

有限责任公司股东会由全体股东组成,股东会是公司的权力机构,也是公司的最高决策机构,依照公司法的规定行使职权。根据《公司法》第三十八条的规定,股东会的职权主要有:公司经营决策权,选举和更换董事、监事的权利,审议批准董事会、监事会报告的权利,审议批准公司

财务预算、利润分配方案和亏损弥补方案的权利，决定公司增资、减资及修改公司章程的权利，决定公司合并、分立、解散、清算等事项的权利。

有限责任公司股东会会议分为定期会议和临时会议。定期会议应当依照公司章程的规定按时召开。代表1/10以上表决权的股东，1/3以上的董事，监事会或不设监事会的公司的监事提议召开临时会议的，应当召开临时会议。股东会会议由股东按照出资比例行使表决权，股东会的议事方式和表决程序，除法律有规定的以外，由公司章程规定。对某些涉及股东根本利益的事项，如公司增资，公司合并、分立、解散、变更或修改公司章程等，需经代表2/3以上表决权的股东通过。

（2）董事会

董事会是公司股东会的执行机构，对股东会负责。董事会由3～13人组成，董事会设董事长一名，可以设副董事长。董事长、副董事长的产生办法由公司章程规定，董事长为公司的法定代表人。股东人数较少和规模较小的有限责任公司，可以设一名执行董事，不设董事会；执行董事可以兼任公司经理。董事会会议由董事长召集和主持；董事长不能履行职务的或不履行职务的，由副董事长召集和主持；副董事长不能履行职务或不履行职务的，由半数以上董事共同推举一名董事召集和主持。

董事任期由公司章程规定，每届任期不超过3年，可以连选连任。

（3）经理

有限责任公司设立经理，由董事会聘任或解聘。经理对董事会负责，并列席董事会会议。根据我国《公司法》第五十条的规定，经理可行使这些职权：主持公司的生产经营管理工作，组织实施董事会决议；组织实施公司年度经营和投资方案；拟订公司内部管理机构设置方案；拟定公司的基本管理制度；制定公司的具体规章；提请聘任或解聘公司副经理、财务负责人；聘任或解聘除应由董事会聘任或解聘以外的负责管理人员；董事会授予的其他职权。公司章程对经理职权另有规定的，从其规定。

（4）监事会

有限责任公司的监事会是公司内部监督机构。有限责任公司设立监事会，监事会成员不得少于3人。股东人数较少和规模较小的有限责任公司，可以设一至两名监事，不设监事会。监事的任期每届为3年，任期届满，可以连选连任。董事、高级管理人员不得兼任监事。

监事会、不设监事会的公司的监事行使这些职权：检查公司财务；对董事、高级管理人员执行公司职务的行为进行监督，对违反法律、行政法规、公司章程或股东会决议的董事、高级管理人员提出罢免的意见；当董事、高级管理人员的行为损害公司的利益时，要求董事、高级管理人员予以纠正；提议召开临时股东会会议，在董事会不履行本法规定的召集和主持股东会会议职责时召集和主持股东会会议；向股东会会议提出提案；依照《公司法》第一百五十二条的规定，对董事、高级管理人员提起诉讼；公司章程规定的其他职权。

知识链接

董事、经理、监事的任职限制

我国《公司法》第一百四十六条规定："有下列情形之一的，不得担任公司的董事、监事、高级管理人员：

"（一）无民事行为或者限制民事行为能力；

"（二）因贪污、贿赂、侵占财产、挪用财产或者破坏社会主义市场经济秩序，被判处刑罚，

执行期满未逾五年,或者因犯罪被剥夺政治权利,执行期满未逾五年;

"(三) 担任破产清算的公司、企业的董事或者厂长、经理,对该公司、企业的破产负有个人责任的,自该公司、企业破产清算完结之日起未逾三年;

"(四) 担任因违法被吊销营业执照、责令关闭的公司、企业的法定代表人,并负有个人责任的,自该公司、企业被吊销营业执照之日起未逾三年;

"(五) 个人所负数额较大的债务到期未清偿。公司违反前款规定选举、委派董事、监事或者聘任高级管理人员的,该选举、委派或者聘任无效。

"董事、监事、高级管理人员在任职期间出现本条第一款所列情形的,公司应当解除其职务。"

2.2.5　股份有限公司

股份有限公司是指依照公司法在中国境内设立,其全部资本分为等额股份,股东以其所持股份为限对公司承担责任,公司以其全部资产对公司的债务承担责任的企业法人。

1. 股份有限公司的设立条件

根据我国《公司法》的规定,设立股份有限公司,应当具备下列条件。

(1) 发起人符合法定人数

设立股份有限公司,应当有2人以上200人以下为发起人,其中须有半数以上的发起人在中国境内有住所。

(2) 有符合公司章程规定的全体发起人认购的股本总额或募集的实收股本总额

股份有限公司采取发起设立方式设立的,注册资本为在公司登记机关登记的全体发起人认购的股本总额。在发起人认购的股份缴足前,不得向他人募集股份。股份有限公司采取募集方式设立的,注册资本为在公司登记机关登记的实收股本总额。法律、行政法规及国务院决定对股份有限公司注册资本实缴、注册资本最低限额另有规定的,从其规定。

(3) 股份发行、筹办事项符合法律规定

股份有限公司发起人承担公司筹办事务,应当签订发起人协议,明确各自在公司设立过程中的权利和义务。

(4) 发起人制定公司章程,并经创立大会通过

发起人应依照法律规定制定公司章程,公司章程中应载明法定事项。

(5) 有公司的名称,建立符合股份有限公司要求的组织机构

设立股份有限公司必须选定公司的名称,并依法建立法定的组织机构。

(6) 有固定的生产经营场所和必要的生产经营条件

股份有限公司应当有确定的经营场所,如主要办公所在地、主要业务经营场所等。另外,应该具备必要的生产设施、机器设备、办公设备、工作人员等基本生产经营条件。

2. 股份有限公司的设立程序

根据《公司法》第七十八条的规定,股份有限公司的设立可以采取发起设立或募集设立的方式。发起设立是指由发起人认购公司发行的全部股份而设立公司;募集设立是指由发起人认购公司应发行股份的一部分,其余股份向社会公开募集或向特定对象募集而设立公司。

股份有限公司的设立必须经过国务院授权部门或省级人民政府批准。

(1) 发起设立的程序

1) 发起人认购股份。发起人在获得政府主管机关的批准后应当认购公司发行的全部股份。认购采用书面形式。认购书应载明认购人的姓名或名称、住所、认购数、应交股款金额、出资方式,由认购人填写、签章。认购书一经填写并签署,即具有法律上的约束力。

2) 发起人缴纳股款。以发起设立方式设立股份有限公司的,发起人应当书面认足公司章程规定其认购的股份:一次缴纳的,应即缴纳全部出资;分期缴纳的,应即缴纳首期出资;以非货币财产出资的,应当依法办理其财产权的转移手续。

3) 召开创立大会。发起人缴清全部股款并验资后,应当召开创立大会。

4) 申请设立登记。董事会应于创立大会结束后30日内,向公司登记机关申请设立登记。

(2) 募集设立的程序

1) 发起人认购股份。发起人认购的股份不得少于公司应发行股份总数的35%。法律、行政法规另有规定的,从其规定。

2) 向社会公开募集股份。发起人向社会公开募集股份,必须公告招股说明书,制作认股书。招股说明书应当附有发起人制定的公司章程,并载明:发起人认购的股份数;每股的票面金额和发行价格;无记名股票的发行总数;募集资金的用途;认股人的权利、义务;本次募股的起止期限及逾期未募足时认购人可以撤回所认购股份的说明。

3) 签订承销协议和代收股款协议。发起人就股份承销和方式、数量、起止日期、承销费用的计算与支付等具体事项,与证券经营机构签订承销协议;发起人就代收和保存股款的具体事宜与银行签订代收股款协议。

4) 经国务院证券管理部门审批。国务院证券管理部门对发起人递交的募股申请依法进行审查。

5) 公开募集股份。发起人向社会公开募集股份,必须公告招股说明书,并制作认股书。认股书应载明招股说明书的全部记载事项。认股人认股后,应按所认股数缴纳股款。

6) 召开创立大会。创立大会通常被认为是股份有限公司募集设立过程中的决议机构。发起人应当在发行股份的股款缴足后30日内召开创立大会。创立大会由发起人、认股人组成。

7) 设立登记并公告。以募集方式设立的公司在创立大会结束后30日内由董事会向公司登记机关,即工商行政管理局申请设立登记,并按照公司登记管理条例的规定提交有关文件。

3. 股份有限公司的组织机构

股份有限公司的组织机构包括股东大会、董事会、监事会和经理。

(1) 股东大会

股东是指公司资本的出资人或股份的持有人。股份有限公司的股东按其持有股份的份额对公司享有权利并承担相应的义务。自然人、法人、国家都可以依法成为股份有限公司的股东,而非法人团体不能成为股份有限公司的股东。一个股份有限公司不能持有本公司的股份,以避免公司控制股票价格。股东大会是由股份有限公司全体股东组成的决定公司经营管理重大事项的最高权力机构。股东大会分为两种,即年会和临时会议。股份有限公司股东大会的职权与有限责任公司股东会的职权基本相同,但有限责任公司的股东向股东以外的人转让出资时,须由股东会做出决议,而在股份有限公司,则可以自由转让。

股东大会会议由董事长负责召集并主持,董事长因特殊原因不能召集时,由董事长指定的副董事长或其他董事主持。股东出席股东大会,所持每一股份有一表决权。股东大会做出决议,必须经出席股东大会的股东所持表决权的2/3以上通过。

(2) 董事会

股份有限公司董事会是公司的常设机构,由5～19人组成。董事由股东大会选举产生,每届任期不超过3年,可以连选连任。董事在任期届满前,股东大会不得无故解除其职务。董事会的职权与有限责任公司基本相同。董事会每年至少组织2次会议,每次会议应当于会议召开10日以前通知全体董事。

董事设董事长一人,可以设副董事长,均由董事会的全体董事的过半数选举产生。董事长是公司的法定代表人。

(3) 监事会

监事会是公司的内部监督机构,其组成和职权与有限责任公司的监事会相同。有关有限责任公司的法律规定中关于不得担任董事、经理、监事的规定,以及董事、经理、监事的义务、责任的规定适于股份有限公司的董事、经理、监事。

(4) 经理

经理由董事会聘任或解聘,对董事会负责。经理负责公司的日常管理工作,其职权与有限责任公司的经理相同。

知识拓展

有限责任公司和股份有限公司的区别如下。

股份有限公司的注册资本要进行等额拆分,并印刷股票。

增资就是增加股票,减资就是回购销毁股票(10日内销毁),以确保与注册资本相等。

注册资本=股票面额总量=股本总额;股本就是股票面额。

有限责任公司和股份有限公司的出资凭证的区别如下。

- 出资证明书(反映出资额)与股票(反映股份比例)。
- 股份是专用于股份公司的属性。
- 两类公司通用概念:股权。

2.2.6 国有独资公司的特别规定

国有独资公司是指国家单独出资、由国务院或地方人民政府授权本级人民政府国有资产监督管理机构履行出资人职责的有限责任公司。

国有独资公司的组织机构设置无股东会,必须设置董事会和监事会。

(1) 董事会

国有独资公司必须设董事会,董事每届任期不得超过3年。董事会成员中应当有公司职工代表。董事会成员由国有资产监督管理机构委派,但董事会成员中的职工代表由公司职工代表大会选举产生。董事会设董事长一人,可以设副董事长。董事长、副董事长由国有资产监督管理机构在董事会成员中指定。董事会行使股东会职权,但是2/3表决权决定事项需要经国有资产监督管理机构同意。

国有独资公司的董事长、副董事长、董事、高级管理人员,未经国有资产监督管理机构同意,不得在其他有限责任公司、股份有限公司或其他经济组织兼职。

(2) 监事会

国有独资公司监事会成员不得少于5人。其中,职工代表的比例不得低于1/3,具体比例由公司章程规定。

2.3 全民所有制工业企业法

2.3.1 全民所有制工业企业法概述

1. 全民所有制工业企业法的定义和调整对象

全民所有制工业企业法是指调整国家在管理企业和企业在生产经营或服务性活动中所发生的各种经济关系的法律规范的总称。

全民所有制工业企业法的调整对象主要是国家与全民所有制企业、全民所有制企业与其他企业,以及全民所有制企业内部的经济关系。它包括以下4个方面。

① 国家机关与全民所有制工业企业之间在企业管理过程中发生的纵向经济关系。

② 全民所有制工业企业内部上下级组织之间,企业内部各级组织与其成员之间在企业管理过程中发生的纵向经济关系。

③ 全民所有制工业企业相互之间,全民所有制工业企业与其他社会组织之间在经济协作过程中发生的横向经济关系。

④ 全民所有制工业企业内部各级组织之间在经济协作过程中发生的横向经济关系。

2. 全民所有制工业企业法的基本原则

全民所有制工业企业法的基本原则是指贯穿于有关法规的指导思想和基本准则,集中体现全民所有制工业企业法的任务和特征。根据有关全民所有制工业企业法的规定,其基本原则主要有以下几个。

① 两权分离原则。所谓两权分离,是指所有权和经营权的分离。全民所有制工业企业财产属于全民所有,即国家所有,国务院代表国家行使企业财产的所有权。

② 按劳分配原则。按劳分配是社会主义的分配原则,其基本内容是按照劳动者向社会提供的劳动数量和质量来分配个人消费品。

③ 政企分开原则。所谓政企分开,是指把政府机关与企业职责分开。

④ 厂长负责制、党委监督保证、职工民主管理相结合原则。

⑤ 提高经济效益原则。企业是以营利为目的的社会组织,社会效益是企业存在的前提,经济效益是企业存在的基础。

⑥ 坚持两个文明建设原则。企业既是经济组织,也是社会组织。坚持物质文明建设和精神文明建设是企业对社会和职工应承担的责任,也是企业建设的基本内容。

2.3.2 全民所有制工业企业的设立、变更和终止

1. 全民所有制工业企业的设立

(1) 企业设立的条件

根据《工业企业法》的规定,设立全民所有制工业企业必须具备条件:产品为社会所需要;有能源、原材料、交通运输的必要条件;有自己的名称和产品经营场所;有符合国家规定的资金;法律、法规规定的其他条件。

(2) 企业设立的程序

按照《工业企业法》的规定,设立企业必须依照法律和国务院规定,报请政府主管部门审核

批准。经工商行政管理部门核准登记,并发给营业执照,企业才能依法成立。

2. 全民所有制工业企业的变更

企业的变更是指企业的结构、性质、活动、范围、财产等企业设立登记事项中某一项或某几项发生变动的情况。

(1) 企业变更的形式

根据《工业企业法》的规定,企业变更的形式主要有这样几种:企业的合并;企业的分立;企业重要事项的变更。

(2) 企业变更过程中财产保护和有关权利义务的处理

企业变更过程中,必须保护其财产。

(3) 企业变更的审批和登记

企业的变更要依照法律、法规的规定,由政府或政府主管部门批准,并向主管机关申请办理变更登记、开业登记或注销登记。

2.3.3 全民所有制工业企业的权利和义务

1. 全民所有制工业企业的权利

全民所有制工业企业的权利是指企业依法享有的能够为或不为及要求他人为或不为一定行为的资格。企业权利是企业成为独立商品生产者,面向市场、参与竞争的必备条件,也是企业自负盈亏、独立承担责任的前提,还是企业从事一切正当活动的法律依据。

企业经营权主要表现为:生产经营决策权,产品、劳务定价权,产品销售权,物资采购权,进出口权,投资决策权,留用资金支配权,资产处置权,联营、兼并权,劳动用工权,人事管理权,工资、奖金分配权,内部机构设置权,拒绝摊派权。

2. 全民所有制工业企业的义务

全民所有制工业企业的义务是指全民所有制工业企业依法为一定行为或不得为一定行为的责任。

具体来讲,全民所有制工业企业的义务主要有以下几项。

① 企业必须努力实现企业财产保值、增值。

② 企业必须建立分配约束机制和监督机制。

③ 企业必须完成国家下达的指令性计划。

④ 保障固定资产的正常维修、改进和更新设备。

⑤ 提高劳动效率,节约能源和原材料,努力降低成本。

⑥ 加强保卫工作,维护生产秩序,保护国家财产。

⑦ 遵守国家关于财政、税收、财务、劳动工资和国有资产管理及物价管理等方面的法律、法规。

⑧ 履行依法订立的合同。

⑨ 保证产品和服务质量。

⑩ 做好环保工作。

⑪ 做好劳动保护工作,做到安全生产和文明生产。

⑫ 加强教育,提高职工队伍素质。

⑬ 支持和奖励职工进行科学研究,大胆创新和开展劳动竞赛活动。

2.3.4　全民所有制工业企业内部的领导制度

企业领导制度是企业中的一项根本制度，是国家、企业、职工之间利益的联结点。确立科学、高效、健全的企业领导制度，是正确处理国家、企业、职工三者关系的关键，是提高企业素质、活力的基本条件和重要保证。

1. 厂长(经理)负责制

厂长负责制是指厂长对企业的生产经营管理制定决算领导、全面负责的法律制度。

2. 企业的民主管理制度

企业的民主管理制度是企业领导制度的重要组成部分，是由企业的社会主义性质和职工的主人翁地位决定的。另外，企业的民主管理也是现代企业管理的必然要求。

3. 企业党组织

企业党委在企业中处于政治核心地位。

4. 全民所有制企业与政府的关系

① 政府依法行使国有资产所有权。

② 政府应加强宏观调控和行业管理，建立宏观调控体系。

③ 政府应采取措施培育和完善市场体系，发挥市场调节作用。

④ 建立和完善社会保障体系。

⑤ 为企业提供社会服务。

2.4　个人独资企业法和合伙企业法

2.4.1　个人独资企业法

1. 个人独资企业的概念

个人独资企业，简称独资企业，是指由一个自然人投资，全部资产为投资人所有的营利性经济组织。个人独资企业是一种很古老的企业形式，至今仍广泛运用于商业经营中，典型特征是个人出资、个人经营、个人自负盈亏和自担风险。《个人独资企业法》于 1999 年 8 月 30 日由第九届全国人民代表大会常务委员会第十一次会议通过并公布，自 2000 年 1 月 1 日起施行。该法共 6 章 48 条。该法第二条规定的独资企业的概念是：本法所称个人独资企业，是指依照本法在中国境内设立，由一个自然人投资，财产为投资人个人所有，投资人以其个人财产对企业债务承担无限责任的经营实体。

2. 个人独资企业的特征

个人独资企业具有以下特征。

(1) 投资主体方面的特征

个人独资企业仅由一个自然人投资设立。这是独资企业在投资主体上与合伙企业和公司的区别所在。我国《合伙企业法》规定的普通合伙企业的投资人尽管也是自然人，但人数为 2 人以上；公司的股东通常为 2 人以上，而且投资人不仅包括自然人，还包括法人和非法人组织。当然，在一人有限责任公司的场合，出资人也只有 1 人。

(2) 企业财产方面的特征

个人独资企业的全部财产为投资人个人所有,投资人(也称业主)是企业财产(包括企业成立时投入的初始出资财产与企业存续期间积累的财产)的唯一所有者。基于此,投资人对企业经营与管理事物享有绝对的控制与支配权,不受任何其他人的干预。个人独资企业就财产方面的性质而言,属于私人财产所有权的客体。

(3) 责任承担方面的特征

个人独资企业的投资人以其个人财产对企业债务承担无限责任。这是在责任形态方面个人独资企业与公司(包括一人有限责任公司)的本质区别。所谓投资人以其个人财产对企业债务承担无限责任,包括3层意思:①企业的债务全部由投资人承担;②投资人承担企业债务的责任范围不限于出资,责任财产包括独资企业中的全部财产和其他个人财产;③投资人对企业的债权人直接负责。换言之,无论是企业经营期间还是企业因各种原因而解散时,对经营中所产生的债务如不能以企业财产清偿,则投资人须以其个人所有的其他财产清偿。

(4) 主体资格方面的特征

个人独资企业不具有法人资格。尽管独资企业有自己的名称或商号,并以企业名义从事经营行为和参加诉讼活动,但它不具有独立的法人地位。

个人独资企业本身不是财产所有权的主体,不享有独立的财产权利;个人独资企业不承担独立责任,而是由投资人承担无限责任。这一特点与合伙企业相同而区别于公司。个人独资企业不具有法人资格,但属于独立的法律主体,其性质属于非法人组织,享有相应的权利能力和行为能力,能够以自己的名义进行法律行为。

3. 个人独资企业的设立条件

根据《个人独资企业法》第八条的规定,设立独资企业须具备以下5个条件。

① 投资人为一个自然人。个人独资企业的投资人必须是一个人,且只能是一个自然人。此处所称的自然人只能是具有中华人民共和国国籍的自然人,不包括外国的自然人。因此,外商独资企业不适用独资企业法,而适用外资企业法。

② 有合法的企业名称。个人独资企业享有名称权和商号权。独资企业的名称应当与其责任形式及所从事的营业活动相符合。企业的名称应遵守企业名称登记管理规定。企业只准使用一个名称,在登记主管机关辖区内不得与已登记注册的同行业企业名称相同或近似。个人独资企业的名称中不得使用“有限”、“有限责任”字样。

③ 有投资人申报的出资。一定的资本是企业得以存在的物质基础,个人独资企业也不例外。由于个人独资企业的出资人承担的是无限责任,而并不是仅以出资额为限承担责任,对与之进行交易的第三人并无所虞,因此,个人独资企业法不要求个人独资企业有最低注册资本金,仅要求投资人有自己申报的出资即可。这一规定便于个人独资企业的设立,有利于个人独资企业的发展。

④ 有固定的生产经营场所和必要的生产经营条件。

⑤ 有必要的从业人员。

4. 个人独资企业的设立程序

个人独资企业的设立采取直接登记制,即设立独资企业无须经过任何部门的审批,而由投资人根据设立准则直接到工商行政管理部门申请登记。

(1) 个人独资企业设立申请

个人独资企业的申请人是个人独资企业的投资人。投资人也可以委托其代理人向个人独资企业所在地的登记机关申请设立登记。投资人申请设立独资企业应向登记机关提交下列文件。

① 设立申请书。设立申请书应包括这些事项:企业的名称和住所(个人独资企业以其主要办事机构所在地为住所);投资人的姓名和居所;投资人的出资额和出资方式;经营范围。

② 投资人身份证明。

③ 生产经营场所使用证明等文件。

由委托代理人申请设立登记的,应当出具投资人的委托书和代理人的合法证明。

(2) 登记机关核准登记与企业成立

个人独资企业实行准则设立的原则,即个人独资企业依《个人独资企业法》规定的条件设立。登记机关应当在收到设立申请文件之日起15日内对符合《个人独资企业法》规定条件者予以登记,并发放营业执照;对不符合《个人独资企业法》规定条件者不予登记,并给予书面答复说明理由。个人独资企业营业执照的签发日期为个人独资企业的成立日期。

5. 个人独资企业分支机构的设立

个人独资企业的分支机构是指独资企业在住所地以外设立的从事业务活动的办事机构。个人独资企业分支机构的设立与登记程序与个人独资企业的设立程序大体相同。

(1) 设立申请与登记

个人独资企业欲设立分支机构的,由投资人或其委托的代理人向分支机构所在地的登记机关申请登记,领取营业执照。

(2) 登记备案

个人独资企业分支机构经核准登记后应将登记情况报该分支机构隶属的个人独资企业的原登记机关备案。

(3) 个人独资企业分支机构民事责任的承担

企业的分支机构是企业的一部分,产生的民事责任理应由企业承担。由于投资人以其个人财产对个人独资企业的债务承担无限责任,因此,个人独资企业分支机构的民事责任实际上还是应由投资人承担。

6. 个人独资企业的变更

个人独资企业的变更是指个人独资企业存续期间登记事项发生的变更,如企业名称、住所、经营范围、经营期限等方面发生的改变。独资企业应当在做出变更决定之日起的15日内依法向登记机关申请办理变更登记。个人独资企业登记事项发生变更时,未按《个人独资企业法》规定办理有关变更登记的,责令限期办理变更登记;逾期不办理的,处以2 000元以下的罚款。

7. 个人独资企业投资人的条件

由于个人独资企业具有投资主体单一性、经营管理直接性的特点,与公司大为不同,因此,个人独资企业法没有对企业的组织机构做出具体规定,而是集中在投资人的条件及企业设立的事务管理。

个人独资企业投资人是指以其财产投资设立独资企业的自然人。投资人只能是一个自然人,投资的财产必须是私人所有的财产。关于个人独资企业投资人的条件,《个人独资企业法》并未规定其积极条件,而只规定了其消极条件,即不得成为个人独资企业投资人的条件。该法第十六条规定:“法律、行政法规禁止从事营利性活动的人作为投资人申请设立个人独资企业。”这一规定表明,除法律、行政法规禁止从事营利性活动的自然人以外,其余自然人均可以作为个人独资企业的投资人。我国现行法律、行政法规所禁止从事营利性活动的人包括:法官,即凡取得法官任职资格、依法行使国家审判权的审判人员;检察官,即凡取得检察官任职资格、依法行使国家检察权的检察人员；人民警察；国家公务员。

8. 个人独资企业投资人的权利

（1）对企业财产享有所有权

个人独资企业成立时出资和经营过程中积累的财产都归独资企业的投资人所有。此处的财产主要是指企业的有形财产，如房屋、机器、设备、原材料等。

（2）有关权利可以依法进行转让或继承

由于个人独资企业投资人的人格与企业的人格密不可分，企业财产所有权均归投资人，因此，投资人对于企业财产享有充分和完整的支配与处置权。它可以将企业财产的某一部分转让给他人，也可以将整个企业转让给他人。同时，当投资人死亡或被宣告死亡时，其继承人可以依《继承法》的规定对独资企业行使继承权。

9. 个人独资企业投资人的责任

个人独资企业投资人对企业债务承担无限责任。根据《个人独资企业法》第十八条的规定，个人独资企业在申请企业设立登记时明确以其家庭共有财产作为个人出资的，应当依法以家庭共有财产对企业债务承担无限责任。换言之，以投资人个人财产出资设立的，由投资人的个人财产承担无限责任；以投资人的家庭财产出资设立的，由投资人的家庭财产承担无限责任。由于我国目前尚无完善的财产登记制度，个人财产与家庭财产往往难以区分，实践中主要根据独资企业设立登记时在工商行政管理机关的投资登记来确定投资人是以其个人财产还是家庭财产来对企业债务承担责任。

10. 个人独资企业的事务管理

（1）个人独资企业事务管理的方式

投资人有权自主选择企业事务的管理形式。个人独资企业事务管理主要有以下3种模式。

① 自行管理，即由个人独资企业的投资人本人对本企业的经营事务直接进行管理。

② 委托管理，即由个人独资企业的投资人委托其他具有民事行为能力的人负责企业的事务管理。

③ 聘任管理，即个人独资企业的投资人聘用其他具有民事行为能力的人负责企业的事务管理。

知识链接

委托或聘用管理应签订书面合同。委托管理，须由投资人与受托人签订书面合同，明确委托的具体内容和授予的权利范围。聘用他人管理企业事务，须由投资人与被聘用的人签订书面合同，明确委托的具体内容和授予的权利范围。投资人委托或聘用的人员管理个人独资企业事务时违反双方订立的合同、给投资人造成损害的，应承担民事赔偿责任。

投资人对受托人或被聘用的人员职权的限制不得对抗善意第三人。

（2）受托人或被聘用的管理人的义务

受托人或被聘用的管理人应当履行诚信、勤勉义务，按照与投资人签订的合同负责个人独资企业的事务管理。

根据《个人独资企业法》第二十条的规定，投资人委托或聘用的管理个人独资企业事务的人员不得有下列行为。

① 利用职务上的便利,索取或收受贿赂。

② 利用职务或工作上的便利侵占企业财产。

③ 挪用企业的资金归个人使用或借贷给他人。

④ 擅自将企业资金以个人名义或以他人名义开立账户储存。

⑤ 擅自以企业财产提供担保。

⑥ 未经投资人同意,从事与本企业相竞争的业务。

⑦ 未经投资人同意,同本企业订立合同或进行交易。

⑧ 未经投资人同意,擅自将企业商标或其他知识产权转让给他人使用。

⑨ 泄露本企业的商业秘密。

⑩ 法律、行政法规禁止的其他行为。

投资人委托或聘用的人员违反上述规定、侵犯个人独资企业财产权益的,责令其退还侵占的财产;给企业造成损失的,依法承担赔偿责任;有违法所得的,没收违法所得;构成犯罪的,依法追究刑事责任。

(3) 个人独资企业的财务管理

个人独资企业应当依法设置会计账簿,并进行会计核算。

(4) 个人独资企业劳动管理与社会保障

① 个人独资企业招用职工的,应当依法与职工签订劳动合同,保障职工的劳动安全,按时、足额发放职工工资。

② 个人独资企业应当按照国家规定参加社会保险为职工缴纳社会保险费用。个人独资企业的职工社会保险主要包括养老保险、工伤保险和医疗保险等。

③ 个人独资企业的职工可以依法组建工会组织以维护自身的合法权益,个人独资企业应当为本企业工会提供必要的活动条件。

④ 个人独资企业违反《个人独资企业法》的规定侵犯职工合法权益,未保障职工劳动安全,不缴纳社会保障费用的,按照有关法律、行政法规予以处罚,并追究有关责任人员的责任。

11. 个人独资企业的解散

个人独资企业的解散是指独资企业因出现某些法律事由而导致其民事主体资格消灭的行为。解散仅仅是个人独资企业消灭的原因,企业并非因解散的事实发生而立即消灭。根据《个人独资企业法》第二十六条的规定,个人独资企业有下列情形之一时,应当解散。

(1) 投资人决定解散

这是个人独资企业解散的任意原因。只要不违反法律规定,投资人有权决定何时解散独资企业。

(2) 投资人死亡或被宣告死亡,无继承人或继承人放弃继承

在投资人死亡或宣告死亡的情况下,如果其继承人继承了独资企业,则企业可继续存在,只需办理投资人的变更登记,但若出现无继承人或全部继承人均决定放弃继承的情形,独资企业失去继续经营的必备条件,故应当解散。

(3) 被依法吊销营业执照

这是独资企业解散的强制原因。被处以吊销营业执照的处罚的原因包括独资企业提交虚假文件以欺骗手段取得登记情节严重的行为,涂改、出租、转让营业执照情节严重的行为,企业成立后无正当理由超过 6 个月未开业或开业后自行停业连续 6 个月以上的行为等。

(4) 法律、行政法规规定的其他解散情形

12. 个人独资企业的清算

如前所述,解散仅仅是个人独资企业消灭的原因,企业并非因解散的事实发生而立即消灭。个人独资企业的清算是处理解散企业未了结的法律关系的程序。清算结束进行注销登记后,个人独资企业才算消灭。

(1) 清算人的产生

清算人是指清算企业中执行清算事务及对外代表者。清算企业因解散而丧失经营活动的能力不能继续进行经营活动,而只存在清算事务。因此,企业的管理人应代之为清算人。《个人独资企业法》第二十七条规定:"个人独资企业解散,由投资人自行清算或由债权人申请人民法院指定清算人进行清算。"因此,个人独资企业的清算原则上以投资人为其清算人,但经债权人申请,人民法院须指定投资人以外的人为清算人。

(2) 通知与公告程序

投资人自行清算的,应当在清算前15日内书面通知债权人,无法通知的,应当予以公告。债权人应当在接到通知之日起30日内,未接到通知的应当在公告之日起60日内向投资人申报其债权。

(3) 清产偿债程序

清算人应在债权人申报债权后清理企业的债权、债务。在清算期间,个人独资企业不得开展与清算目的无关的经营活动。在清偿债务前,投资人不得转移、隐匿财产。个人独资企业及其投资人在清算前或清算期间隐匿或转移财产、逃避债务的,依法追回其财产,并按照有关规定予以处罚;构成犯罪的,追究其刑事责任。

(4) 财产清偿顺序

个人独资企业解散的,财产应当按照这些顺序清偿:所欠职工工资和社会保险费用;所欠税款;其他债务。

个人独资企业财产不足以清偿债务的,投资人应当以其个人的其他财产予以清偿。

(5) 责任消灭制度

个人独资企业解散后,原投资人对个人独资企业存续期间的债务仍应承担偿还责任,但债权人自个人独资企业解散后5年内未向债务人提出偿债请求的,该责任消灭。

(6) 注销登记程序

《个人独资企业法》第三十二条规定:"个人独资企业清算结束后,投资人或人民法院指定的清算人应当编制清算报告,并于十五日内到登记机关办理注销登记。"注销登记一旦完成,个人独资企业即告消灭。

2.4.2　合伙企业法

1. 合伙企业的概念

合伙企业是指依照《合伙企业法》的规定,在中国境内设立的由各合伙人订立合伙协议共同出资、合伙经营、共享收益、共担风险,并对合伙企业债务承担无限连带责任的营利性组织。

2. 合伙企业的法律特征

① 合伙企业是营利性组织。

② 合伙企业成立的基础是合伙人共同订立的合伙协议。合伙协议是成立合伙企业的必备法律文件,是确定合伙人的权利义务、出资比例、合伙企业内部组织管理和生产经营活动的重要依据。

③ 合伙人需共同出资、合伙经营、共享收益、共担风险。这是合伙的典型特征。各合伙人必

须对合伙企业进行出资，享有平等管理合伙事务的权利，并且享有合伙企业的盈利分配权，同时，也应平等地承担合伙企业的风险。

④ 合伙人对合伙企业的债务承担无限连带责任。所谓无限连带责任，是指合伙人在合伙企业财产不足以清偿合伙债务时须以自己的财产承担清偿责任，且每一合伙人均对全部债务有清偿责任，在合伙人清偿债务超出自己的份额时可以向其他合伙人追偿。这是合伙企业与公司股东承担的有限责任的区别。

3. 合伙企业法的概念及适用范围

合伙企业法是由国家制定颁布的调整合伙企业合伙关系的各种法律关系的总称。广义的合伙企业法包括调整合伙企业在设立、经营、解散、清算活动中发生的各种社会关系的法律规范；狭义的合伙企业法是指1997年2月23日由第八届全国人民代表大会常务委员会通过并于同年8月1日起施行的《合伙企业法》。目前，《合伙企业法》是我国调整合伙法律关系的主要法律规范。

《合伙企业法》适用于按照规定应由工商行政管理机构登记管理的合伙企业。采用合伙制的律师事务所、会计师事务所、医生诊所等组织，由其他行政主管部门登记管理，不适用《合伙企业法》。另外，《合伙企业法》规定的合伙企业仅限于以自然人为合伙人的企业，不包括企业法人之间的合伙型联营，也不适用于不具备企业形态的个人合伙。对于不具备企业形态的个人合伙应适用我国《民法通则》关于个人合伙的规定。

4. 合伙企业的设立

合伙企业设立的条件如下。

① 有2个以上合伙人，且都是依法承担无限责任者。合伙企业至少有2人，这是合伙的最低限额，否则就不能称为合伙。合伙承担无限责任，这也是由合伙企业的法律性质所决定的。

② 有书面合伙协议。合伙协议是各合伙人就设立合伙企业及合伙企业的各具体事项及合伙人之间的权利义务关系所达成的一致的书面协议。

③ 有各合伙人实际缴付的出资。合伙人应当按照合伙协议约定的出资方式、数额和缴付出资的期限履行出资义务。合伙人可以用货币、实物、土地使用权、知识产权或其他财产权利出资；对货币以外的出资需要作价评估。经全体合伙人协商一致，合伙人也可以用劳务出资，其评估办法由全体合伙人协商确定。

④ 有合伙企业的名称。合伙企业必须有自己的名称。根据《合伙企业法》第五条的规定，合伙企业在其名称中不得使用“有限责任”或“无限责任”字样。

⑤ 有经营场所和从事合伙经营的必要条件。

5. 合伙企业的设立程序

1）提出设立申请。申请合伙企业设立登记应当向企业登记机关提交登记申请书、合伙协议书、合伙人身份证等文件。登记申请书由全体合伙人签名盖章，另外还需要提供《合伙企业法》规定的其他资料，如出资权属证明、经营场所证明及其他相关文件。法律、行政法规规定须报经有关部门审批的，应当在申请设立登记时提交批准文件。

2）企业登记机关审核批准。企业登记机关应当自收到申请登记文件之日起30日内做出是否登记的决定。合伙企业的营业执照签发日期为合伙企业成立的日期。

6. 合伙企业财产的转让

合伙企业财产存续期间，合伙人经过其他合伙人一致同意，可以向合伙人以外的人转让其在合伙企业中的全部或部分财产份额。如果全体合伙人均表示同意，则受让人成为新的合伙人。合伙人之间转让其在合伙企业的全部或部分财产份额时，应当通知其他合伙人。合伙人依法转让其财产份额时，在同等条件下，其他合伙人有优先受让的权利。

7. 合伙企业事务的执行方式及监督

合伙企业应由合伙人共同经营。合伙人对执行合伙企业事务享有同等的权利。可以由全体合伙人共同执行合伙企业事务，也可以由合伙协议约定或全体合伙人决定委托1人或数名合伙人执行合伙企业事务。执行合伙企业事务的合伙人对外代表合伙企业。

根据《合伙企业法》的规定，委托1名或数名合伙人执行合伙企业事务的，其他合伙人不再执行合伙企业事务。合伙企业事务的执行人应当依约定向不参加执行事务的合伙人报告事务执行情况及合伙企业的经营状况和财务状况，其执行合伙企业所产生的收益和亏损及民事责任，均由全体合伙人承担。

不参加执行事务的合伙人有权监督执行事务的合伙人，并检查其执行情况。

知识拓展

必须由全体合伙人同意的事项

- 处分合伙企业的不动产。
- 改变合伙企业名称。
- 转让或处分合伙企业的知识产权和其他财产权利。
- 向企业登记机关申请办理变更登记手续。
- 以合伙企业名义为他人提供担保。
- 聘任合伙企业以外的担任合伙企业的经营管理人员。
- 依照合伙协议约定的有关事项。

8. 合伙人及其他经营管理人员的义务

(1) 合伙人的竞业禁止义务

合伙人不得自营或同他人合作经营与本合伙企业相竞争的义务。

(2) 经营管理人员的义务

被聘任的合伙企业的经营管理人员应当在合伙企业授权范围内从事经营活动，因故意或重大过失给合伙企业造成损失的依法承担赔偿责任。

(3) 合伙企业的义务

合伙企业应当依照法律、行政法规的规定建立企业财务、会计制度。合伙企业应当依法履行的纳税义务。

9. 合伙企业的盈余分配和亏损分担

依照《合伙企业法》的规定，合伙企业的利润与亏损由合伙人依照合伙协议约定的比例分配和分担；合伙协议未约定利润分配和亏损分担比例的由各合伙人平均分配和分担。合伙协议不得约定将全部利润分配给部分合伙人或由部分合伙人承担全部亏损。

10. 合伙企业的对外关系

合伙企业的对外关系主要是指合伙企业与善意第三人的关系、合伙企业与其债权人的关系等内容。

(1) 合伙企业与善意第三人的关系

合伙企业对合伙人执行合伙企业事务及对外代表合伙企业权利的限制不得对抗善意第三

人。换言之,当执行合伙企业事务的合伙人超越权限与第三人进行交易时,如果该第三人为不知情的善意第三人,则该交易行为对合伙企业有效,合伙企业只能对就此造成的损失向该合伙人进行追偿。

(2) 合伙企业与债权人的关系

合伙企业对其所负债务以其全部财产负清偿责任。合伙企业财产不足以清偿全部到期债务的,合伙人应以其财产对债务担任无限连带责任。

11. 入伙

入伙是指在合伙企业存续期间不具有合伙人身份的自然人加入合伙企业取得合伙人身份的法律行为。

合伙人入伙时须经其他合伙人同意,并订立书面的入伙协议。

在合伙企业内部,除入伙协议另有约定之外,入伙人与原合伙人享有同等权利,并承担同等责任。

合伙企业登记事项因入伙、合伙协议修改等发生变更或需要重新登记的,应当于做出变更决定或发生变更事由之日起15日内向企业登记机关办理有关登记手续。

12. 退伙

退伙是指在合伙企业存续期间合伙人与其他合伙人解除合伙关系,并退出合伙企业丧失其合伙人资格的法律事实。退伙可分为自愿退伙、法定退伙和除名退伙。

(1) 自愿退伙

自愿退伙,又称为声明退伙,是合伙人基于自愿而退伙。《合伙企业法》规定了自愿退伙的情形。合伙协议约定合伙企业在经营期限内有这些情形之一的,合伙人可以退伙:合伙协议约定的退伙事由出现;经全体合伙人同意退伙;发生合伙人难于继续参加合伙企业的事由;其他合伙人严重违反合伙协议约定的义务。

(2) 法定退伙

法定退伙,又称为当然退伙,是指合伙人因出现法律明确规定的事由而退伙。合伙人有这些情形之一的,当然退伙:死亡或被依法宣告死亡;被依法宣告为无民事行为能力人;个人丧失偿债能力;在合伙企业中的全部财产份额被人民法院强制执行。

(3) 除名退伙

除名退伙是指经其他合伙人一致同意,将符合法律规定的除名条件的合伙人强制清除合伙企业而发生的退伙。合伙人有这些情形之一的,经其他合伙人一致同意,可以决议将其除名:未履行出资义务;因故意或重大过失给合伙企业造成损失;执行合伙企业事务时有不正当行为;合伙协议约定的其他事由。

(4) 退伙的法律后果

退伙在合伙企业内部及其对外关系方面均产生一定的法律后果。在合伙企业内部,其他合伙人与退伙人进行财务清算和债务分担。退伙时,合伙企业亏损的,退伙人应依法律规定分担亏损。

在合伙企业的外部关系方面,退伙的法律后果主要表现在退伙人的继承人与原合伙人之间的关系上。合伙人死亡或被宣告死亡的,其继承人可以依合伙人协议约定或经全体合伙人同意后成为新的合伙人。合法继承人不愿意成为合伙企业的合伙人的,合伙企业应退还其依法继承的财产份额。合法继承人为未成年人时,经其他合伙人一致同意,可以在其未成年时由监护人代行权利。

13. 合伙企业的解散

合伙企业的解散是指基于一定原因和事实而终结合伙关系使合伙企业归于消灭。合伙企业有这些情形之一时，应当解散：合伙协议约定的经营期限届满，合伙人不愿继续经营的；合伙协议约定的解散事由出现；全体合伙人决定解散；合伙人已不具备法定人数；合伙协议约定的合伙目的已经实现或无法实现；被依法吊销营业执照；出现法律、行政法规规定的合伙企业解散的其他原因。

14. 合伙企业的清算

合伙企业解散后应当继续清算，并通知和公告债权人。清算人可以由全体合伙人担任，或者指定一名或数名合伙人担任，也可以委托第三人担任清算人。合伙企业财产不足以清偿全部债务的，由全体合伙人对剩余债务承担无限连带责任。债权人请求原合伙人履行债务的请求权除斥期间为5年内未向债权人提出偿债请求的，该责任消灭。

清算结束后应当编制清算报告。经全体合伙人签名、盖章后，在15日内向企业登记机关报送清算报告，并办理合伙企业注销登记。

练习题

一、填空题

1. 市场准入制度是指__________或__________规定__________进入市场__________、__________所必须满足的条件和必须遵守的__________的总称，是国家为保护__________而对市场进行监管的基本制度。

2. 公司是依照法定的__________设立的，以__________的__________。

3. 有限责任公司是__________设立的，股东以__________为限对公司__________，公司以__________对公司的债务承担__________的__________。

4. 我国主要诉讼法有__________、__________、__________三种。经济诉讼一般适用__________诉讼法。股份有限公司是指依照公司法在__________，其全部资本分为等__________，股东以其__________为限对公司承担责任，公司以其全部资产对公司的债务承担责任的__________。

5. 合伙企业是指依照__________规定，在中国境内设立的由__________，__________、__________、__________、__________，并对合伙企业债务承担无限连带责任的__________。

二、单项选择题

1. 设立股份有限公司，应当有(   )为发起人。其中，须有半数以上的发起人在中国境内有住所。

A. 2人以上200人以下　　B. 2人以上100人以下

C. 5人以上200人以下　　D. 5人以上100人以下

2. 个人独资企业是指依照《个人独资企业法》在中国境内设立，由(   )投资，财产为投资人个人所有，投资人以其个人财产对企业债务承担无限责任的经营实体。

A. 一个自然人　　B. 多个自然人　　C. 一个法人　　D. 多个法人

三、多项选择题

1. 有限责任公司的组织机构包括(   )。

A. 股东会　　B. 董事会　　C. 经理　　D. 监事会

2. 个人独资企业事务管理的模式主要有(   )。

A. 自行管理　　B. 委托管理　　C. 聘任管理　　D. 全面托管

3. 经济权利的主要种类有(　　　　)。

A. 财产所有权　　B. 经营管理权　　C. 经济职权　　D. 经济债权

4. 退伙是指在合伙企业存续期间合伙人与其他合伙人解除合伙关系,并退出合伙企业丧失其合伙人资格的法律事实。退伙可分为(　　)。

A. 自愿退伙　　B. 法定退伙　　C. 强制退伙　　D. 除名退伙

四、判断题

1. 公司合并可以采取吸收合并或新设合并。(　)
2. 合伙企业解散后不再继续清算,不必通知、公告债权人。(　)
3. 合伙企业的对外关系主要是指合伙企业与善意第三人的关系、合伙企业与其债权人的关系等内容。(　)
4. 公司的解散是使公司丧失法人资格的行为,这种行为的后果是使公司虽然保持进行业务活动的能力但是实质消灭。(　)

五、简答题

1. 简述个人独资企业的设立条件。
2. 简述公司合并的程序。
3. 简述合伙企业的法律特征。

六、论述分析题

1. 股份有限公司募集设立程序的科学性。
2. 合伙企业事务的执行方式及监督的具体内容是什么?

实战演练

收集有关资料,通过学生分组交流研讨的形式比较股份有限公司和有限责任公司在组织机构上的区别之处。

第3章 市场规制法律制度

知识导读

市场经济是一种以市场在资源配置中起基础性作用的经济体制。市场机制的健康、有效是市场经济发展的前提条件。作为处于经济法核心地位的市场规制法,是一个由竞争法(反垄断法和反不正当竞争法)、消费者权益保护法、产品质量法、广告法和价格法等分支组成的有机完整的体系。

学习目标

重点:掌握不正当竞争行为的种类及应承担的法律责任。
　　　掌握消费者应享有的权利及消费者权益保护的方式。

难点:掌握商标权与专利权的共同点及区别。
　　　掌握工业产权的种类及保护期限。

引导案例

小冯在小董的帮助下对市场主体法律制度的相关知识内容进行了全面的深入理解之后,联系自己职位所要从事的涉外业务还必须要熟知市场规制法律制度。随着市场经济的不断发展,企业之间的竞争也日趋激烈,只有理解和熟知市场规制法律制度的内容,才能在风云变幻的市场竞争中做到未雨绸缪、防患未然。在面对突发紧急情况之时,才能有的放矢、从容应对。小冯开始借助企业的电子信息资源库对市场规制法律制度的内容进行学习。

3.1 市场规制法概述

3.1.1 市场规制及市场规制法的概念

市场规制是指国家从社会整体利益出发为维护市场机制的正常运行对影响市场秩序、偏离市场经济要求的行为进行适度规制的行为。

市场规制法是指国家(政府)对市场秩序进行适度干预而形成的各种社会关系的法律规范的总称。良好的市场竞争秩序不仅是经济发展的客观要求,也是保护社会弱者群体合法权益的需要,是实现实质公平和社会整体利益的保障。

3.1.2 市场规制法的基本特征和功能

市场规制法具有调整对象的微观性、调整手段的规制性、调整方式的直接性的特征。遵循维护公平竞争、依法有限干预、保护弱者群体等基本原则,发挥维护公平竞争、保护消费者权益、规范政府规制行为、促进经济发展的功能。

3.1.3 市场规制法的分类

市场规制法以规范经济活动,防止无效率的资源配置发生和确保需要者的公平利用为主要目的,通过被认可和许可等各种手段对企业的介入、退出、价格、服务的质量,以及投资、财务、会计等方面的活动进行的规制。

市场规制的主要法律规范有:反不正当竞争法和反垄断法;消费者权益保护法;质量规制法,如产品质量法、标准化法等;价格规制法,如价格法、反暴利法等;中介服务规制法,如广告法、拍卖法等;市场规制特别法,如金融市场监管法、劳动力市场监管法、房地产市场监管法、电信市场监管法等。

3.1.4 主要法律简介

1. 反垄断法

反垄断法是指调整国家在规制市场主体(或其他机构)以控制市场为目的而实施的反竞争行为过程中发生的各种社会关系的实体法和程序法规范的总和。一般来说,垄断排斥竞争,竞争也排斥垄断,这是性质不同的两种经济行为。反垄断法在现代市场经济中具有十分重要的地位,我国已于2007年8月30日第十届全国人民代表大会常务委员会第二十九次会议通过了第一部反垄断法。其中,对滥用市场支配地位的行为、经营者集中的行为和滥用行政权力排除、限制竞争的行为进行了禁止。反垄断法规定禁止的垄断行为包括:经营者达成垄断协议;经营者滥用市场支配地位;具有或可能具有排除、限制竞争效果的经营者集中;行政垄断行为的禁止。

知识链接

反垄断法适用除外的范围

- 特定的经济部门,一般是指具有一定的自然垄断性质的公用公益事业,如电力、交通运输、水、煤气、银行、保险、邮电(近年众多国家已将邮电业不列为自然垄断行业)等行业。
- 知识产权领域。
- 特定时期和特定情况下的垄断行为和联合行动。
- 反垄断法不适用国际贸易中的限制性的商业行为。
- 对一些限制性协议的适用除外。

2. 广告法

广告法是调整广告主、广告经营者、广告发布者在广告活动中所发生的各种社会关系的法律规范的总称。1994年10月27日第八届全国人民代表大会常务委员会第十次会议通过了《中华人民共和国广告法》,并于1995年2月1日起开始施行。

现代经济活动离不开广告。广告的功能包括传递信息、塑造形象、诱导说服、刺激需求等。

在广告活动中,主要有3类行为主体,即广告主、广告经营者和广告发布者。广告主、广告经营者、广告发布者从事广告活动应当遵守法律、行政法规,遵循公平、诚实信用的原则。广告不得含有虚假的内容,不得欺骗和误导消费者。广告的内容应当真实、合法,且符合社会主义精神文明建设的要求。

县级以上人民政府工商行政管理部门是广告监督管理机关。

3. 价格法

价格法是指国家为调整与价格的制定、执行、监督有关的各种经济关系而制定的法律规范的总称。在中华人民共和国第八届全国人民代表大会常务委员会第二十九次会议上通过，并于1998年5月1日起施行的《中华人民共和国价格法》（以下简称《价格法》），是调整我国价格关系的基本法律。

价格法是国家运用法律手段进行宏观经济调控，加强价格管理，规范价格行为，发挥价格合理配置资源的作用，稳定市场物价总水平，保护消费者和经营者合法权益，促进社会主义市场经济健康发展的重要手段。国务院价格主管部门统一负责全国的价格工作，国务院其他有关部门在各自的职责范围内负责有关的价格工作；县级以上各级人民政府价格主管部门负责本行政区域内的价格工作，县级以上各级人民政府其他有关部门在各自职能范围内负责有关的价格工作。

3.2 反不正当竞争法

3.2.1 反不正当竞争法的概念和特征

1. 反不正当竞争法的概念

反不正当竞争法是调整在制止不正当竞争过程中发生的社会关系的法律规范的总称。全国人民代表大会常务委员会于1993年9月2日通过，并于1993年12月1日起施行的《中华人民共和国反不正当竞争法》（以下简称《反不正当竞争法》）。

我国的《反不正当竞争法》主要规范不正当竞争行为。其第二条第二款规定："本法所称的不正当竞争，是指经营者违反本法规定损害其他经营者的合法权益，扰乱社会经济秩序的行为。"

本法的制定对于国家规制不正当竞争行为，保护经营者和消费者的合法权益起到了非常重要的作用。

2. 不正当竞争的特征

① 不正当竞争是经营者在竞争活动中的违法交易行为。

② 不正当竞争违背了自愿、平等、公平、诚实信用的原则和公认的商业道德。

③ 不正当竞争扰乱了社会经济秩序。

3. 不正当竞争行为与垄断的区别

① 不正当竞争是一种竞争行为，垄断则属一种排除竞争或限制竞争的行为。不正当竞争行为是指经营者在市场竞争中采取或有违诚实信用原则，违反法律规定，从而损害其他经营者的合法权益，扰乱社会秩序的行为。垄断是指一个或一个以上主体利用其优势，独占、控制或通过协议联合独占、控制一定的市场、生产、购销行业、部门，排除或限制竞争以获取高额垄断利润的行为。

② 不正当竞争行为是法律绝对禁止的，而垄断在法律上并非完全禁止，且有的垄断还是由法律认可和维护的，如国家垄断、自然垄断，这是社会整体利益所必须确认的。如此看来，垄断并非完全的贬义词。

知识链接

我国的烟草专卖制度就属于行业性垄断，不属于《反不正当竞争法》中所指的独占；煤气公司要求居民购买其指定品牌的煤气灶具，否则不予供应管道煤气，就属于不正当竞争。

③ 行为主体不同。不正当竞争行为主体都是经营者，而法律反对的垄断行为的主体不仅仅是各类经营者，可能还包括某些政府机关（如行政垄断）。

④ 行为后果不同（经济后果）。不正当竞争行为直接损害竞争对手经营者的利益，对消费者利益则不直接（甚至不）构成损害，而法律所反对的垄断则往往直接影响消费者利益，而且也影响中小企业经营者利益，严重破坏社会经济发展。

3.2.2 不正当竞争行为的种类

根据《反不正当竞争法》的规定，可将经营者的不正当竞争行为归为两大类：限制竞争行为和不正当竞争行为。

1. 限制竞争行为

限制竞争行为是指相关市场主体利用自己的各种优势来妨碍、阻止、排除其他市场主体进行公平竞争的行为。

限制竞争行为主要有以下几种表现形式。

① 政府及其所属部门滥用行政权力限制竞争的行为。

② 公用企业或其他依法具有独占地位的经营者强制交易的行为。

③ 投标招标中的不正当竞争行为。

④ 违背购买者意愿搭售商品或附加其他不合理的条件而销售商品。

案例分析

某市造纸厂生产的"新月"牌系列办公用纸，以其质优价廉在当地有很高的知名度。该市政府为了进一步帮助该厂扩大知名度把其打造成该市的"形象品牌"，政府下发文件要求全市各企事业单位在办公时一律使用"新月"牌系列办公用纸。该文件下发后，其他品牌的办公用纸销量受到了很大的冲击。

请分析：该市政府的行为是否属于不正当竞争行为？

2. 不正当竞争行为

（1）混淆行为

混淆行为，也称为假冒行为或欺骗性交易行为，是指经营者假用和冒充其他经营者或商品的名称、商标、质量和产地标志等以使人混淆和误解的行为。

案例分析

甲饮料厂生产的注册商标为"乐"牌的饮料在市场上销量一直很好。2008年乙饮料厂在销售自己生产的"欢"牌饮料时，在商标上加盖甲厂印章，并声称此饮料是与甲厂联合生产的。由于"欢"牌饮料的大量上市使甲饮料厂生产的"乐"牌饮料销量及信誉受到了很大影响。

请分析：乙饮料厂的行为是否构成不正当竞争行为？

(2) 商业贿赂行为

商业贿赂行为是指经营者为争取交易机会给予交易对方相关人员和能够影响交易的其他人员以财物或其他好处的行为。其目的是排除竞争对手,争取竞争优势。通常商业贿赂行为的具体表现形式有回扣、折扣、中间人佣金等。

案例分析

红叶酒厂通过广告公开承诺,只要一次购买该厂产品15箱可返还1 000元现金,以此提高销售额。

请分析:该厂的做法是否属于商业贿赂行为?

知识拓展

《反不正当竞争法》中规定了回扣与折扣、佣金的区别。经营者在账外暗中给对方单位或个人回扣的,以行贿论处;对方单位或个人在账外暗中收受回扣的,以受贿论处。经营者销售或购买商品,可以以明示方式给对方折扣,也可以给中间人佣金,但经营者和接受方必须如实入账。

(3) 引人误解的虚假宣传行为

虚假宣传行为是指经营者利用广告和其他方法对产品的质量、性能、成分、用途、产地等做引人误解的虚假宣传行为。

案例分析

近2年来,一种号称解决了厨房油烟问题的无烟锅在全国掀起了所谓的换锅大行动。胡师傅广告资料:你想炒菜无油烟吗?就用锅王胡师傅。你想炒菜不粘锅吗?就用锅王胡师傅。自封"锅王"的胡师傅宣称:此无烟锅采用了一种特殊材质,能将锅体温度控制在油烟挥发的临界点240℃以内,从而达到无油烟的效果。锅王胡师傅是全球市场上第一个真正意义上的无油烟不粘锅。为了增强宣传效果,胡师傅还邀请明星加盟,现场说法。某明星:我用的胡师傅无烟不粘锅没有油烟,而且不会粘锅。你看这个鱼皮都不会掉的。在这种广告宣传的推动下,无烟锅的销售异常火爆。多个大型商场在醒目位置都设有胡师傅无烟锅的销售专柜,主打产品无烟不粘健康紫砂锅每口售价高达599元,而一般的炒锅只卖几十元。销售人员称,这种锅之所以价格昂贵,是因为使用的材料不同凡响,所用金属是宇航飞船做外表材料的锰钛(合)金。后经检验锅王胡师傅的产品质量与所做的宣传相去甚远,多有不实之词。

请分析:锅王胡师傅属于哪种不正当竞争行为?

(4) 侵犯商业秘密行为

侵犯商业秘密行为是指利用非法手段获取、使用、披露其他经营者的商业秘密的行为。

(5) 低价倾销行为

低价倾销行为的主要目的是经营者为了排挤竞争对手或独占市场以低于成本的价格倾销商

品以达到控制市场的目的扰乱了正常的生产经营秩序，损害了国家利益或其他经营者的合法权益。有这些情形之一的，不属于不正当竞争行为：销售鲜活商品；处理有效期限即将到期的商品或其他积压的商品；季节性降价；因清偿债务、转产、歇业降价销售商品。

（6）不正当的有奖销售行为

不正当的有奖销售行为有：采用谎称有奖或故意让内定人员中奖的欺骗方式进行有奖销售；利用有奖销售的手段推销质次价高的商品；抽奖式的有奖销售，最高奖的金额超过 5 000 元。

（7）诋毁商誉行为

诋毁商誉行为是指经营者故意捏造、散布虚假事实损害竞争对手的商品信誉和商业声誉的行为。

案例分析

某保温瓶厂在大型新闻发布会上称：沿用几十年的银色保温瓶胆存在渗漏银汞的严重缺陷。经几年精心研制，该厂已生产出“无毒金胆”。随后，该厂开展了交 2 元钱用一只银胆换一只金胆的活动，并声称将在大庭广众下用压路机碾碎收缴的银胆。该行为使全国的银胆销售受到了极大冲击，货物大量积压，购货商纷纷要求退货解除合同。后经专家鉴定：所谓银胆渗漏有毒物质，纯属捏造，无任何科学依据；所谓金胆，只是在原银胆配方基础上加入一种新的着色剂，与银胆相比，根本没有安全可靠的改进，并无特殊的突破。所谓的金胆方法早在 40 年代就已有了，并非是该保温瓶厂首创。

请分析：此保温瓶厂是否构成不正当竞争行为？

3.2.3 不正当竞争行为应负的法律责任

根据《反不正当竞争法》的有关规定，不正当竞争行为应负的法律责任主要有民事责任、行政责任、刑事责任。

民事责任是不正当竞争行为应承担的主要法律责任。《反不正当竞争法》规定，经营者违反《反不正当竞争法》的规定给被侵害的经营者造成损害的应承担损害赔偿责任，被侵害的经营者的损失难以计算的，赔偿额为侵权人在侵权期间因侵权所获得的利润，并应当承担被侵害的经营者因调查该经营者侵害其合法权益的不正当竞争行为所支付的合理费用。

针对不同的不正当竞争行为，根据《反不正当竞争法》规定给予罚款、没收、吊销执照、责令改正等行政处罚。对于严重的不正当竞争行为，构成犯罪的，将追究刑事责任。

3.3 产品质量法

3.3.1 产品质量法的概念

产品质量是产品的生命，是产品生存和发展的前提。为了加强对产品质量的监督管理，提高产品质量水平，明确产品质量责任，保护消费者的合法权益，维护社会经济秩序制定本法。

产品质量法是指调整国家在产品质量管理过程中形成的产品质量监督管理关系，以及因产品缺陷而引起的生产者、销售者与消费者之间侵权损害赔偿关系，即产品责任关系的法律规范的总称。

3.3.2 产品质量法的适用范围

在《产品质量法》第二条中规定在中华人民共和国境内从事产品生产、销售活动,必须遵守本法。

根据《产品质量法》的有关规定,建筑工程不适用于本法,但建筑工程中使用的建筑材料、建筑构配件和设备适用本法规定。我国《产品质量法》第七十三条规定:"军工产品质量监督管理办法,由国务院、中央军事委员会另行制定。因核设施、核产品造成损害的赔偿责任,法律、行政法规另有规定的,依照其规定。"

案例分析

赵某在为老人祝寿时,高压锅突然爆炸,其妻被锅盖击中头部,因抢救无效死亡。后经专家鉴定,高压锅爆炸的直接原因是设计有问题,导致锅盖上的排气孔堵塞。由于高压锅的生产厂家距离远,赵某要求出售此高压锅的商场承担损害民事赔偿责任,但商场声称缺陷不是由它造成的,而且商场在出售这种高压锅时已与顾客签订一份合同,约定如果产品存在质量问题,商场负责退货,并双倍返还货款,因而商场只承担双倍返还货款的违约责任。

请分析:赵家可否请求该商场承担责任?为什么?

知识拓展

《产品质量法》明确规定生产者、销售者必须保证其生产和销售的产品不危及人身和财产的安全。《产品质量法》第四十三条规定:"因产品存在缺陷造成人身、他人财产损害的,受害人可以向产品的生产者要求赔偿,也可以向产品的销售者要求赔偿。属于产品的生产者的责任,产品的销售者赔偿的,产品的销售者有权向产品的生产者追偿。属于产品的销售者的责任,产品的生产者赔偿的,产品的生产者有权向产品的销售者追偿。"

3.3.3 产品质量的监督管理

产品质量监督管理的核心是明确产品经营者质量责任,保全其提高产品质量,维护社会公平和正义。国务院产品质量监督部门主管全国产品质量监督工作。县级以上地方产品质量监督部门主管本行政区域内的产品质量监督工作。

法律对产品质量的监督部门另有规定的,依照有关法律的规定执行。产品质量的监督管理主要包括企业质量体系认证、产品质量认证、产品质量监督检查等。

1. 企业质量体系认证

企业质量体系认证是指依据国际通用的质量管理与质量保证系列标准,经过认证机构对企业的质量体系进行审核,通过颁发认证证书的形式证明企业的质量体系和质量保证能力符合相应要求的制度。

2. 产品质量认证

这是国际通行的一项质量监督制度。它是指质量检验机构或企业通过检验企业的产品以某种方式对符合特定标准和规格的产品给予证明的活动。产品质量认证是促进企业改善管理、提高产品质量和提高经济效益的重要措施。

3. 产品抽查制度

监督检查的重点是危及人体健康和人身财产安全的产品，如药品、食品、医疗器械、化妆品等；影响国计民生的重要工业产品，如化肥、农药、水泥等；用户、消费者及有关组织反映的有质量问题的产品。

4. 产品召回制度

缺陷产品召回制度一般是指对于已经投放市场的产品，如果发现由于设计或制造等方面的原因存在缺陷，可能危害产品使用者的人身、财产安全，或者可能产生环境问题，生产者或销售者将具有危险的商品从市场上收回，并免费对其进行修理或更换的制度。该制度旨在消除缺陷产品可能给消费者带来的危险，而不是事后的补偿。

3.3.4 生产者、销售者的产品质量责任和义务

1. 生产者的产品质量责任和义务

(1) 作为的义务

产品应当符合内在质量的要求，具备应当具备的使用性能，不存在危及人身、财产安全的不合理的危险。有保障人体健康、人身财产安全国家标准、行业标准的，应当符合该标准。一般产品包装及特殊产品的包装标志必须符合法定要求。

知识拓展

具备产品应当具备的使用性能，但对产品存在使用性能的瑕疵做出说明的除外。产品存在使用性能的瑕疵分以下两种。

- 处理品。处理品是指达不到质量标准的要求，但仍具有一定的使用价值，又不至于危害他人人身、财产安全。对处理品应采用明示的方法说明，否则要承担产品质量责任。
- 伪劣品。伪劣品是质量达不到有关标准，基本上不具有使用价值的产品。国家禁止生产和销售伪劣品。

(2) 不作为的义务

生产者不得生产国家明令淘汰的产品；不得伪造产地，不得伪造或冒用他人的厂名或厂址；不得伪造或冒用认证标志、名优标志等质量标志；生产产品不得掺杂、掺假，不得以假充真、以次充好，不得以不合格产品冒充合格产品。

2. 销售者的产品质量责任和义务

(1) 作为的义务

作为的义务包括验收义务、保持产品质量的义务和保证产品标识真实性的义务。销售者履行验收义务是防止不合格产品进入市场的重要措施。销售者应采取必要措施保持产品的质量，如防止产品变质、腐烂，防止产品丧失或降低使用性能，防止产品产生危害人身、他人财产的瑕疵等。销售者不得更改生产者标注的合格产品标志，以保证产品标志的真实性。

(2) 不作为的义务

不作为的义务包括销售者不得销售国家明令淘汰并停止销售的产品和失效、变质的产品；不得伪造产地，不得伪造或冒用他人的厂名或厂址；不得伪造或冒用认证标志、名优标志等质量标

志；生产产品不得掺杂、掺假，不得以假充真、以次充好，不得以不合格产品冒充合格产品。

3.3.5 违反产品质量法所应承担的责任

1. 民事责任

根据《产品质量法》的有关规定，消费者因生产者、销售者的产品缺陷造成人身、财产损害时，生产者、销售者应承担连带责任。

违反《产品质量法》的有关规定应当承担民事责任和缴纳罚款、罚金，其财产不足以同时支付时，应先承担民事赔偿责任。

2. 行政责任

行政责任是违反产品质量法律、法规的当事人应承担的行政处罚。生产者、销售者及服务业的经营者违反产品质量法时应承担的行政处罚有警告、责令停止生产、没收违法产品和违法所得、罚款、吊销营业执照、责令改正等方式。其中，罚款是以生产、销售伪劣产品的货值金额为基数决定的。货值金额以违法生产、销售产品和标价计算，没有标价的，按同类产品的市场价格计算。

3. 刑事责任

违反产品质量的法律规定情节严重构成犯罪的，应依法追究刑事责任。与产品质量有关的犯罪有生产、销售伪劣产品罪，滥用职权罪，徇私枉法罪，妨害公务罪等。

知识拓展

生产者能够证明有下列情形之一的，不承担赔偿责任。

- 未将产品投入流通的。
- 产品投入流通时引起损害的缺陷尚不存在的。
- 将产品投入流通时的科学技术水平尚不能发现缺陷存在的。

3.4 消费者权益保护法

3.4.1 消费者权益保护法的概念、适用范围及作用

1. 消费者权益保护法的概念

所谓消费者，是指为生活消费需要而购买、使用商品，或者接受服务的自然人。

消费者权益是消费者依法享有的权利及该权利受到保护时而给消费者带来的应得的利益。

消费者权益保护法是调整在保护消费者权益的过程中发生的经济关系的法律规范的总称。消费者权益保护法不仅保护消费者个体的利益，还保障社会经济秩序和社会整体利益。

知识链接

消费者权益保护法中的消费者指的是自然人，任何机关和企事业单位、团体都不会成为消费者权益保护法中的消费者，因为只有自然人，才能进行生活消费。

2. 消费者权益保护法的适用范围

消费者权益保护法的适用范围所指的消费只是生活消费,不包括生产消费。据《消费者权益保护法》第五十四条规定,农民的生产消费参照本法执行。也就是说,农民如果所实施的不是直接用于农业生产的消费,不受《消费者权益保护法》调整。例如,农民购买使用种子、农机、化肥、农膜,这些都是直接用于农业生产的,这样的消费才适用消费者权益保护法,这个范围很特殊,也很有限。

3. 消费者权益保护法的作用

① 有效地保护消费者的合法权益。

② 有利于维护社会经济秩序。

③ 有利于促进市场经济健康发展。

3.4.2 消费者享有的权利

权利是法律对主体能够为或不为一定行为的许可和保障。消费者权利是消费者在消费领域依法为或不为一定行为的许可和保障。

1. 安全保障权

这是消费者最基本的权利。消费者在购买、使用和接受服务时,依法有权要求经营者提供的商品和服务必须符合保障人身、财产不受损害的权利。财产安全权包括两个方面:消费者购买使用商品本身的财产安全,消费者购买使用商品之外的财产安全。

案例分析

王某住在某旅馆,因旅馆的过失,地面湿滑导致王某摔倒,花费治疗费2万元。

请分析:王某的哪项权利受到了侵犯?

2. 知悉真情权

知悉真情权也称为获取信息权、知情权、了解权。也就是说,消费者在购买、使用商品时可以根据不同情况要求经营者提供商品的价格、产地、用途、性能、规格等级、主要成分、生产日期、检验合格证明、使用方法说明书等,接受服务时有权要求经营者提供服务的内容、规格、费用及有关售后服务等相关情况。

3. 自主选择权

自主选择权是指消费者在消费时享有的自主选择商品或服务的权利。也就是说,消费者有权决定自己购买何种商品、接受什么样的服务,同时在购买商品和接受服务时有权进行比较、鉴别和挑选。

4. 公平交易权

公平交易是指经营者与消费者之间的交易应在平等的基础上达到公正的结果。公平交易权体现在两个方面:一是交易条件公平,即消费者在购买商品或接受服务时有权获得质量保证、价格合理、计量正确等公平交易条件;二是不得强制交易。消费者有权按照真实意愿从事交易活动,对经营者的强制交易行为有权拒绝。

知识拓展

消费者在购买、使用商品或接受服务时合法权益受到损害，经营者发生变更的可以向变更后承受其权利义务的企业要求赔偿。

案例分析

农民卢某从自然人A处购买了直接用于农业生产的农药，后来发现是假药，导致其遭受虫害，损失2万元。卢某向A主张权利时发现，A是从B处受让的店铺，在工商局登记的执照上仍为B的个人信息。

请分析：卢某应向谁主张自己的权利？

5. 依法求偿权

依法求偿权就是在消费过程中人身和财产受到损害时消费者享有依法要求赔偿的权利。求偿权是消费者权益受到损害后享有的一项救济性权利。

知识拓展

《消费者权益保护法》第四十九条规定："经营者提供商品或者服务有欺诈行为的，应当按照消费者的要求增加赔偿其受到的损失，增加赔偿的金额为消费者购买商品的价款或者接受服务的费用的一倍。"

案例分析

1999年垄某、李某夫妻带着8岁的儿子到五月花餐厅就餐。餐位旁边是"福特"包房。约6:30分，"福特"包房发生爆炸，造成垄某的儿子死亡、妻子李某伤残的后果。经查，服务员在开启客人带来的五粮液酒盒盖时发生爆炸，垄某遂向人民法院起诉要求餐厅赔偿其损失。

请分析：法院会支持垄某的诉求吗？

6. 依法结社权

依法结社权是指消费者享有依法成立维护自身合法权益的社会团体的权利。目前，中国消费者协会及地方各级消费者协会已经成立。实践证明，消费者组织的工作对推动我国消费者运动的健康发展，沟通政府与消费者的联系，解决经营者与消费者的矛盾，更加充分地保护消费者权益起到了积极的作用。

7. 获取知识权

获取知识权是指消费者享有获得有关消费和消费者权益保护方面知识的权利。这一权利的目的是使消费者更好地掌握所需商品、服务的知识和使用技能，使消费者正确使用商品，提高自我保护意识。

8. 受尊重权

受尊重权，即消费者购买、使用商品和接受服务时享有其人格尊严、民族风俗习惯得到尊重的权利。侵犯消费者人格及尊严的行为主要有：贬低消费者的人格，轻视消费者的消费能力；无端猜疑，强行检查或搜身；侵犯消费者隐私；不尊重少数民族风俗习惯。

案例分析

1998年7月一名女生在上海某超市购物后准备离开，走到门口时，警报器突然鸣叫，该店女保安上前阻拦并把其带到超市办公室，逼迫其脱衣检查，但一无所获。事后该女生以名誉权受到伤害为由向当地人民法院提起诉讼，要求超市对其赔礼道歉并赔偿精神损失等费用。

请分析：法院会不会支持该女生的诉求？

9. 监督权

消费者享有对商品和服务，以及保护消费者权益工作进行监督的权利。监督权是上述各项权利的必然延伸，对消费者权利的切实实现至关重要。

知识拓展

消费者因经营者利用虚假广告提供商品或服务，其合法权益受到损害的，可以向经营者要求赔偿。如果广告的经营者不能提供经营者的真实名称、地址的，其应当承担赔偿责任。这里的广告经营者包括广告的制作者、广告的发布者，它们同经营者承担连带责任。

3.4.3 争议的解决

争议的解决途径主要有以下5种。

(1) 与经营者协商和解

一般争议均可由双方在平等自愿的基础上进行，重大纠纷或双方无法协商解决的，可寻求其他解决方式。

(2) 请求消费者协会调解

其调解结果由双方自愿接受和执行。

(3) 向有关行政部门申诉

主要是根据具体情况向工商、物价、质量监督等部门提出申诉，寻求救济。

(4) 提请仲裁

需有双方事先订立的书面仲裁协议或条款。

(5) 提起诉讼

知识链接

当侵犯消费者权益的行为同时符合消费者权益保护法和民法通则、合同法等普通民事法律的民事责任要件时，消费者有权选择适用消费者权益保护法请求保护。

3.4.4　违反消费者权益保护法应承担的法律责任

当消费者的权益因经营者的原因无法行使或受到损害时,《消费者权益保护法》规定可采取相应的措施对违法者予以制裁。《消费者权益保护法》第七章对侵害消费者合法权益的行为区分不同情况,规定经营者应分别或同时承担民事责任、行政责任和刑事责任。

违反消费者权益保护法构成犯罪的行为包括:经营者提供商品或服务造成消费者或其他受害人受伤、残疾、死亡的;以暴力、威胁等方法阻碍有关行政部门工作人员依法执行职务的;国家机关工作人员玩忽职守或包庇经营者侵害消费者合法权益的。对这些行为应根据情节依法追究刑事责任。

3.5　工业产权法

3.5.1　工业产权的概念及特征

1. 工业产权的概念

工业产权,又称为工业所有权,是人们依照法律对应用于生产和流通中的创造发明和显著标记等智力成果在一定期限和地区内享有的专有权。工业产权是知识产权的重要组成部分,是一种无形的财产权,是人们对自己的脑力劳动所创造出来的精神财富依法享有的权利。因此,工业产权具有知识产权所具有的一切法律特征。

知识链接

知识产权包括文学艺术产权(著作权、邻接权)、工业产权(专利权、商标权)。其中,工业产权包括商标权、专利权(发明、实用新型、外观设计)。

2. 工业产权的特征

(1) 专有性

专有性,即排他性、独占性、垄断性。根据法律规定在一定地域和期限内未经权利人许可任何人不得以任何方式侵犯权利人的权利。

(2) 时间性

对工业产权的法律保护都有一定的时间限制,有效期届满,除依法续展外,任何人都可以无偿地、自由地使用智力成果,即工业产权只在法律规定的期限内受到保护,一旦超过法律规定的有效期限,这一权利就自行消灭,该项工业产权便进入公共领域成为整个社会的共同财富,为全人类所共同使用。

(3) 地域性

由一国法律所确认和保护的工业产权只在该国领域内有效,而不具有域外效力。

知识链接

有关工业产权保护的国际性、地区性条约主要有:1883 年于巴黎缔结的《保护工业产权巴黎公约》(简称《巴黎公约》),我国于 1985 年正式成为其成员国;1891 年的《商标国际注册马德里协定》、1970 年的《商标注册条约》等。其中,《保护工业产权巴黎公约》最为重要,是国际工业产权领域的第一个,也是最基本的公约。另外,《专利合作条约》于 1970 年在华盛顿签订,1978 年 1 月 24 日生效,其主要目的是使成员国国民在向若干个成员国同时申请专利时能够通过统一的渠道进行,减少手续与费用,避免向各国专利局反复申请审批的程序。专有技术与专利的区别如下表所示。

专有技术与专利的区别

	保密性	地域性	时效性	构成要件	表达方式	形态	法律保护
专有技术	保密	无限制	无限制	具有实用性、秘密性和非专利性	不限制	动态	《合同法》、《反不正当竞争法》
专利	公开	有限制,我国对专利的保护以我国法律的管辖地域为限	有限制,发明的保护期限为 20 年;实用新型和外观设计的保护期限为 10 年	具有新奇性、创造性和实用性	专利说明书	静态	《专利法》

3.5.2 专利法律制度

1. 专利法的概念

专利法是指调整因发明创造的开发、实施及保护等发生的各种社会关系的法律规范的总称。专利法有广义和狭义之分:狭义的专利法仅指全国人民代表大会常务委员会通过的《专利法》;广义的专利法除《专利法》外,还包括国家有关法律、行政法规和规章中关于专利的法律规范。我国参加缔结的有关专利权国际保护方面的条约、协定,经批准公布具有国内法律效力的,也属于广义的专利法的范畴。

2. 专利权的概念

专利权是指权利人在履行法定手续并经国家专利主管机关批准后,在法定期限内对特定发明创造享有的专有权利。

专利权包括独占实施权、禁止权、转让权、实施许可权、标记权。

3. 专利权的种类

(1) 发明专利

发明专利是指对产品、方法,或者其改进所提出的新的技术方案,包括产品发明、方法发明、用途发明等。

(2) 实用新型

实用新型俗称小发明,是指对产品的形状、构造,或者其结合所提出的适于实用的新的技术方案。

(3) 外观设计

外观设计是指对产品的形状、图案,或者其结合,以及色彩与形状、图案的结合所做出的富有美感并适于工业上应用的新设计。

4. 专利权的主体

专利权的主体是指可以申请并取得专利权的单位和个人,统称专利权人。根据我国《专利法》

的规定，有权在中国申请专利的人包括中国的单位和个人，也包括外国人、外国企业和其他组织。

根据发明创造权利人的不同，发明创造可分为职务发明创造、非职务发明创造和共同发明创造。

知识拓展

- 职务发明创造。对于利用本单位的物质技术条件所完成的发明创造，该单位为专利权人。单位与发明人或设计人在合同中对专利权的归属有约定的从其约定。取得职务发明权的单位应依法对职务发明创造的发明人或设计人给予奖励。
- 非职务发明创造。对发明创造的实质性特点做出创造性贡献的自然人，专利权归属发明人、设计人所有。
- 共同发明创造。由两人或两人以上共同完成的发明创造，除另有协议的，申请的单位或个人为专利权人。

5. 专利申请基本原则

(1) 单一性原则

单一性原则即一件发明或实用新型专利申请应当限于一项发明或实用新型，属于一个总的发明构思的两项以上的发明或实用新型，可以作为一项申请提出。一项外观设计专利申请应当限于一项外观设计，同一产品两项以上的相似外观设计，或者用于同一类别并且成套出售或使用的产品的两项以上外观设计，可以作为一项申请提出。

(2) 先申请原则

两个以上的申请人分别就同样的发明创造申请专利的，专利权授予最先申请的人。

(3) 优先权原则

优先权原则是指将专利申请人首次提出专利申请的日期，视为后来一定期限内专利申请人就相同主题在他国或本国提出专利申请的日期。专利申请人依法享有的这种权利称为优先权。优先权包括外国优先权和本国优先权。依照外国同我国签订的协议或共同参加的国际条约，或者依照相互承认优先权的原则，可以享有优先权。

知识链接

申请发明或实用新型专利的，应当提交请求书、说明书及其摘要和权利要求书等文件。请求书应当写明发明或实用新型的名称，发明人的姓名，申请人的姓名或名称、地址，以及其他事项。申请外观设计专利的，应当提交请求书、该外观设计的图片或照片，以及对该外观设计的简要说明等文件。

6. 专利权的期限

专利权的期限，即专利权的时间效力，是指专利权人享有的专利权从生效到正常终止的法定期间。我国《专利法》规定，发明专利权的期限为20年，实用新型专利权和外观设计专利权的期限为10年，均自申请日起计算。

7. 专利权的终止与无效

专利权的终止是指专利权因期限届满或其他原因在期限届满前失去法律效力。根据《专利法》的规定，有这些情形之一的专利权终止：专利权的期限届满；没有按照规定缴纳年费的；专利权人以书面声明放弃其专利的；专利权人死亡，无继承人或受遗赠人的。

专利权的无效是指对已经生效的专利权，因不符合《专利法》的规定，由专利复审委员会宣告其不具有法律约束力的制度。宣告无效的专利权视为自始即不存在，但宣告专利权无效的决定，对在宣告专利权无效前人民法院做出并已执行的专利侵权的判决、调解书，已经履行或强制执行的专利侵权纠纷处理决定，以及已经履行的专利实施许可合同和专利权转让合同不具有追溯力。

8. 违反专利法应承担的法律责任

专利法对专利侵权主要采用民事制裁。专利侵权人应当承担的民事责任形式主要有停止侵权、赔偿损失和消除影响。

根据《专利法》及相关行政法规的规定，专利行政部门在处理专利侵权纠纷时，可以责令侵权行为人停止侵权行为、罚款。专利行政部门责令侵权行为人停止侵权行为、罚款的措施就属于承担行政责任的方式。

根据我国《专利法》和《刑法》的相关规定，假冒他人专利，泄露国家秘密，玩忽职守、滥用职权、徇私舞弊等情形，情节严重构成犯罪的，依法追究刑事责任。

案例分析

王某发明了一种教学仪器眼球仪，获得了国家专利局授予的专利权。其后，王某与浙江某教学仪器厂订立了专利实施的许可合同。半年后，王某发现某省教学仪器公司买进的150台眼球仪与自己的发明专利完全相同。经调查，这批眼球仪的制造者是南京某教学仪器厂，该厂是仿照从市场上买到的浙江某教学仪器厂的产品生产的。同时，王某还发现某大学实验室也仿制了几台眼球仪，并在科研中使用。

请分析：谁侵犯了王某的专利权？为什么？王某可通过什么途径请求保护自己的专利权？

3.5.3 商标法律制度

1. 商标的概念

商标是商品的生产者、经营者或服务的提供者在其商品或服务上所使用的用于区别商品或服务来源的由文字、图形、字母、数字、三维标志、颜色组合，或者上述要素的组合，具有显著特征的标志，便于识别商品或服务来源的可视性标志。

知识链接

根据不同的标准，商标主要可分为以下几类。

- 根据商标的形态不同，商标可分为平面商标、立体商标。
- 根据商标的使用对象不同，商标可分为商品商标和服务商标。
- 根据商品使用人的特殊需要，商标可分为集体商标、证明商标、防御商标和联合商标。
- 根据商标在相关市场上的知名度，商标可分为驰名商标、著名商标和知名商标。
- 根据商标是否注册，商标可分为注册商标和非注册商标。区分注册商标和非注册商标的方法为：标以“注册商标”或Ⓡ、㊟字样的为注册商标，而未注册商标不得使用上述标记。

2. 商标权的概念

商标权是指商标所有人对其商标拥有的独占的、排他的权利,即商标所有人因商标注册而产生的权利。此项权利受法律保护。

3. 商标权的取得(商标注册)

在我国,取得商标权的唯一途径是商标注册。

商标注册是指商标使用人为取得商标权将其使用的商标向国家商标主管机关申请,经主管机关审核予以登记备案。

我国商标注册的原则主要有以下几条。

(1) 申请在先原则

申请在先原则,又称为注册在先原则。两个以上申请人在同种或类似商品上以相同或近似的商标申请注册时,商标主管机关根据申请时间的先后决定商标权的归属。如果两个以上申请人同一日申请的,根据使用在先的事实决定商标权归属。

(2) 自愿注册与强制注册相结合的原则

我国实行自愿注册为主、强制注册为辅的原则。一些关系到人民生命健康的特殊商品被规定必须注册,目前主要有人用药品和烟草制品两大类。

(3) 优先权原则

申请人享有优先权的,其优先权日为申请日。

4. 商标权的内容

(1) 专用权

商标权人享有商标专用权,只有商标权人才能在其核准的商品或服务上使用其注册商标的权利。它是注册商标所有人最基本的权利。

(2) 禁止权

商标所有人禁止任何第三方未经其许可在相同或类似商品上使用与其注册商标相同或类似的商标的权利。商标权人对他人的侵权行为有请求行政处理或提起诉讼的权利。

(3) 许可权

商标权人许可他人使用其注册商标的权利。许可人应当监督被许可人使用其注册商标的商品质量,被许可人应当保证使用该注册商标的商品质量。经许可使用他人注册商标的,必须在使用该注册商标的商品上标明被许可人的名称和商品产地。商标使用许可合同应当报商标局备案。

(4) 转让权

转让权是指商标权人有权将其注册商标转让给其他单位或个人。转让注册商标的,除双方当事人签订合同外,转让人和受让人应当共同向商标局提出申请。转让注册商标经核准后,予以公告。未经核准登记的,转让合同不具有法律效力。

(5) 续展权

续展权是指商标权人为了维持商标权在注册商标有效期即将届满前申请延续已注册商标的有效期的权利。根据《商标法》的规定,只要商标权人有实际需要,就可以无限制地重复续展,使商标权成为一项永久的权利。

知识拓展

注册商标的有效期为10年,自商标核准注册之日起计算。注册商标的有效期满需要继续使用的,应当在有效期满前6个月内申请续展注册,在此期间未能提出申请的,可以给予6个月的宽展期,宽展期满仍未提出申请的,注销其注册商标。每次续展注册的有效期为10年。

思考

注册商标的有效期与专利权的有效期的起算点一样吗?

5. 商标权的终止

商标权的终止是指由于法定事由的发生,注册商标所有人丧失其商标权,法律不再对该注册商标给予保护。

商标权终止的事项包括:注册商标有效期届满,而当事人未在规定期限内申请续展的;商标权人自愿放弃其商标权,并向商标局办理注销手续的;对注册商标核定使用的商品粗制滥造,以次充好,欺骗消费者的;自行改变注册商标的或连续3年停止使用的。

6. 商标侵权行为及其法律责任

商标侵权行为有:未经注册商标所有人的许可,在同种商品或类似商品上使用与其注册商标相同或近似的商标的;销售明知是假冒注册商标的商品的;伪造、擅自制造他人注册商标标识或销售伪造、擅自制造的注册商标标识的;故意为侵犯注册商标专用权的行为提供便利条件的(如仓储、邮寄、运输、隐匿等);给他人的注册商标专用权造成其他损害的。

对商标侵权行为,被侵权人可直接向侵权行为地的人民法院起诉,要求法院责令侵权人停止侵害、消除影响、赔偿损失;县级以上工商行政管理部门应当对商标侵权人的侵权行为采取责令停止侵权行为、没收、销毁、罚款等行政处罚。对侵权行为情节严重的,处3年以上7年以下有期徒刑或拘役,并处或单处罚金。

练习题

一、填空题

1. 根据《商标法》的规定,注册商标有效期满后可以续展注册,每次续展注册的有效期为__________。
2. 根据《专利法》的规定,对专利权的保护期从__________计算。
3. 在消费者权利中,最基本的权利是__________。
4. 我国消费者依法成立的维护自身权益的社会团体为__________。

二、单项选择题

1. 不属于政府及其所属部门滥用行政权力限制竞争的行为的是(　　)。
   A. 某市交通局限定小轿车使用者只能购买某一品牌的净化器
   B. 政府及其所属部门处罚达成价格同盟的企业
   C. 政府及其所属部门限制外地商品进入本地市场

D. 政府及其所属部门限制本地商品流向外地市场

2. 根据《反不正当竞争法》的规定，因为(　　)，以低于成本的价格销售商品的行为属于不正当竞争行为。

A. 销售鲜活商品　　B. 处理有效期限即将到期的商品

C. 清偿债务　　D. 扩大市场占有率

3. (　　)不是商业贿赂行为。

A. 以明示方式给对方回扣　　B. 在账外暗中给中间人佣金

C. 在账外暗中给予对方单位或个人回扣　　D. 对方单位或个人在账外暗中收受回扣

4. 店堂告示中没有违反《消费者权益保护法》的规定的是(　　)。

A. 本店商品一经售出概不退换

B. 购买金额在10元以下者，请恕本商场不开发票

C. 钱物请当面点清，否则后果自负

D. 如售假药包赔顾客2万元

5. 抽奖式有奖销售最高奖的金额超过(　　)元的，属于不正当竞争行为。

A. 2 00　　B. 4 000　　C. 5 000　　D. 10 000

6. 不正当竞争行为给被侵害的经营者造成损害的，应当承担赔偿责任，被侵害的经营者的损失难以计算的，赔偿额为(　　)。

A. 侵权行为人在侵权期间因侵权所获得的利润

B. 被侵权人在受损害期间因侵权行为所丧失的利润

C. 侵权人在侵权期间所获得的商业利润

D. 被侵权人在受损害期间所丧失的商业利润

7. 根据《反不正当竞争法》，在我国(　　)对不正当竞争行为进行监督检查，法律行政法规规定由其他部门监督检查的，依照其规定。

A. 省级以上人民政府的工商行政管理部门

B. 省级以上人民政府

C. 县级以上人民政府的工商行政管理部门

D. 各级人民政府的工商行政管理部门

三、多项选择题

1. 根据《反不正当竞争法》，经营者不得以排挤竞争对手为目的以低于成本的价格销售商品。不属于不正当竞争的情况是(　　　)。

A. 销售非鲜活商品　　B. 处理有效期即将到期的商品

C. 处理积压的商品　　D. 季节性降价

E. 因清偿债务、转产、歇业降价销售商品

2. 我国《反不正当竞争法》规范的行为有(　　　)。

A. 不正当竞争行为　　B. 经济垄断行为

C. 限制竞争行为　　D. 公平竞争行为

E. 以上所有行为

3. 生产、销售不符合保障人体健康和人身、财产安全的国家标准、行业标准的产品，应(　　　)。

A. 责令停止生产、销售

B. 情节严重的吊销营业执照
C. 处以违法生产、销售产品（包括已售出和未售出的产品）1倍以上3倍以下的罚款
D. 有违法所得的，并处没收违法所得

4.《产品质量法》对产品或其包装上的标志的要求包括(　　)。
A. 有用中文标明的产品名称、生产厂名和厂址
B. 根据产品的特点和使用要求需要对产品的规格、等级，所含主要成分的名称和含量相应予以标明
C. 限期使用的产品标明生产日期和安全使用期或失效日期
D. 裸装的食品和其他根据产品的特点难以附加标志的裸装产品可以不附加产品标志

四、判断题

1. 假冒他人注册商标的行为既是侵犯注册商标专用权的行为，也是不正当竞争行为。(　)
2. 经营者销售或购买商品，可以以明示方式给对方回扣、给中间人佣金。经营者给对方回扣、给中间人佣金的必须如实入账。接受回扣、佣金的经营者必须如实入账。(　)
3. 有奖销售都是不正当竞争行为。(　)

五、简答题

1. 什么是工业产权？工业产权有哪些特征？
2. 消费者依法享有哪些权利？
3. 我国不正当竞争行为主要有哪些类型？

六、案例分析题

请指出下列情形中消费者的何种权利受到了侵害或行使了哪种权利。

1）周某去某饭店吃饭，店方在菜单上没有明确标示，也没有在店门口张贴注意事项，然而在最后结账时，店方表示要向周某收取菜的原料涨价费10元。

2）董某和朋友一起去某KTV消费，刚坐下，服务员非常热情地送上了茶水。董某得知该KTV有2 000元的最低消费，因此表示不想在这里玩了。KTV表示，茶水都已经送上了，必须在此消费，否则别想出店门，还喊了几个文身的保安过来围住了他和他的朋友，董某迫于无奈，只好在那里消费了2 000多元。

3）张某在某城中村看到路边有卖水果的，且价格比超市里便宜很多，因此在那里购买了水果。回家一称重，却发现3 kg水果只有2.5 kg。

4）因陆某急需某产品，而本镇只有一家商场卖这种产品，该商场知道这一情况后向陆某搭售了其不想购买的另一产品。

5）回族的马某到某饭店吃饭表明了自己的民族，并要求该饭店按照其民族习惯为他提供饮食，但该饭店在提供服务时并没有尊重其民族习惯。

6）李某在购买某商场销售的热水器发生爆炸之后，向某报社反映其遭遇，并到消费者协会检举、控告该商场侵害其权益的行为。

实战演练

认真思考一下生产者及经营者应该如何维护消费者的合法权益。收集一些生产者及经营者所使用的商标，并分析它们所用的商标都是哪些类型的。

第4章 合同法律制度

知识导读

合同法作为经济法律制度中重要的一个组成部分，在社会众多领域有着广泛的应用。本章全面、系统而简明地介绍和讨论了合同法的全部内容，反映了最新的民商立法与司法解释的精神及规定，吸收了最新的科研成果。

通过《合同法》的学习，培养学生信守合同的法制意识；引导学生利用合同订立程序，掌握签订合同的主动权，学会谈判，培养学生的市场经济意识；提高学生明辨是非、谨防合同欺诈的防范能力。

学习目标

重点：合同法的概念与特征。合同法的订立程序。

合同效力的状态。

合同的履行、变更、转让和终止过程中需要注意的问题。

难点：合同担保和保证的区别与联系。

引导案例

小冯所处的涉外企业目前正和另外一家企业达成了具体的交易意向，需要订立一份书面合同。小冯作为涉外业务部的工作人员全程陪同领导参与了相关事宜。在具体合同的订立过程中，小冯悉心学习，勤勉思考，由于对和企业相关的合同法律制度的具体内容有了全面的了解，顺利地协助分管领导完成了任务，并受到了单位的表彰。现把小冯掌握的关于合同法律制度的内容详细讲解如下。

4.1 合同法律概述

4.1.1 合同的含义、特征和分类

1. 合同的含义

一般认为，合同有广义、狭义、最狭义之分。

（1）广义的合同：当事人之间设立的具有权利义务内容的协议，如民法上的债权合同、物权合同和身份合同，行政法上的行政合同和劳动法上的劳动合同。

（2）狭义的合同：当事人之间设立、变更、终止民事关系的协议。

（3）最狭义的合同：平等主体之间设立、变更、终止债权债务关系的协议。

《合同法》第二条规定："本法所称合同是平等主体的自然人、法人、其他组织之间设立、变更、终止民事权利义务关系的协议。婚姻、收养、监护等有关身份关系的协议，适用其他法律的规

定。”据此说明，我国合同法调整的是债权合同，不包括身份合同等其他民事合同。我们所称的合同也只是债权合同的简称。

需要说明的是合同是平等主体之间订立的涉及民事权利义务关系的协议。合同与契约作为法律上的两个术语并无实质区别。新中国成立前人们更多地使用契约这个词，新中国成立后逐渐以合同取代契约。

案例分析

合同概念的边缘界定

甲盛情邀请乙共进晚餐，乙愉快地答应了。二人之间是否成立合同？如果乙没有依约赴宴，甲是否可以要求乙承担违约责任？

甲是一位小孩的母亲，与邻居约定由邻居来无偿暂时照看其小孩。甲与邻居之间是否成立了合同？

A、B、C、D、E 五人组成一个摸彩小组。他们约定：每人每周付给 E 十元，然后 E 用 50 元总金额购买彩票，并填写事先商定好的顺序的数字。有一次，E 没有如约填写彩票而是填写了自己确定的彩票，然而事先商定好应填写的数字却中了 1 万元的奖。A、B、C、D 要求 E 赔偿其应得的份额。那么，A、B、C、D、E 之间是否成立了合同？E 的行为是否违约而应当赔偿？

甲、乙二人为非婚姻同居的男女，双方约定在同居期间女方应当服用避孕药。由于女方在没有向男方发出告知的情况下停止了服用，导致其怀孕并生下了一个孩子。法院判决男方负担这个孩子的抚养费，男方则要求女方承担违约赔偿责任。法院是否应当支持？

2. 合同的特征

① 合同是一种民事行为。
② 合同是一种双方或多方的民事行为。
③ 合同所确立的关系是民事权利义务。
④ 合同是当事人在平等、自愿的基础上实施的民事行为。
⑤ 合同当事人之间形成合同之债的关系，具有相对性。

3. 合同的分类

依据不同的划分标准，合同有不同的分类方式，具体如下。

（1）单务合同与双务合同

以合同当事人双方权利、义务的分担方式为标准进行划分，合同可分为双务合同和单务合同：双务合同（bilateral contract）是指合同当事人双方相互享有权利，相互负有义务的合同；单务合同（unilateral contract）是指合同一方当事人只享有权利而不负担义务，另一方只负担义务而不享有权利的合同。

区分二者的意义在于：义务履行的顺序意义不同；风险负担不同；过错不能履行的后果不同。

（2）有偿合同与无偿合同

以当事人取得权益是否须付相应代价为标准进行划分，合同可分为有偿合同和无偿合同：有偿合同（onerous contract）是指当事人一方享有合同规定的权益须向对方当事人偿付相应代价的合同；无偿合同（gratuitous contract）是指当事人一方享有合同规定的权益不必向对方当事人偿付相应代价的合同。

区分二者的意义在于：确定某些合同的性质；当事人责任的轻重不同；主体资格的要求不同；

在不当得利者转让财产时,第三人的返还责任不同。

(3) 诺成性合同与实践性合同

以合同是否以交付标的物为生效要件作为标准进行划分,合同可分为诺成性合同与实践性合同:诺成性合同(consensual contract)是指当事人意思表示一致即告成立且生效的合同;实践性合同(practice contract)是指除当事人意思表示一致以外须经实际交付标的物才能生效的合同,如保管合同。

区分二者的意义在于:二者成立和生效的时间不同;交付行为的意义不同。

(4) 要式合同与非要式合同

以合同的成立是否需要特定的法律形式为标准进行划分,合同可分为要式合同与非要式合同:要式合同是指必须采用特殊法定形式才能成立的合同;非要式合同是指法律没有特别规定,当事人也没有特别约定需采用特殊形式的合同。

区分二者的意义在于:要式合同不采取法律规定或当事人约定的特定形式,合同因缺乏形式要件不能成立和生效;对于非要式合同,当事人可采用任何形式,合同形式不影响合同的成立及效力。

(5) 为自己利益的合同和为第三人利益的合同

以是否贯彻合同相对性原则为标准进行划分,合同可分为束己合同与涉他合同:束己合同是指严格遵守合同的相对性原则,合同当事人为自己约定并承受权利义务,第三人不能向合同当事人主张权利和追究责任,合同当事人也不得对第三人主张权利和追究责任的合同;涉他合同突破了合同相对性原则,是指合同当事人在合同中为第三人设定了权利或约定了义务的合同,包括为第三人利益的合同和由第三人履行的合同。

区分二者的意义在于:明确缔约目的的不同;合同效力的范围不同。

(6) 实定合同和射幸合同

以效果在缔约时是否确定为标准进行划分,合同可分为实定合同和射幸合同:实定合同是指合同的效果在缔约时已经确定;射幸合同则是指合同的效果在缔约时不能确定,如保险合同、彩票合同。

(7) 主合同与从合同

以合同间的主从关系为标准进行划分,合同可分为主合同和从合同:主合同是指不依赖他合同而独立存在的合同;从合同是指以他合同的存在为存在前提的合同。

区分二者的意义在于:从合同的命运取决于主合同,主合同不存在,从合同也不存在;主合同终止,从合同也随之终止。

(8) 有名合同与无名合同

以法律是否设有规范并赋予一个特定名称为标准进行划分,合同可分为有名合同和无名合同:有名合同,又称典型合同,是指法律设有规范,并赋予一定名称的合同;无名合同是指法律尚未特别规定,也未赋予一定名称的合同。

区分二者的意义在于:处理这两类合同纠纷所适用的规则不同。

4.1.2　合同法概述和特征

1. 合同法的概念

合同法是调整平等主体间的交易关系的法律,主要规范合同的订立、生效、无效及履行、变更、解除、保全、违反合同的责任等问题。合同法不是一个独立的法律部门,而是我国民法的重要组成部分。

2. 合同法的特征

① 从实际出发,总结与借鉴吸收相结合的原则清晰突出。

② 鼓励交易与意思自治的理念明确充分。

③ 该法制定和实施的时代特点显著、集中。

④ 经济效率与社会公正、交易便捷与交易安全的价值取向相互兼顾。

⑤ 普遍化的合同制度与类型得到了全面规制,操作性强。

⑥ 新的法律框架科学严谨,各种新制度构筑完备。

⑦ 立法技术不断提高,立法语言日趋规范。

3. 合同法的立法目的

合同法的立法目的是制定合同法想要达到的目标或想要实现的结果,是合同法的指导思想。根据《合同法》第一条的规定,其立法目的是:保护合同当事人的合法权益;维护社会经济秩序;促进社会主义现代化建设。

4. 合同法的调整对象

(1) 调整对象

合同法调整的对象是平等民事主体之间的财产和权益的交易关系。

(2) 理解

① 合同法是调整动态财产关系的法律,是全面调整交易关系的,如合同的成立和构成交易的形式;合同的履行、变更、解除、终止等都构成了交易过程。然而,涉及婚姻、收养、监护等有关身份关系的协议,不属于《合同法》调整的范围。

② 与物权法的区别。合同法与物权法都是调整财产关系的,但是物权法规范和调整的财产关系是静态的。

5. 合同法的历史发展

(1) 古代合同法

合同作为财产流转的法律形式,其产生必须基于财产流转的事实,没有财产流转就没有合同及其立法。人类社会最早的合同法是由习惯发展而来的,称为习惯法。

《汉谟拉比法典》直接规定合同或与买卖有关的规范有120余条。古罗马的《十二铜表法》中关于合同的规定比《汉谟拉比法典》有进步。5世纪,合同担保制度很发达。日耳曼法虽然晚于罗马法,却从实践的角度对合同法做出了贡献。与历史上西方国家合同立法的发展相比,古代东方国家的立法就暗淡了许多。

(2) 近代合同法

近代合同法是指资本主义自由竞争时期的合同法,以1804年的《法国民法典》中的合同制度为典型代表,以合同自由原则为明显标志。近代合同法时期是从15、16世纪开始到19世纪末20世纪初结束的相对较长的历史阶段。

(3) 现代合同法

现代合同法是指资本主义垄断阶段的合同法。在基本原则等许多方面较近代合同法有所变化:定式合同普遍化;“强制缔约”在公用事业中普遍存在;“团体协约”应运而生;表示主义取代意思主义;合同解释原则发生了重大变化,对当事人意志的探寻逐渐为维护社会公正的需要所代替。

(4) 我国合同法的历史发展

1981 年 12 月 13 日由五届人大四次会议通过的《中华人民共和国经济合同法》是合同法的重大成果,标志着其进入了一个新阶段。1985 年 3 月 21 日,六届人大十次常委会议通过了《中华人民共和国涉外经济合同法》,1987 年 6 月 23 日六届人大二十一次常委会通过了《中华人民共和国技术合同法》,至此我国合同法体系呈现出以《民法通则》为基本法,《经济合同法》、《涉外经济合同法》、《技术合同法》三足鼎立的局面,1999 年 3 月 15 日通过并公布了《中华人民共和国合同法》(九届人大二次会议通过),废除了"三法"鼎立的局面。

4.2 合同订立与担保

4.2.1 合同订立的一般程序

1. 要约

(1) 要约的概念和性质

要约(offer)是希望和他人订立合同的意思表示,在商业贸易中称为发盘。发出要约的当事人为要约人,受领要约的当事人为受要约人,简称受约人。

《合同法》第十三条规定:"当事人订立合同,采取要约、承诺方式。"

《合同法》第十四条规定:"要约是希望和他人订立合同的意思表示,该意思表示应当符合下列规定:

"(一) 内容具体确定;

"(二) 表明经受要约人承诺,要约人即受该意思表示约束。"

(2) 要约的构成条件

① 要约是由具有订约能力的特定人做出的意思表示。

② 要约必须向相对人做出。

③ 要约必须具有订立合同的主观目的。

④ 要约的内容必须具体确定。

⑤ 要约必须表明要约人在得到承诺时即受其约束的意旨。

(3) 要约邀请

要约邀请又称为要约引诱,根据我国《合同法》第十五条的规定,是指希望他人向自己发出要约的意思表示。寄送价目表、拍卖公告、招标公告、招股说明书、商业广告等为典型的要约邀请行为。商业广告的内容符合要约规定的,视为要约。

(4) 要约邀请与要约的区别

① 依法律规定做出区分。

② 根据当事人的意愿来做出区分。

③ 根据订约提议的内容是否包含了合同的主要条款来确定该提议是要约邀请还是要约。

④ 根据交易的习惯和当事人历来的交易做法来区分。

(5) 要约的法律效力

① 要约开始生效的时间。要约到达受要约人时生效。采用数据电文形式订立合同,收件人指定特定系统接收数据电文的,该数据电文进入该特定系统的时间视为到达时间;未指定特定系统的,该数据电文进入收件人的任何系统的首次时间视为到达时间。由此可见,我国合同法律采用到达主义。

② 要约的存续期间。要约的存续期间是指要约受承诺拘束的期间，也称承诺期限。要约的存续期间可分为这样两种情况：一是定有存续期间，对话人之间，立即；二是未定有存续期间，非对话人之间，合理期间。

《合同法》第二十三条规定："承诺应当在要约确定的期限内到达要约人。要约没有确定承诺期限的，承诺应当依照下列规定到达：

"（一）要约以对话方式作出的，应当即时作出承诺，但当事人另有约定的除外；

"（二）要约以非对话方式作出的，承诺应当在合理期限内到达。"

《合同法》第二十四条规定："要约以信件或电报作出的，承诺期限自信件载明的日期或电报交发之日开始计算。信件未载明日期的，自投寄该信件的邮戳日期开始计算。要约以电话、传真等快速通信方式作出的，承诺期限自要约到达受要约人时开始计算。"

（6）要约对人的效力

要约的效力，也称为要约的拘束力，是指要约所产生的法律效果。

① 对要约人（offerer）的效力。要约的形式拘束力，要约人须受要约的约束。

② 对受要约人（offeree）的效力。要约的实质拘束力，受约人取得承诺权利，同时要约经受要约人的承诺，合同即告成立。

（7）要约的撤回与撤销

① 要约的撤回（revocation to offer）。这是指要约人对尚未生效的要约阻止其生效的意思表示。由于要约于到达受要约人时生效，因此撤回之意思表示须于要约到达受要约人之前或与要约同时到达受要约人时生效。要约撤回生效，要约不成立。

《合同法》第十七条规定："要约可以撤回。撤回要约的通知应当在要约到达受要约人之前或与要约同时到达受要约人。"

② 要约的撤销（rescission of an offer）。这是指要约人对已生效但未获承诺的要约消灭其拘束力之意思表示。撤销仅限于未被承诺的要约，如果要约已获承诺，合同成立，要约已构成合同意思，自然不能撤销。

《合同法》第十八条规定："要约可以撤销。撤销要约的通知应当在受要约人发出承诺通知之前到达受要约人。"

（8）不得撤销的要约

根据《合同法》第十九条的规定，有下列情形之一的，要约不得撤销。

① 要约人确定了承诺期限或以其他形式明示要约不可撤销。

② 受要约人有理由认为要约是不可撤销的，并已经为履行合同做了准备工作。

（9）要约的失效

根据《合同法》第二十条的规定，有下列情形之一的，要约失效。

① 拒绝要约的通知到达要约人。

② 要约人依法撤销要约。

③ 承诺期限届满，受要约人未做出承诺。

④ 受要约人对要约的内容做出实质性变更。

2. 承诺

（1）承诺的概念和构成要件

承诺（acceptance）是指当事人一方对他方提出的要约完全同意的意思表示。

承诺的构成要件包括以下内容。

① 承诺必须由受要约人做出。

② 承诺必须向要约人做出。

③ 承诺的内容应当与要约的内容一致。

《合同法》第三十条规定:"承诺的内容应当与要约的内容一致。受要约人对要约的内容作出实质性变更的,为新要约。有关合同标的、数量、质量、价款,或者报酬、履行期限、履行地点和方式、违约责任和解决争议方法等的变更,是对要约内容的实质性变更。"

《合同法》第三十一条规定:"承诺对要约的内容作出非实质性变更的,除要约人及时表示反对或要约表明承诺不得对要约的内容作出任何变更的以外,该承诺有效,合同的内容以承诺的内容为准。"

④ 承诺必须在规定的期限内到达要约人。

《合同法》第二十八条规定:"受要约人超过承诺期限发出承诺的,除要约人及时通知受要约人该承诺有效的以外,为新要约。"

《合同法》第二十九条规定:"受要约人在承诺期限内发出承诺,按照通常情形能够及时到达要约人,但因其他原因承诺到达要约人时超过承诺期限的,除要约人及时通知受要约人因承诺超过期限不接受该承诺的以外,该承诺有效。"

⑤ 承诺的方式符合法律规定。

《合同法》第二十二条规定:"承诺应当以通知的方式作出,但根据交易习惯或要约表明可以通过行为作出承诺的除外。"

(2) 承诺的效力

《合同法》第二十五条规定:"承诺生效时合同成立。"

承诺生效,合同即告成立。因此,确认承诺的生效时间,即为认定合同成立的时间。我国《合同法》规定,承诺生效时间采用到达主义。

(3) 承诺的迟到和迟延

① 承诺的迟到,即迟发迟到的承诺,是指受要约人逾承诺期间所发出的承诺。迟到的承诺不能成立合同,而被视为新要约。

② 承诺的迟延,即未迟发而迟到的承诺,是要约人于承诺期间发出并按通常情形可适时到达要约人,因传达障碍或其他原因而逾承诺期间到达要约人的承诺。

迟延的承诺和迟到的承诺都是超过承诺期限到达要约人的承诺,只不过迟到的承诺是由于没有在承诺期限内发出承诺,而迟延的承诺是在承诺期限发出承诺但没有及时到达要约人的承诺。

在学理上往往将迟到的承诺称为一般迟延的承诺,而将迟延的承诺称为意外迟延的承诺。这是因为意外迟延的承诺常常是由意外的原因引起的。

(4) 承诺的撤回

承诺的撤回(revocation of an acceptance)是承诺人消灭承诺效力的意思表示。

《合同法》第二十七条规定:"承诺可以撤回。撤回承诺的通知应当在承诺通知到达要约人之前或者与承诺通知同时到达要约人。"

4.2.2 合同的担保

1. 合同担保概述

(1) 担保的概念

担保是指法律规定或当事人约定的保证合同履行、保证债权人利益实现的法律措施。担保方式如图4.1所示。

担保方式：
- 人保 ——→ 保证
- 物保 ——→ 抵押、质押、留置
- 财保 ——→ 定金

图 4.1　担保方式

1995 年 6 月 30 日通过了《中华人民共和国担保法》，自 10 月 1 日起施行。2000 年 9 月 29 日，最高法审判委员会 1133 次会议通过了该法的司法解释。

（2）担保法的法律特征

担保法的法律特征有从属性，补充性，相对独立性。

17 岁的甲每月工资为 500 元，以工资为主要生活来源，无积蓄、无贵重财产。好友乙和丙订立了一份 10 万元的合同，乙请甲担保，甲与丙订立了保证合同，约定甲承担连带保证责任。后来，乙不能履行债务，丙要甲承担保证责任。

2. 保证

（1）保证的含义

《担保法》第六条规定："本法所称保证，是指保证人和债权人约定，当债务人不履行债务时，保证人按照约定履行债务或承担责任的行为。"承担责任是指保证人不代替主债务人履行债务，而是就主合同债权因主债务人不履行而受到的损失承担赔偿责任；履行债务是指保证人代替债务人按主合同的标的、数量等约定的内容履行，对主合同的实际履行。

案例分析

A 市一公司 B 原是市里的盈利大户，后由于领导班子调整，经营不善，企业实力大减。后一家国外的 C 公司有意与该企业共同组建一家合资企业，双方商定由 C 公司投资 60%，B 公司投资 40%，C 公司负责在国外购买机器设备，B 公司负责提供厂房和外汇额度。同时，C 公司提出由 B 公司当地市政府做保证人，如果 B 公司到期不能提供厂房和外汇额度，由市政府负担赔偿 C 公司的损失，于是 B 公司就去找了市政府，市政府考虑到 B 公司过去对市里所做的贡献，碍于情面，答应为其做保证人。结果，C 公司把设备运抵 A 市后发现 B 公司根本无力提供厂房和外汇额度，于是，要求市政府按照约定承担赔偿责任，赔偿损失，并起诉到了法院。

请分析：该案例应如何处理？

（2）保证人

关于保证人的资格，根据《日本民法典》四百五十条的规定，保证人是行为能力人，有清偿能力的人。我国《担保法》第七条规定："具有代为清偿债务能力的法人、其他组织或者公民，可以作为保证人。"

思考

国家机关可否为保证人？学校、幼儿园、医院等以公益为目的的事业单位、社会团体可以为保证人吗？企业法人的分支机构、职能部门可否为保证人？

案例分析

甲工厂欲从银行贷款300万元。银行审查甲工厂财产状况后,要求其提供一位保证人保证归还银行贷款。于是甲工厂找到了微利的乙工厂为其做保证人,银行审查后认为乙工厂不具备代为清偿300万元贷款的能力,要求其再找一位保证人,于是找到了实力雄厚的丙公司。乙工厂、丙公司与银行签订了保证合同,合同约定由乙工厂、丙公司为甲工厂从银行借贷的300万元贷款承担一般保证责任。到了贷款清偿期届满时,甲工厂因经营不善,资不抵债,向法院申请宣告破产。在此情况下,银行未向法院申报破产债权,而是要求丙公司按照约定承担保证责任,替甲工厂偿还300万元贷款本息。丙公司以还有另外一位保证人乙工厂为由只同意承担一半,即150万元的贷款本息,于是银行起诉到了法院。

请分析:法院应如何办理?

(3) 保证的方式

根据《担保法》第十六条的规定,保证的方式有一般保证和连带责任保证。

① 一般保证。《担保法》第十七条规定:"当事人在保证合同中约定,债务人不能履行债务时,由保证人承担保证责任的,为一般保证。一般保证的保证人在主合同纠纷未经审判或仲裁,并就债务人财产依法强制执行仍不能履行债务前,对债权人可以拒绝承担保证责任。"

先诉抗辩权检索抗辩权(德、日)是一种延期的抗辩权,其后果为债权人须先起诉主债务人。不能履行债务是指对债务人的存款、现金、有价证券、成品、半成品、原材料、交通工具可以执行的财产和其他方便执行的财产执行后,债务仍未能得到清偿。

关于先诉抗辩权行使的阻却,《担保法》第十七条规定了这些情形:债务人住所变更,致使债权人要求其履行债务发生重大困难的;人民法院受理债务人破产案件,中止执行程序的;保证人以书面形式放弃先诉抗辩权的。

保证人丧失先诉抗辩权,由于债务人进入破产还债程序的前提是无力清偿到期债务,因此债权人无须等破产程序结束可直接向保证人要求清偿债务,保证人可代替债权人申报债权。

② 连带责任保证。《担保法》第十八条规定:"当事人在保证合同中约定保证人与债务人对债务承担连带责任的,为连带责任保证。连带责任保证的债务人在主合同规定的债务履行期届满没有履行债务的,债权人可以要求债务人履行债务,也可以要求保证人在其保证范围内承担保证责任。"

《担保法》第十九条规定:"当事人对保证方式没有约定或约定不明确的,按照连带责任保证承担保证责任。"

知识拓展

数个保证人承担的连带责任和连带责任保证是否是一回事

关于同一债务有数个保证人的情况,《担保法》第十二条规定:"同一债务有两个以上保证人的,保证人应当按照保证合同约定的保证份额承担保证责任。没有约定保证份额的,保证人承担连带责任,债权人可以要求任何一个保证人承担全部保证责任,保证人都负有担保全部债权实现的义务。已经承担保证责任的保证人,有权向债务人追偿,或者要求承担连带责任的其他保证人清偿其应承担的份额。"

(4) 保证合同

① 保证合同应当以书面方式订立。

② 保证合同应包括:被保证的主债权种类、数额;债务人履行债务的期限;保证的方式;保证担保的范围;保证的期间;双方约定的其他事项。

③ 最高额保证。《担保法》第十四条规定:“保证人与债权人可以就单个主合同分别订立保证合同,也可以协议在最高债权额限度内就一定期间连续发生的借款合同或某项商品交易合同订立一个保证合同。”

4.3　合同效力

4.3.1　合同效力概述

1. 合同效力的概念

合同效力是指依法成立的合同在当事人各方之间产生的法律拘束力。

2. 合同效力的内容

合同的效力体现在合同对当事人各方的拘束力上,在法律有特别规定的情况下,还体现在对合同以外的第三人的拘束力上,这种合同相对性的例外情形被称为合同效力的扩张。

合同对当事人的拘束力体现在以下两个方面。

① 当事人享有依法律规定和合同约定产生的权利,并受法律的保护。

② 当事人负有全面适当履行合同的义务,不得擅自变更或解除合同。违反合同义务的,应当承担违约责任。

合同对第三人的约束力主要表现在,在合同债权人行使撤销权或代位权时,合同对第三人发生效力。当合同债权受到第三人侵害时,债权人享有请求排除妨害并要求赔偿损失的权利。

3. 合同效力状态

合同效力状态是指合同成立后能否引起当事人预期的民事法律效果的不同状态,即生效,无效,可变更或可撤销,效力待定状态。

4. 合同成立与合同生效

(1) 合同成立与合同生效的联系

合同成立是合同生效的前提。合同成立解决的是合同存在与否的事实问题,而合同成立后是否发生效力则是法律价值的判断问题。

(2) 合同成立与合同生效的区别

① 性质不同。合同成立是指合同订立过程的完成,合同生效是指合同符合法律的规定,从而产生法律拘束力。合同成立主要体现当事人的意志,体现合同自由原则,以当事人的合意为基础,合同生效则表明法律对合同关系肯定或否定的评价,反映的是国家对合同关系的干预以法律规定为基础。

② 要件不同。只要当事人就合同的主要条款意思表示一致,合同即告成立。合同生效以合同成立为前提,除了当事人合意以外,还应当符合法律规定的生效要件,合同当事人需要具有相应的民事行为能力,意思表示真实,不违反法律或社会公共利益等。

③ 法律后果不同。合同不成立只能产生缔约过失责任、返还不当得利等民事责任。合同无效不仅会产生民事责任,还可能引起行政责任或刑事责任。

④ 解释方法和意义不同。在合同的条款有遗漏或不清楚的情况下，如果当事人已经就合同的主要条款达成了协议，法院仍可以认为合同已经成立，并依解释规则补充合同的遗漏，确定合同内容。如果合同的内容不符合法律规定的生效要件，法院无权通过合同解释的方法使其有效，只能依法认定其无效。

知识链接

当事人双方之间欲订立一项有效合同时，必须根据“依法成立的合同，自成立时生效”的规定，方能达到预期的目的。在订立合同的过程中，当事人应正确理解合同成立和合同生效的关系。合同成立与合同生效是有效合同有机结合的两个方面。

4.3.2　合同生效

合同生效是指已经成立的合同具备了法律所规定的生效要件时产生法律效力的一种状态。合同生效需要具备的法定生效要件可分为一般要件和特殊要件：合同生效的一般要件是指合同发生效力所应普遍具备的要件；合同生效的特殊要件是指合同生效除需满足一般有效要件外，还需要满足法律特别规定或当事人特殊约定的有效要件。

1. 合同生效的一般要件

(1) 签约的合同当事人需具有相应的缔约能力

① 自然人的缔约能力。完全民事行为能力人具有完全的缔约能力，法律对其不予限制；限制民事行为能力人可以成为订立合同的主体，但只能订立与其年龄、智力、精神健康状况相适应的合同或纯获利益的合同，而订立其他合同，须由法定代理人代理或征得法定代理人的同意；无民事行为能力人不具备缔约行为能力，因此其订立的合同一般应属无效。实践中，无民事行为能力人可以订立纯获利益的合同，而与其年龄、智力、精神健康状况相适应的合同，也不应当认定为无效。

② 法人的缔约能力。法人的缔约能力受其经营范围限制，但是法人超越其经营范围而订立的合同并非当然无效。当事人超越经营范围订立合同，人民法院不因此认定合同无效，但违反国家限制经营、特许经营，以及法律、行政法规禁止经营规定的除外。

③ 非法人组织的缔约能力。尽管非法人组织不具备独立法律人格，但其仍具有缔约能力，不同之处在于非法人组织不能独立承担民事责任。非法人组织主要包括企业法人所属的领有营业执照的分支机构、从事经营活动的非法人事业单位和科技性社会团体、事业单位和科技性社会团体设立的经营单位、外商投资企业设立的从事经营活动的分支机构等。

(2) 意思表示真实

意思表示真实是指订约者的意思表示与其真实的内在意思一致，并且其意思完全是基于自己的正确认识自愿形成的，未受到他人的不法干预或不当的影响。关于判断意思表示是否真实的标准，我国采用客观主义标准，除当事人的意思表示是在他人欺诈或胁迫或存在重大误解的情况下做出的之外，其余均认定为意思表示真实。

意思表示不真实并不一定导致合同无效，以其是否损害国家利益区分为这样两种后果：①一方当事人以欺诈、胁迫的手段订立合同损害国家利益的，合同绝对无效；②一方当事人以欺诈、胁迫手段或乘人之危，使对方在违背真实意思的情况下订立的合同或因重大误解订立的合同，当事人可以行使撤销权。

(3) 不违反法律、行政法规的强制性规定,不损害社会公共利益

部分条款违反法律、行政法规只是导致部分条款无效,并不影响其他条款的效力。合同不违反法律主要是指合同的内容合法,即合同的各项条款都必须符合法律、法规的强制性规定,如行为人不得买卖内容反动、淫秽、下流的录音带和唱片等。

2. 合同生效的特殊要件

法律规定应当具备特殊生效要件的合同主要包括应当办理批准、登记手续生效的合同和实践合同。法律规定应当办理批准、登记手续的合同,在办理法定手续后生效。实践合同中,交付标的物为合同生效要件。当事人约定应当具备特殊生效要件的合同主要包括合同的附条件和合同的附期限。

3. 合同生效的时间

① 依法成立的合同自成立时生效。

② 办理批准、登记后生效。

③ 条件成就时生效、失效。附生效条件的合同,自条件成就时生效;附解除条件的合同,自条件成就时失效。

④ 期限届至时生效、届满时失效。附生效期限的合同,自期限届至时生效;附终止期限的合同,自期限届满时失效。

4. 附条件的合同

(1) 附条件的合同的含义

附条件的合同是指当事人在合同中特别规定一定的条件,以条件的是否成就来决定合同效力的发生或消灭的合同。

例如,甲、乙双方协定,待甲将某项产品试验成功以后,甲即向乙赠送一套设备。在这里,产品试验成功是一个条件,在该条件实现时,赠送设备的合同即发生效力。根据我国法律规定,除了法律明确规定的法律行为,如继承权的接受或放弃等民事法律行为不得附条件外,其他民事法律行为均可以由当事人设定条件。

(2) 条件的构成要件

① 条件必须是将来发生的事实。

能够作为附条件合同中的条件的必须是当事人从事法律行为时尚未发生的事实,过去的、已经发生的事实不能作为条件。沿用上例,假如乙明知甲的新产品已经试验成功,却仍将这一事实作为条件则是毫无意义的。

如果是将来必不发生的,如"若是地球绕着月亮走,我就跟你公司签合同",那么这份合同永远无法签就。这样的约定本身就是一种拒绝。需要指出的是这里的不确定是指客观上的不确定,而非主观上的不确定。如果该事实在客观上已经确定,而当事人却认为是不确定的,也不能作为条件。

② 条件是不确定的事实。

即条件在将来是否发生,当事人是不能肯定的。

如果在合同成立时,当事人已经确定作为条件的事实必然发生,则当事人只需在合同中附期限,而不必在合同中附条件。

如果作为合同所附的条件是根本不可能发生的,如甲向乙表示"除非地球停止转动,则借钱给你",则视为当事人根本不希望订立合同。

案例分析

本星期三下雨则买伞,是附条件还是期限?

本星期三可能下雨,也可能不下雨,因此本星期三下雨是条件。

如果所约定的是下雨则买伞,是附条件还是期限?

下雨只是一个时间问题,总有一天会下雨,因此下雨是确定的事实,只能作为期限。

③ 条件是由当事人议定的而不是法定的。

④ 条件必须合法。

⑤ 条件不得与合同的主要内容相矛盾。

在附条件合同中,条件是用以限定当事人预期的法律效果发生或不发生的,属于当事人效果意思的一个组成部分,当事人的意思表示的内容不能自相矛盾。因此,与合同的主要内容相矛盾的事实不能作为条件。例如,甲向乙表示,如果将此屋卖给丙,则租给乙。

(3) 附条件的合同的分类

① 附停止条件与解除条件的合同。

《合同法》第四十五条规定:“当事人对合同的效力可以约定附条件。”条件可分为生效条件和解除条件:生效条件,又称为延缓条件,是指限制合同效力发生的条件;解除条件,又称消灭条件,是导致合同效力消灭的条件。

《合同法》四十五条规定:“附生效条件的合同,自条件成就时生效。”在附停止条件的合同中,合同虽然已经成立,但暂时停止发生效力。例如,甲对乙说:“我女儿如果今年高考考上了香港大学,我就把房子出租给你。”

《合同法》第四十五条规定:“附解除条件的合同,自条件成就时失效。”在附解除条件的合同中,合同所确定的权利义务已经发生了效力,在条件成就以后,合同所确定的权利义务消灭;而在条件未成就以前,继续有效,条件确定不成就,则一直有效。例如,甲对乙在出租合同中约定:“如果我女儿今年7月份从美国回来了,则收回房子。”

② 附积极条件与消极条件的合同。

根据条件的成就是否会发生某种事实,条件可分为积极条件和消极条件。

积极(肯定)条件是指以某种事实的发生为内容的条件。在附积极条件的合同中,作为条件的事实未发生,视为条件未成就;作为条件的事实已发生,则视为条件已成就,合同生效。例如,甲对乙说:“如果明天下雨,我送你一件雨衣。”

消极(否定)条件是指以某种事实的不发生为内容的条件。例如,甲对乙说:“如果明天不下雨,就给你送空调。”明天不下雨就是消极条件。在附消极条件的合同中,作为条件的事实不发生,视为条件成就,合同生效;作为条件的事实发生,视为条件未成就,合同不生效。

案例分析

万某委托卫某购买5张彩票。卫某购买后刮开号码覆盖膜,发现其中一张中奖1万元。卫某找到万某说,“彩票买来了,如果中奖送我一半如何?”万某说,“行,中奖送你一半”。卫某将彩票交给万某,万某发现彩票覆盖膜已经被刮开,遂拒绝履行诺言,并起诉。

请分析:万某是否需要交付一半奖金?

《合同法》四十五条规定:“当事人为自己的利益不正当地阻止条件成就的,视为条件已成就。”例如,甲、乙双方在租赁合同中规定,如果甲之子从外地回来,乙应搬出,另租房屋,该条属于解除条件。乙不得采取任何不正当的方式阻止甲之子从外地回来。否则,视为解除条件已经成就,该合同应当解除。法律做出此种规定的目的在于制裁不法行为人,保护善意当事人的合法权益。

5. 附期限的合同

(1) 附期限合同的含义

《合同法》四十六条规定:“当事人对合同的效力可以约定附期限。附生效期限的合同,自期限届至时生效。附终止期限的合同,自期限届满时失效。”

所谓期限,是指当事人以将来确定到来之事实作为决定合同效力的条款。

所谓附期限合同,是指当事人在合同中设定一定的期限,并把期限的到来作为合同效力的发生或消灭根据的合同。例如,当事人双方在合同中约定自2015年10月1日起,甲方将租赁乙方的房屋,为期2年,此合同属于附期限的合同。

(2) 所附期限的特点

期限是合同的一种附款。至于法律所规定的法定期限,如行使撤销权的期限等不属于附期限合同所称的期限。期限是限制合同效力的附款,是以将来确定事实的到来为内容的附款。

(3) 期限的分类

① 生效期限和终止期限。例如,本合同于签订3日后生效或本合同于某月某日失效。

② 确定期限和不确定期限。例如,本合同自某年某月某日生效或我去世时将房子赠送给你。

案例分析

1. A公司给B公司发出要约购买电器,B公司表示完全接受要约,并已签字盖章,但是他又附了一张纸——这张纸记载了其公司提出的免责条款,A公司不予理睬。由于B公司不知道,到期就发了货,A公司一看货送来了就收了。

请分析:

① A与B之间的书面合同是否成立,为什么?

② A与B之间的合同是否最终成立,根据是什么?

③ 如果合同成立,合同成立之时、之地是什么?

2. 成都市一百货公司发出一条广告:在4月1日这天,凡是到我百货公司一层柜台购买A牌化妆品的顾客,统统半价销售(原价160元/瓶),广告的有效期为一天。广告的内容具体明确。到了4月1日,许多顾客聚集在百货公司门口前要求购买,但百货公司拒绝出卖,理由是4月1日是愚人节。

请分析:

① 要约的概念和要件是什么?

② 百货公司的广告是否构成要约,为什么?

③ 百货公司拒绝出卖,其行为性质是什么?百货公司是否有权撤销广告,为什么?

4.3.3　无效合同

1. 无效合同的概念

无效合同是指已经成立的合同因违反法律、行政法规的强制性规定,或者其内容损害了社会公共利益而被认定为不具有法律约束力的合同。例如,某酒厂与甲公司签订白酒销售合同,酒厂生产的白酒是由白开水和工业酒精兑制的。

2. 无效合同的法律特征

(1) 无效合同是已经成立的合同

合同无效与未生效不同,尽管二者的前提都是合同已成立,但合同未生效只是一种暂时状态,不是对合同的最终法律判断,因此,当合同未生效时,可以通过效力补正使合同生效;合同无效则是因为合同违法而当然无效、自始无效,不能补正。

(2) 无效合同是不产生法律约束力的合同

无效合同仍会产生一定法律效力,当合同被确认无效后,同样会产生债的关系,这些债的关系不因合同无效而消灭。

(3) 无效合同是自始无效的合同

合同一旦被确认为无效,将产生溯及力,使合同从订立时起就不具有法律约束力,已经履行的无效合同,应当采取返还财产、赔偿损失等措施使当事人的财产恢复到合同订立前的状态。

继续性合同的特性使其在履行后往往无法恢复原状,因此该类合同被确认无效应当向将来发生效力,并不溯及既往。

(4) 无效合同是当然无效的合同

无效合同是当然不能发生效力的合同。对于无效合同,任何人都可以主张其无效。合同无效并不一定是全部无效,如果无效的原因仅存在于合同的一部分,而该部分无效又不影响其余部分时,其余部分仍然有效。

3. 无效合同的类型

根据《合同法》第五十二条的规定,无效合同的类型有这样几种:一方以欺诈、胁迫的手段订立合同,损害国家利益;恶意串通,损害国家、集体或第三人利益;以合法形式掩盖非法目的;损害社会公共利益;违反法律、行政法规的强制性规定。

4.3.4　可变更、可撤销合同

可变更、可撤销的合同是基于法定原因,当事人有权诉请法院或仲裁机构予以变更、撤销的合同。

可变更、可撤销的合同的种类有:因重大误解订立的合同;订立合同时显失公平的;一方以欺诈、胁迫的手段或乘人之危,使对方在违背真实意思的情况下订立的合同。

1. 欺诈

根据最高人民法院关于贯彻执行《中华人民共和国民法通则》若干问题的意见(试行)(以下简称《民法意见》)第六十八条的规定,欺诈是指一方当事人故意实施某种欺骗他人的行为,并使他人陷入错误而订立的合同。

构成欺诈必须具备以下要件。

① 欺诈人有欺诈行为。欺诈行为是指为使被欺诈人陷于错误判断,或者加深、保持其错误而虚构、变更,隐匿事实之行为,此种行为既可以是积极作为,如故意制造虚假或歪典的事实,也

可以是消极的不作为，如故意隐匿事实真相，但在不作为的情况下，只有行为人按照法律或习惯负有告知义务而故意不告知时，才构成欺诈。

② 欺诈人必须有欺诈的故意。欺诈的故意是指欺诈人有使被欺诈人因受其欺诈而陷入错误，并以此为意思表示的目的。

③ 被欺诈人因欺诈人的欺诈而陷入错误的认识，即欺诈人的欺诈行为与被欺诈人的错误意思表示之间有因果关系。被欺诈人因欺诈人的欺诈而陷入错误的意思表示不仅包括被欺诈人原无错误，是因欺诈人的欺诈行为而陷入错误的情况，还包括被欺诈人原已有错误，因欺诈人的欺诈行为而使其难于发现错误或加深其错误的情况。认定欺诈行为还必须注意欺诈的度，只有能引起意思表示的瑕疵、为一般社会观念所不能容许的欺诈，才构成法律意义上的欺诈，即欺诈行为必须达到有悖于诚实信用的程度。例如，欺诈人欺诈明显是为了被欺诈人的利益，即所谓善意欺诈，就不构成法律意义上的欺诈。

2. 胁迫

根据《民法意见》第六十九条的规定，胁迫是指一方当事人直接以物质性强制或精神性强制迫使对方与自己订立合同，也就是行为人以给公民及其亲友的生命健康、荣誉、名誉、财产等造成损害，或者以给法人的荣誉、名誉、财产等造成损害为要胁，迫使对方做出违背真实意思表示的行为。

构成胁迫应具备以下要件。

① 须胁迫人有胁迫的行为。胁迫行为是指胁迫人以未来的不法损害相恐吓，或者以现时的身体强制为威胁而实施的不法行为。胁迫行为既可以直接对相对人实施，也可以对其亲属或友人实施。胁迫的对象不仅包括人的生命、身体健康、自由等，也包括人的名誉、荣誉和财产。

② 胁迫人须有胁迫的故意。胁迫的故意是指胁迫人有通过胁迫行为而使表意人产生恐惧，并因此而为一定意思表示的故意。

③ 受胁迫者因胁迫者的行为做出了不真实的意思表示，即表意人的意思表示与胁迫人的胁迫行为之间有因果关系。

3. 乘人之危

根据《民法意见》第七十条的规定，乘人之危是指行为人利用他人的危难处境或紧迫需要强迫对方接受某种明显不公平的条件并做出违背其真实意思表示的行为。

构成乘人之危必须具备以下要件。

① 表意人在客观上正处于急迫需要或紧急危难的境地。急迫需要是指情况紧急而迫切需要对方提供财物、劳动、服务等，紧急危难包括生命、健康的危难，也包括经济上的窘迫。

② 行为人有乘人之危的故意，即行为人明知表意人正处于急迫需要或紧急危难的境地，却故意加以利用。

③ 表意人出于危难或急迫而实施了相应的行为，至于表意人实施的行为，既可以是积极行为，也可以是消极行为，如拒绝对方请求。

④ 行为人获取不正当利益的同时，也严重损害了表意人的利益。乘人之危是前提，显失公平为后果，如果某一行为仅有乘人之危的前提，而无显失公平的后果，则这种行为只构成胁迫；如果仅有显失公平之结果，但并非乘人之危所导致时，如违反法律的强制性或禁止性规定的，应认定其行为无效，否则仍应适用暴利行为的规定。

4. 重大误解

根据《民法意见》第七十一条的规定，重大误解是指行为人对合同的重要内容产生错误的认识,并且基于错误认识而订立的合同。重大误解多因自己的过错,对行为的性质、对方当事人、标的物的品种、质量、规格和数量等合同的内容产生错误的认识,从而导致行为的后果与自己的意思相悖。

构成重大误解必须具备以下要件。

① 当事人产生认识上的错误,即发生误解。

② 误解一方必须对合同的主要内容等产生误解,对于因特定身份或基于当事人之间的信任关系而产生的合同,如果合同当事人发生误解,也可以认定为重大误解。

③ 误解是由误解方自己的过错造成的,而不是因为受到他人的欺诈或不当影响所致。

④ 误解一方因误解而订立合同并遭受较大损失。

5. 显失公平

根据《民法意见》第七十二条的规定,显失公平是指一方当事人利用优势或利用对方没有经验致使双方的权利与义务明显违反了公平、等价有偿这一基本民法原则,而使另一方的利益严重受损的一种情形。

构成显失公平必须具备以下要件。

① 显失公平发生在有偿行为之中。

② 行为内容明显违背公平和等价有偿原则,其认定应结合当事人权利义务是否对等,一方获得的利益或他方所受的损失是否违背法律或交易习惯、造成显失公平的原因是否适当等方面综合衡量。

③ 该不公平的产生是由一方当事人故意利用优势或对方没有经验所致。所谓利用优势,是指一方利用其在经济上的优越地位而使对方难以拒绝对其明显不利的合同条件。所谓没有经验,是指欠缺一般的生活经验或交易经验。

④ 不公平的结果在订立合同时就已存在,如果在合同有效成立以后,非因当事人双方的过错而发生情势变易,致使合同履行显失公平的,则属于情势变更的问题。受损害方有权请求人民法院或仲裁机构变更或撤销。

对于可变更、可撤销的合同,当事人有权诉请法院或仲裁机构予以变更、撤销。司法实践中,对于重大误解或显失公平的民事行为,当事人请求变更的,人民法院应当予以变更;当事人请求撤销的,人民法院可以酌情予以变更或撤销。

4.3.5 效力待定合同

根据合同法规定,效力待定合同有以下 3 种情况。

1. 限制民事行为能力人订立的合同

《合同法》第四十七条规定:"限制民事行为能力人订立的合同,经法定代理人追认后,该合同有效,但纯获利益的合同或与其年龄、智力、精神健康状况相适应而订立的合同,不必经法定代理人追认。"由此可见,限制民事行为能力人即已满 14 周岁不满 18 周岁的人和不能完全辨认自己行为的精神病犯者签订的与其年龄、智力、精神健康状况不相适应的非纯获利益的合同,因为行为人缺乏缔约能力,在其法定代理人未追认前,属于效力待定合同。

2. 无权代理签订的合同

《合同法》第四十八条规定:"行为人没有代理权、超越代理权或代理权终止后以被代理人名义订立的合同,未经被代理人追认,对被代理人不发生效力,由行为人承担责任。"此类合同因为行为人没有代订合同的资格,在被代理人未追认前处于效力待定状态。

3. 无处分权人签订的合同

《合同法》第五十一条规定:“无处分权的人处分他人财产,经权利人追认或无处分权的人订立合同后取得处分权的,该合同有效。”即缺乏处分权人签订的合同在经权利人追认前或本人取得处分权前为效力待定合同。

4.4 合同的履行

4.4.1 合同履行的含义

合同履行是指合同各方当事人按照合同的规定全面履行各自的义务,实现各自的权利,使各方的目的得以实现的行为。

4.4.2 合同履行的原则

1. 全面履行原则

全面履行是指当事人应当按照合同约定的标的、价款、数量、质量、地点、期限、方式等全面履行各自的义务。

合同有明确约定的,应当按照约定履行。如果合同生效后,双方当事人就质量、价款、履行地点等内容没有约定或约定不明的,可以协议补充。不能达成补充协议的,按照合同有关条款或交易习惯确定。如果按照上述办法仍不能确定合同如何履行的,适用下列规定进行履行。

① 质量要求不明的,按照国家标准、行业标准履行;没有国家、行业标准的,按照通常标准或符合合同目的的特定标准履行。

② 价款或报酬不明的,按照订立合同时履行地的市场价格履行;依法应当执行政府定价或政府指导价的,按规定履行。如果执行政府定价或政府指导价的,在合同约定的交付期限内价格调整的,按照交付时的价格计价。逾期交付标的物的,遇到价格上涨时,按照原价格执行;遇到价格下降时,按照新价格执行。逾期提取标的物或逾期付款的,遇到价格上涨时,按照新价格执行;遇到价格下降时,按照原价格执行。

③ 履行地点不明确的,给付货币的,在接受货币一方所在地履行;交付不动产的,在不动产所在地履行;其他标的在履行义务一方所在地履行。

④ 履行期限不明确的,债务人可以随时履行,债权人也可以随时要求履行,但应当给对方必要的准备时间。

⑤ 履行方式不明确的,按照有利于实现合同目的的方式履行。

⑥ 履行费用的负担不明确的,由履行义务一方承担。

2. 诚实信用原则

诚实信用原则就是要求当事人在市场活动中讲究信用、恪守诺言、诚实不欺,在不损害他人利益和社会利益的前提下追求自己的利益。它实际上是一个抽象的法律概念,内容极富弹性和不确定性,有待于就特定案件予以具体化,并随着社会的变迁而不断修正自己的价值观和道德标准。从功能上看,诚实信用原则兼有法律调节和道德调节的双重功能。

诚实信用原则最初在《德国民法典》中被作为履行合同的基本原则加以规定。随着社会的发展、市场经济实践的丰富及理论研究的深化,人们越发认识到,只有遵守诚实信用,才是维护当事人自身利益的最佳方式,才是交易成功的最好保障。因此,诚实信用原则的适用范围逐步扩大,不仅适用于合同的履行,而且扩及合同的订立、解释及所有与合同有关的权利的行使及义务的履行,成为整个合同法甚至民法的基本原则。

根据诚实信用原则的要求,当事人在履行合同时至少应做到以下几点。

① 债务人不得履行自己已知有害于债权人的合同,于此种情形,债权人可以请求撤销合同。

② 在以给付特定物为义务的合同中,债务人于交付物之前应妥善保存该物。

③ 在发生不可抗力或其他原因致使合同不能履行或不能按预定条件履行时,债务人应及时通知债权人,以便双方协商处理合同债务。

④ 在合同就某一有关事项未规定明确时,债务人应依公平原则并考虑事实状况合理履行。

4.4.3 合同履行中的抗辩权

抗辩权是指在双务合同中当事人一方有依法对抗对方要求或否决对方权利主张的权利。

1. 同时履行抗辩权

当事人互负债务没有先后履行顺序的应当同时履行。同时履行抗辩权包括:一方在对方履行之前有权拒绝其履行要求;一方在对方履行债务不符合约定时,有权拒绝其相应的履行要求。产生的后果由违约方承担。

同时履行抗辩权的适用条件如下。

① 必须是双务合同。

② 合同中未约定履行的顺序,即当事人应当同时履行债务。

③ 对方当事人没有履行债务或履行债务不符合合同约定。

④ 对方当事人有全面履行合同债务的能力。

2. 后履行抗辩权

后履行抗辩权也包括两种情况:当事人互负债务有先后履行顺序的,应当先履行的一方未履行债务时,后履行的一方有权拒绝其对本方的履行要求;应当先履行的一方履行债务不符合规定的,后履行的一方也有权拒绝其相应的履行要求。

后履行抗辩权的适用条件如下。

① 必须是双务合同。

② 合同中约定了履行的顺序。

③ 应当先履行一方没有履行债务或履行债务不符合合同约定。

④ 应当先履行一方当事人有全面履行合同债务的能力。

3. 不安抗辩权

不安抗辩权,也称终止履行,是指合同中约定了履行的顺序,合同成立后发生了应当后履行一方财务状况恶化等情况,应当先履行一方在对方未履行或提供担保前有权拒绝先为履行。

根据《合同法》的规定,应当先履行一方有确凿证据证明对方有下列情形之一的,可以中止履行。

① 经营状况严重恶化。

② 转移财产、抽逃资金以逃避债务的。

③ 丧失商业信誉。

④ 有丧失或可能丧失履行债务能力的其他情况。

不安抗辩权应满足以下条件。

① 必须是双务合同,且合同中约定了履行的顺序。

② 先履行一方的债务履行期已届，而后履行一方的债务履行期未届。

③ 后履行一方丧失或可能丧失履行债务能力，证据确凿。

④ 合同中未约定担保。

4.4.4 合同履行不当的处理

1. 因债权人的原因致使债务人履行困难

① 债务人可以暂时中止合同的履行或延期履行合同。

② 债务人可将标的物提存。

2. 提前或部分履行的处理

债务人提前履行债务或部分履行债务，债权人可以拒绝，由此增加的费用由债务人承担，但不损害债权人利益，且债权人同意的情况除外。

3. 合同不当履行中的保全措施

保全措施是指为防止因债务人的财产不当减少而给债权人带来危害时，允许债权人为确保其债权的实现而采取的法律措施。这些措施包括代位权和撤销权两种。

(1) 代位权

代位权是指因债务人怠于行使其到期债权对债权人造成损害的，债权人可以向人民法院请求以自己的名义代位行使债务人的债权。例如，建设单位拖欠施工单位工程款，施工单位拖欠施工人员工资，而施工单位不向建设单位追讨，且也不给施工人员发放工资，则施工人员有权向人民法院请求以自己的名义直接向建设单位追讨。

代位权的行使范围以债权人的债权为限，其发生的费用由债务人承担。

(2) 撤销权

撤销权是指因债务人放弃其到期债权或无偿转让财产对债权人造成损害的，债权人可以请求人民法院撤销债务人的行为。

债务人以明显不合理的低价转让财产对债权人造成损害，且受让人知道该情形的，债权人可以请求人民法院撤销债务人的行为。

撤销权自债权人知道或应当知道撤销事由之日起 1 年内行使。自债务人的行为发生之日起 5 年内没有行使撤销权的，该撤销权消灭。

4.5 合同的变更、转让和终止

4.5.1 合同的变更

1. 合同变更的概念

合同变更是指合同依法成立后，在尚未履行或尚未完全履行时，当事人依法经过协商，对合同的内容进行修订或调整所达成的协议。

2. 合同变更的法律规定

《合同法》第七十七条规定："当事人协商一致，可以变更合同。法律、行政法规规定变更合同应当办理批准、登记等手续的，依照其规定。"

法律还规定当事人因重大误解、显失公平、欺诈、胁迫或乘人之危而订立的合同，受损害一方有权请求人民法院或仲裁机构变更或撤销。

3. 合同变更必须遵守法定的形式

当事人变更有关合同时，必须按照规定办理批准、登记手续，否则合同之变更不发生效力。

4. 合同变更内容约定不明确的法律规定

《合同法》第七十八条规定："当事人对合同变更的内容约定不明确的，推定为未变更。"此项规定是指当事人对合同变更的内容约定含义不清，令人难以判断约定的新内容与原合同的内容的本质区别。

有效的合同变更必须有明确的合同内容的变更。合同的变更是指合同内容局部的、非实质性的变更，也即合同内容的变更并不会导致原合同关系的消灭和新的合同关系的产生。合同内容的变更是在保持原合同效力的基础上所形成的新的合同关系。此种新的合同关系应当包括原合同的实质性条款的内容。

4.5.2 合同的转让

1. 合同转让的概念

合同转让是指合同成立后，当事人依法可以将合同中的全部权利、部分权利，或者合同中的全部义务、部分义务转让或转移给第三人的法律行为。合同转让分为权利转让和义务转移。《合同法》还规定了当事人将权利和义务一并转让时适用的法律条款。

2. 债权人转让权利

（1）债权转让的概念

债权转让，又称债权让与或合同权利的转让，是指合同债权人通过协议将其债权全部或部分转让给第三人的行为。

（2）债权转让的法律规定

《合同法》第七十九条规定："债权人可以将合同的权利全部或部分转让给第三人，但是下列情形之一的除外：根据合同性质不得转让；按照当事人约定不得转让；依照法律规定不得转让。"

《合同法》第八十条规定："债权人转让权利的，应当通知债务人。未经通知，该转让对债务人不发生效力。债权从转让权利的通知不得撤销，但经受让人同意的除外。"

《合同法》第八十一条规定："债权人转让权利的，受让人取得与债权有关的从权利，但该从权利专属于债权人自身的除外。"受让人取得与债权有关的从权利是指债权人转让债权时，从属于主债权的从权利也随主权利转让给受让人而发生转让。

《合同法》第八十二条规定："债务人接到债权转让通知后，债务人对让与人的抗辩，可以向受让人主张。"债权人转让债权后，债务人对让与人的抗辩权仍然可以对抗受让人。依据上述规定，为了保护债务人不因合同权利转让而处于不利地位，债务人得以对抗原债权人的抗辩权，也得以对抗新的债权人，即受让人。

《合同法》第八十三条规定："债务人接到债权转让通知时，债务人对让与人享有债权，并且债务人的债权先于转让的债权到期或同时到期的，债务人可以向受让人主张抵销。"债务人对让与人的抵销权可以向受让人行使。依据规定，既然受让人接受了让与人的债权，那么，为了保护债务人的利益不受侵害，受让人对于让与人基于同一债权而应该承担的义务也应承受，包括债务人的清偿抵销权。

3. 债务人转移义务

(1) 债务转移的概念

债务转移,又称债务承担或合同义务转让,是指合同债务人与第三人之间达成协议,并经债权人同意,将其义务全部或部分转移给第三人的法律行为。

(2) 债务转移的法律规定

《合同法》第八十四条规定:"债务人将合同的义务全部或部分转移给第三人的,应当经债权人同意。"

《合同法》第八十五条规定:"债务人转移义务的,新债务人可以主张原债务人对债权人的抗辩。"

《合同法》第八十六条规定:"债务人转移义务的,新债务人应当承担与主债务有关的从债务,但该从债务属于原债务人自身的除外。"

债权债务的转让有两种方式:一是合同转让,即依据当事人之间的约定而发生的债权债务的转移;二是因企业的合并而发生的债权债务的转移。《合同法》第八十八条所做的规定是指合同转让。

4.5.3 合同的终止

1. 合同终止的概念

合同终止是指因某种原因而引起的合同权利义务客观上不复存在。

2. 合同终止的原因

根据《合同法》第九十一条的规定,导致合同终止的原因主要有履行、解除、抵销、提存、免除、混同,具体如下。

① 债务已经按照约定履行。

② 合同解除。

③ 债务相互抵销。

④ 债务人依法将标的物提存。

⑤ 债权人免除债务。

⑥ 债权债务同归于一人。

⑦ 法律规定或当事人约定终止的其他情形。

3. 合同解除

(1) 合同解除的概念

合同解除是指合同当事人依法行使解除权或双方协商决定提前解除合同效力的行为,包括约定解除和法定解除。

(2) 合同解除的法律规定

① 约定解除合同。《合同法》第九十三条规定:"当事人协商一致,可以解除合同。当事人可以约定一方解除合同的条件。解除合同的条件成就时,解除权人可以解除合同。"当事人协商一致,可以解除合同是指合同当事人双方都同意解除合同,而不是单方行使解除权。约定一方解除合同的条件的解除是指当事人在合同中约定解除合同的条件,当合同成立之后,全部履行之前,由当事人一方在某种情形出现后享有解除权,从而终止合同关系。

② 法定解除合同。根据《合同法》第九十四条的规定,有这些情形之一的,当事人可以解除合同:因不可抗力致使不能实现合同目的;在履行期限届满之前,当事人一方明确表示或以自己

的行为表明不履行主要债务;当事人一方迟延履行主要债务,经催告后在合理期限内仍未履行;当事人一方迟延履行债务或有其他违约行为致使不能实现合同目的;法律规定的其他情形。

知识拓展

合同解除的法律后果 《合同法》第九十七条规定:"合同解除后,尚未履行的,终止履行;已经履行的,根据履行情况和合同性质,当事人可以要求恢复原状、采取其他补救措施,并有权要求赔偿损失。"

合同终止后的结算和清理 《合同法》第九十八条规定:"合同的权利义务终止,不影响合同中结算和清理条款的效力。"

依照法律规定,合同终止是合同债权债务关系的消灭,此种债权债务关系的消灭不影响合同当事人关于经济往来的结算,以及合同终止后如何处理合同中遗留问题的效力。

4.6 合同管理

4.6.1 合同管理的含义

企业的经济往来主要是通过合同形式进行的。一个企业的经营成败和合同及合同管理有密切关系。企业合同管理是指企业对以自身为当事人的合同依法进行订立、履行、变更、解除、转让、终止及审查、监督、控制等一系列行为的总称。其中,订立、履行、变更、解除、转让、终止是合同管理的内容;审查、监督、控制是合同管理的手段。合同管理必须是全过程的、系统性的、动态性的。

合同管理全过程就是由洽谈、草拟、签订、生效开始,直至合同失效为止。不仅要重视签订前的管理,更要重视签订后的管理。系统性就是凡涉及合同条款内容的各部门都要一起来管理。动态性就是注重履约全过程的情况变化,特别要掌握对自己不利的变化,及时对合同进行修改、变更、补充或中止和终止。

4.6.2 合同管理的机构

1. 合同管理的机构

合同应由企业法律顾问部门管理。在市场经济条件下,企业为实现一定的经济目的明确相互权利义务关系而签订的合同是民事合同。由于企业通过合同所确立的民事关系是一种受法律保护的民事法律关系,因此,通过签订合同建立民事法律关系的行为是一种民事法律行为。由此可见,合同本身的特征决定了合同不同于企业内部的生产人事、财务等管理工作,已超越了企业自身的界限,使之成为一种受法律规范和调整的社会关系,涉及大量的法律专业问题,因此合同应由企业法律顾问部门管理。

2. 合同管理的管理模式

合同管理应采取企业法律顾问部门统一归口管理和各业务部门、各单位分口管理的模式。法律顾问部门作为企业合同的统一管理部门,对企业合同的签订和履行负有监督、检查和指导的职责。具体操作上,对合同实行分级、划块管理,各业务部门和所属各单位作为合同二级管理单位,负责本部门、本单位的合同签订和履行,并向法律顾问部门定期汇报有关合同的执行情况。

这样,企业和所属各部门、各单位对合同的管理做到机构、人员、制度三落实,形成完善的合同管理体系。

4.6.3 合同管理的内容

由于合同关系自始至终是一种法律关系,因此现代企业的合同管理也应当是自始至终的全过程、全方位的管理。根据多年来我国企业的合同管理实践,合同管理应做好以下几项工作。

1. 建立健全规章制度

要使合同管理规范化、科学化、法律化,首先要从完善制度入手,制定切实可行的合同管理制度,使管理工作有章可循。合同管理制度的主要内容应包括:合同的归口管理,合同资信调查、签订、审批、会签、审查、登记、备案,法人授权委托办法,合同示范文本管理,合同专用章管理,合同履行与纠纷处理,合同定期统计与考核检查,合同管理人员培训,合同管理奖惩与挂钩考核等。企业通过建立合同管理制度,做到管理层次清楚、职责明确、程序规范,从而使合同的签订、履行、考核、纠纷处理都处于有效的控制状态。

2. 加强合同管理人员的培训教育

合同管理人员业务素质的高低直接影响着合同管理的质量。通过学习培训,使合同管理人员掌握合同法律知识和签约技巧,这不但增强了合同管理人员的责任感,也提高了其合同法律意识。

3. 重大合同审查管理

企业重大合同主要有中外合资合作合同、企业购并合同、联营合同,独家代理协议、重大技术改进或技术引进合同、涉及担保的合同、房地产开发与交易合同等。把这些对企业的生产经营活动和经济效益影响大的合同挑出来作为合同的重点管理对象,从合同的项目论证、对方当事资信调查、合同谈判、文本起草、修改、签约、履行或变更解除到纠纷处理的全过程都由法律顾问部门参与、严格管理和控制,预防合同纠纷的发生,有效维护企业的合法权益。

4. 履行监督和结算管理

签约的目的主要是保障合同及时有效履行,防止违约行为发生,因此企业法律顾问对合同的履行进行监督十分必要。通过监督可以了解企业各类合同的履行情况,及时发现影响履行的原因,以便随时向各部门反馈,排除阻碍,防止违约的发生。另外,合同结算是合同履行的主要环节和内容,法律顾问部门同财务部门密切配合。把好合同的结算关至关重要,这既是对合同签订的审查,也是对合同履行的监督,具体可采取或制定贷款支付复核程序实施有效的管理。

5. 违约纠纷的及时处理

合同关系是一种法律关系,违约行为是一种违法行为,要承担支付违约金、赔偿损失或强制履行等法律后果。法律顾问部门审查合同时选择合适的违约条款和纠纷处理条款显得很重要,一旦发生违约情形,法律顾问要区别情况,及时采用协商、仲裁或诉讼等方式,积极维护企业的合法权益,减少企业的经济损失。

合同管理是企业法律顾问事务中的一项重要工作。它不再是简单的要约、承诺、签约等内容,而是一种全过程、全方位、科学的管理。现代企业如果能对合同实施有效管理,将为企业管理水平和经济效益的提高产生巨大的推动力。

4.7 违约责任

4.7.1 合同违约责任的概念与特征

1. 合同违约责任的概念

合同违约责任是指合同的当事人一方不履行合同义务或履行合同义务不符合约定时所应当承担的民事责任。

合同违约责任是对当事人违约的经济制裁,表现为违约方丧失一定经济权利或增加一定的经济义务。合同订立后,当事人应按约定履行自己的义务,实现订立合同的目的。在实践中,由于主客观方面的原因不可能避免当事人不履行合同义务的情况,这必然会给另一方当事人的生产经营或生活带来困难,并造成损失。因此,给予违约者以制裁,令其承担相应的法律责任,具有重要的意义。

2. 合同违约责任的特征

(1) 违约责任具有相对性

违约责任只能在合同当事人之间产生,合同关系以外的人即使与该合同有牵连,也不构成该合同的违约责任。

(2) 违约责任具有任意性

违约责任作为一种法律责任,尽管有强制性特点,但是仍有很大的任意性,即当事人可以在法律规定范围内对一方的违约责任做出事先安排。当事人可以预先约定违约金的数额幅度,可以预先约定损害赔偿额的计算方法,甚至确定具体数额,同时可以设定免责条款限制和免除将来可能发生的责任。此种约定避免了违约发生后确定损害赔偿的困难,有利于合同纠纷的及时解决,也有助于减少当事人未来可能承担的风险。当事人的约定可以弥补法律规定的不足。同时,为了保障当事人设定违约责任条款的公正合理,法律也要对其约定予以干预。例如,约定违约金过少或过多,当事人可请求法院或仲裁机构予以适当增加或减少。如果约定不符合法律要求,也会被宣告无效或撤销。

(3) 违约责任是当事人不履行债务所产生的责任

违约责任的产生是以合同债务的存在为前提的,合同债务既可以是当事人约定的义务劳动,也可能是法律规定的义务劳动。无论何种义务,都是当事人应当履行的,如果不履行就会产生违约责任。

违约责任的产生是以合同当事人不履行债务为条件的。合同作为当事人在平等、自愿基础上达成的协议,一经成立,即具有法律效力,当事人双方必须严格遵守合同,任何一方违反合同,就会产生违约责任。因此,违约责任的成立必须以一方违反合同义务为条件。

(4) 违约责任具有补偿性和制裁性双重属性

违约责任作为民事责任,其补偿性是指设定违约责任的目的在于弥补或补偿因违约行为所造成的损害后果。损害赔偿责任是违约责任的主要方式,损害赔偿以对方的实际损失为标准。违约责任具有制裁性,不过其作用逐渐被减弱。

4.7.2 合同违约责任的构成要件

违约责任的构成要件是指当事人应具备何种条件才应承担违约责任。违约责任的构成要件包括违约行为、违约事实,以及违约行为与损害后果之间的因果关系等,具体如下。

1. 当事人有违约行为

违约行为是指当事人违反合同义务的行为。违约行为可分为预期违约和实际违约。其中,预期违约又可分为明示违约和默示违约;实际违约又可分为不履行、不适当履行。

当事人存在违约行为是认定当事人是否承担违约责任的首要条件,但并不是所有的不履行、不适当履行都要承担违约责任。只有依法律规定或合同约定承担违约责任时,才承担违约责任。

2. 有损害的事实

损害事实是指一方的违约行为造成对方财产上遭受的损害。这种损害须是实际发生的损害。对于尚未发生的损害,不赔偿损失。损害是可以确定的,首先要能通过金钱来计算确定;其次,债权人能够通过举证加以确定。损害是当事人可以预见的,也就是说,这种损害只能是在订立合同时,当事人预见范围内的损害。如果当事人无法预见,则不构成《合同法》上的损害,当事人对此种损害不负赔偿责任。

违约损害分为直接损害和间接损害:直接损害是指违约行为直接造成标的物的损害,如现有财产的毁损、灭失、已花费的开支等;间接损害是指违约行为造成标的物的损害以外的其他损害,如应增加而未增加的收入,因违约给第三人造成的损失等。

3. 违约行为和损害后果之间有因果关系

因果关系是指违约行为与损害后果之间是前因后果的关系。

任何人都必须对自己的行为所造成的损害后果承担责任。因果关系对于损害赔偿范围的确定具有重要意义,这不仅表现在因果关系决定着直接损害与间接损害的区分,而且也是对损害赔偿范围做出限定的标准。因果关系也是确定双方各自应承担责任的重要依据。

根据《合同法》第一百零七条的规定,当事人只要有违约行为,无论其主观上是否不过错,都要承担违约责任。当然,违约人在有法定免责事由的情况下,如不可抗力、对方当事人的故意等情况,也不承担违约责任。因此,主观上的过错并不一定是违约责任的构成要件。

4.7.3 承担违约责任的方式

合同违约责任的承担方式主要有继续履行、支付违约金、支付赔偿金、解除合同等。这些方式有时单独适用,有时同时适用。

1. 继续履行

继续履行是指合同当事人一方在不履行合同时,另一方有权要求法院强制违约方按合同规定的标的履行义务劳动,并不得以支付违约金或赔偿金的方式代替履行。

继续履行是在对方违约时守约方维护自己利益的方式。它的实现须具备以下两个条件。

① 守约方要求违约方继续履行。如果守约方不要求继续履行,那么合同不得继续履行。

② 违约方有履行能力。如果违约方客观上已无继续履行的能力,那么合同也不能继续履行。

2. 支付违约金

违约金是指合同当事人违约后,按照当事人约定或法律规定向对方当事人支付的一定数量的货币。支付违约金是合同法普遍采纳的一种责任形式。

违约金是预先规定的,即基于法律规定或双方约定而产生,不论违约当事人一方的违约行为是否已给对方当事人造成经济损失,只要有违约事实且无法定或约定免责事由,就要按照法律规定或合同约定向对方支付违约金。

违约金责任的产生是违约金条款生效的结果表明。当事人约定的违约金并非在任何情况下都当然生效。在下列情况下违约金条款无效。

① 载有违约金条款的合同无效,被撤销或不成立,则约定的违约金条款无效。此时,当事人虽有时可以要求赔偿损失,但其依据的是缔约过失责任,而并非是违约金条款。

② 在违约金条款与赔偿损失条款并存时,可以认定违约金条款无效。假如,违约金条款可使守约方获得双倍或较高赔偿损失,则违背了违约金作为民事责任的补偿性。

③ 违约金条款中约定的违约金超过了合同中的价款或报酬。当事人在订立合同时,违约金条款中约定的违约金不得超过价款或报酬的总额。不过,一般是对超过的部分确认无效,未超过的部分有效。

《合同法》强调合同自由原则,因此,违约金数额的确定主要依当事人的约定来确定。如果当事人没有约定,则依照法定约定违约金计算成本。

当事人支付违约金后,不能当然免除其继续履行的义务。当事人迟延履行时,支付违约金后,还应当履行债务人的义务。

3. 支付赔偿金

赔偿金是指在合同当事人不履行合同或履行合同不符合约定给对方当事人造成损失时,依照约定或法律规定应当承担的向对方支付一定数量的货币。这里所说的赔偿金,是指违约赔偿金。实际上,当事人没有违约时,也存在支付赔偿金的问题。违约赔偿金的数额与当事人的损失在一般情况下是相等的。

支付违约赔偿金的条件:一是存在实际损失;二是有违约行为,一违约方有过错;三是违约行为与损失之间存在因果关系;四是当事人之间没有约定违约金。

合同中当事人一方违约后,对方应当采取适当措施防止损失扩大;没有采取适当措施致使损失扩大的,不得就扩大的损失要求赔偿损失。当事人因防止损失扩大而支出的合理费用由违约方承担。

当事人因对方违约而发生损失的,如果当事人因同一原因而获得某种利益时,在其应得的损害赔偿中应扣除其所获得的利益部分。

4. 解除合同

解除合同是当事人一方有较为严重的违约行为时法律赋予对方当事人有解除合同的权利。解除合同既是对受害方的一种补救手段,防止因对方违约造成更大损失,也体现了对违约方的惩罚与制裁。解除合同不影响违约方应承担的其他违约责任,如支付违约金或赔偿损失,但受害方解除合同后不能再要求违约方承担继续履行的责任。

4.7.4 违约责任的免除

1. 免责事由

合同生效后,当事人不履行合同或履行合同不符合合同约定都应承担违约责任。如果是由于发生了某种非常情况或意外事件使合同不能按约定履行进行,就应当作为例外来处理,这就是所说的免责。

免责是指在合同履行过程中,因出现了法定的免责条件和合同约定的免责事由而导致合同不能履行的,将被免除履行义务劳动,并全部或部分免除责任。这些法定的免责条件和合同约定的免责事由统称为免责事由。法定的事由通常是指不可抗力,而当事人约定的免责事由则包括免责条款和当事人约定的不可抗力条款。一般来说，当事人约定的不可抗力条款只是对法定的关于不可抗力的免责条款的补充。对于约定的其他免责条款，如果不违反法律规定，那么在这些约定的事由发生以后，法律承认它们具有免责效力，但违反法律规定的则无效。

2. 不可抗力的概念

所谓不可抗力，是指不能预见、不能避免，并不能克服的客观情况。其构成条件具有以下特性。

(1) 不可预见性

法律要求构成不可抗力的事件必须是有关当事人在订立合同时对这个事件是否会发生不能预见到。在正常情况下，对于一般合同当事人能否预见到某一事件的发生，可以从两个方面来考察：一是客观方面，即一般合同当事人能预见到的或具有专业知识的一般水平的人能预见到的，合同当事人就应该预见到；二是主观方面，即根据合同当事人的主观条件来判断对事件的预见性。

(2) 不可避免性

合同生效后，当事人对可能发现的意外情况尽管采取了合理措施，但是客观上并不能阻止这一意外情况的发生，这就是事件发生的不可避免性。

(3) 不可克服性

不可克服性是指合同的当事人对于意外情况发生导致合同不能履行这一后果克服不了。如果某一意外情况发生对合同履行产生了不利影响，但通过当事人的努力不利影响能够克服，则这一意外情况不能构成不可抗力，如自然灾害、政府行为、社会异常事件等。这种不可克服性表明事件的发生和事件造成的损害具有必然性。如果事件的发生能够避免或虽不能避免但能克服，那么就不存在不可克服的障碍。

(4) 履行期间性

不可抗力作为免责理由时，其发生必须是在合同订立发生后履行期限届满前。当事人迟延履行后发生不可抗力的不能免责任。

3. 不可抗力的法律后果

一个不可抗力的事件发生后，可能会引起3种法律后果：一是合同全部不能履行，当事人可以解除合同，并免除全部责任；二是合同部分不能履行，当事人可部分履行合同，并免除其不履行部分的责任；三是合同不能按期履行，当事人可延期履行合同，并免除其迟延履行的责任。

《合同法》第一百一十七条规定："因不可抗力不能履行合同的，根据不可抗力的影响，部分或全部免除责任，但法律另有规定的除外。当事人迟延履行后发生不可抗力的影响，不能免除责任。"

《合同法》第一百一十八条规定："当事人一方因不可抗力不能履行合同的，应当及时通知对方，以减轻可能给对方造成的损失，并应当在合理期限内提供证明。"

4. 不可抗力条款

合同中关于不可抗力的约定称为不可抗力条款，其作用是弥补法律对不可抗力的免责事由所规定的不足，便于当事人在发生不可抗力时及时处理合同。一般来说，不可抗力条款应包括以下内容。

① 不可抗力的范围。由于不可抗力情况非常复杂，在不同环境下不可抗力事件对合同的影响是不同的，因此，在合同中约定不可抗力的范围是有必要的。

② 不可抗力发生后，当事人一方通知另一方的期限；出具不可抗力证明的机构及证明的内

容;不可抗力发生后对合同的处置。

练习题

一、单项选择题

1. 合同法不适用于(　　)。

A. 出版合同　B. 收养合同　C. 土地使用权合同　D. 质押合同

2. 在哪种情形下,当事人之间会产生合同法律关系?(　　)。

A. 甲拾得乙遗失的一块手表

B. 甲邀请乙看球赛,乙因为有事没有前去赴约

C. 甲因放暑假,将一台电脑放入乙家

D. 甲鱼塘之鱼跳入乙鱼塘

3. 租赁合同是(　　)。

A. 双务合同　B. 无偿合同

C. 无名合同　D. 为第三人利益订立的合同

4. 属于效力待定合同的情形是(　　)。

A. 10 周岁的少年出售劳力士金表给 40 岁的李某

B. 5 周岁的儿童因发明创造而接受奖金

C. 成年人甲误将本为复制品的油画当成真品购买

D. 出租车司机借抢救重病人急需租车之机将车价提高 10 倍

5. 甲和乙合开了宏都干洗店,丙将一件皮衣拿到了干洗店清洗,交给正在营业中的甲,并向甲交付清洗费 100 元。该合同关系的主体是(　　)。

A. 甲和丙　B. 乙和丙　C. 甲、乙和丙　D. 宏都干洗店和丙

6. 在以招标方式订立合同时,属于要约性质的行为是(　　)。

A. 招标　B. 投标　C. 开标　D. 决标

7. 某商店橱窗内展示的衣服上标明了正在出售,并且标示了价格,则正在出售的标识视为(　　)。

A. 要约　B. 承诺

C. 要约邀请　D. 既是要约,又是承诺

8. 合同终止以后,当事人应当遵循保密和忠实等义务,此种义务在学术上称为后契约义务。此种义务的依据是(　　)。

A. 自愿原则　B. 合法原则　C. 诚实信用原则　D. 协商原则

9. 某企业在其格式劳动合同中约定:员工在雇佣工作期间的伤残、患病、死亡,企业概不负责。如果员工已在该合同上签字,该合同条款(　　)。

A. 无效

B. 是当事人真实意思的表示,对当事人双方有效

C. 不一定有效

D. 只对一方当事人有效

10. 当事人采用合同书形式订立合同的,自(　　)合同成立。

A. 双方当事人制作合同书时　B. 双方当事人表示受合同约束时

C. 双方当事人签字或盖章时　D. 双方当事人达成一致意见时

11. 无权代理中,被代理人的追认权在性质上属于(　　)。

A. 形成权　　B. 抗辩权　　C. 支配权　　D. 请求权

12. 甲的儿子患重病住院,急需用钱又借贷无门,乙趁机表示愿意借给 2 000 元,但半年后须加倍偿还,否则以甲的房子代偿,甲表示同意。根据《合同法》的规定,甲、乙之间的借款合同(　　)。

A. 因显失公平而无效　　B. 因显失公平而可撤销

C. 因乘人之危而无效　　D. 因乘人之危而可撤销

13. 有关附条件合同效力的描述正确的是(　　)。

A. 附生效条件的合同,自条件成就时失效

B. 附解除条件的合同,自条件成就时生效

C. 附生效条件的合同,当事人为自己的利益不正当地阻止条件成就时,该合同生效

D. 附解除条件的合同,当事人为自己的利益不正当地阻止条件成就时,该合同继续有效

14. 应合同当事人的请求,由人民法院予以撤销的合同自(　　)不发生法律效力。

A. 人民法院决定撤销之日起

B. 合同订立时起

C. 人民法院受理请求之日起

D. 自合同规定的生效日起

15. 某商场设有自动售报机,顾客只要按要求投入硬币,即可得到当天日报一份,此种成立买卖合同的形式为(　　)。

A. 书面形式　　B. 口头形式　　C. 推定形式　　D. 默示形式

二、多项选择题

1. 无名合同的法律适用规则为(　　)。

A. 直接适用合同法中有名合同的规定

B. 适用合同法总则中的规定

C. 应该参照合同法分则中最相类似的规定

D. 应该参照合同法以外法律中最相类似的规定

E. 只能依据合同法的基本原则

2. 合同权利的效力有(　　)。

A. 请求力　　B. 执行力　　C. 依法自力实现

D. 处分权能　　E. 保持力

3. 合同中属于无效合同的有(　　)。

A. 一方以欺诈、胁迫手段订立的合同

B. 恶意串通,损害国家、集体或第三人利益的合同

C. 以合法形式掩盖非法目的的合同

D. 损害社会公共利益的合同

E. 违反法律、行政法规规定的合同

4. 有关双务合同抗辩权的陈述正确的是(　　)。

A. 双务合同抗辩权包括同时履行抗辩权、先履行抗辩权和不安抗辩权

B. 双务合同抗辩权的行使将导致合同的消灭

C. 双务合同抗辩权可以适用于赠与合同

D. 同时履行抗辩权可以适用于连带之债

E. 双务合同抗辩权是一时的抗辩权、延缓的抗辩权

5. 实际履行的构成条件包括(　　　　)。

A. 必须有违约行为存在

B. 必须由非违约方在合理的期限内提出继续履行的请求

C. 可以由违约方在合理的期限内提出继续履行的请求

D. 实际履行在事实上是可能的,在经济上是合理的

E. 必须依据法律和合同的性质能够履行

三、简答题

1. 简述承诺的要件。
2. 比较合同解除与合同撤销。
3. 简述合同被确认无效或被撤销的法律后果。
4. 简述免责的债务承担的效力。

四、论述题

论述违约责任与侵权责任的区别及二者竞合时的处理规则。

五、案例分析题

1. 甲公司与乙工厂洽商成立了一家新公司,双方草签了合同。甲公司要将合同带回本部加盖公章,临行前,甲公司法定代表人提出,乙工厂须先征用土地并培训工人后甲公司方能在合同上盖章。乙工厂出资1 000万元征用土地培训工人,征地和培训工人将近完成时,甲公司提出因市场行情变化无力出资设立新公司要求终止与乙工厂的合作。乙工厂遂起诉到法院。

请问:

(1) 甲公司与乙工厂之间的合同是否成立?为什么?

(2) 甲公司应承担什么责任,为什么?

(3) 乙工厂能否要求甲公司赔偿1 000万元的损失?为什么?

2. 河北某县的马某系养牛专业户,为了引进良种乳牛,与该县的畜牧站签订了良种乳牛引进合同。合同约定,良种乳牛款共10万元,马某预付定金2万元,违约金按照合同总额的10%计算。合同没有明确约定合同的履行地点。后马某从畜牧站将良种乳牛拉回,为此支付运费1 000元。马某拉回乳牛后,在饲养中发生了不可抗力,导致乳牛无法产奶,其预计的收入落空,无法及时偿还购牛款。畜牧站遂诉至法院。

请问:

(1) 马某要求畜牧站支付运费,该请求能否得到法院支持?为什么?

(2) 针对畜牧站要求付款的请求,马某以不可抗力要求免责能否成立?为什么?

(3) 如果马某的行为构成违约,合同中规定的定金与违约金条款能否同时适用?为什么?

实战演练

一、甲、乙为兄弟关系,父母早亡,另无兄弟姐妹,均未结婚。甲外出经商,托乙照看房屋,乙因赌博欠债,无力还款,竟以自己名义将该房屋出卖给丙,双方签订了房屋买卖合同,约定5月9

日一同办理过户登记手续。5月5日甲因他事回家，知晓此事，未表示反对，但因心脏病突然发作不治身亡。5月6日，丙因另外购买了更便宜的房屋欲不履行与乙的买卖合同，于是提出该房屋不属于乙所有，故买卖合同无效。遂与乙发生争议。

问题：

1. 在甲死亡以前，乙与丙所签订合同效力如何？为什么？
2. 本案应如何处理？为什么？

二、甲公司的经营范围为建材销售。一次，其业务员张某外出到乙公司采购一批装饰用的花岗岩时发现乙公司恰好有一批铝材要出售，见其价格合适，就与其协商：虽然此次并没有得到购买铝材的授权，但相信公司也很需要这批材料，愿与乙公司先签订买卖合同，等回公司后再确认。乙公司表示同意。双方签订了铝材买卖合同。张某回公司后未来得及将此事报告公司，又被派出签订另外的合同。乙公司等候两天后，发现没有回复，遂特快信函催告甲公司于收到信函后5日内追认并履行该合同。该信函由于邮局传递的原因未能如期到达。第八日，甲公司收到该信函，因此时铝材价格上涨，遂马上电告乙公司，表示追认该买卖合同。乙公司却告知，这批铝材已于第六日卖给了丙公司，并已交货付款。由于甲公司过期不予追认该合同，该合同已经失效。甲公司则认为，邮局传递迟延的责任应由乙公司承担，因此，合同因追认而生效。双方遂发生争议。

问题：

1. 在甲公司追认之前，张某代理甲公司与乙公司签订的铝材买卖合同效力如何？为什么？
2. 本案中，法院应支持谁的观点？为什么？

三、原告赵某在1990年取得驾驶执照后的1992年调入被告某厂从事驾驶工作。2013年，赵某递交书面申请欲调离被告单位。被告单位告知原告须支付人民币5000元作为被告培训新驾驶员及其他接替工作所需支出费用后方同意原告办理调离单位的有关手续。经多次协商未有结果，原告于2013年5月8日支付被告人民币5 000元，被告开具了收款单据。办理调离手续后，原告多次要求被告退还其所交款项，均遭到被告的拒绝。2014年8月3日，原告诉至法院，要求被告返还该笔款项。

问题：

1. 本案中，被告收取原告款项的行为是否构成胁迫？为什么？
2. 本案应如何处理？为什么？

四、甲、乙订立合同，将甲所有的平房两间出售给乙，价款为58万元。为了少缴税费等，双方协商一致：在签订由房地产交易管理部门印制的房屋买卖契约时，将上述房屋的买卖价格定为30万元。随后，双方另外签订一份房屋买卖契约，明确两间平房的买卖价格为58万元，乙应向甲预付购房款30万元，甲收到预付款后2日内向乙交付房屋钥匙，其余28万元在1年内付清。该契约还载明：交至房地产交易主管部门，房价为30万元的买卖契约只是为了应付办理房屋产权过户之用，不作为双方买卖房屋的正式契约，无任何法律效力。乙在付清预付款后拿到了房间钥匙，余款经数次给付后尚有15万元没有付清。甲多次催讨不得，遂诉至法院，要求乙付清余款，乙则主张，双方之间存在的价格为58万元的房屋买卖合同因未获得房产部门的批准为无效合同，甲多收的13万元款项为不当得利，要求甲如数返还。

问题：

1. 甲、乙之间签订的价格为30万元的房屋买卖契约效力如何？为什么？
2. 本案应如何处理？为什么？

第5章 宏观调控法律制度

知识导读

为了实现保持经济总量平衡、促进经济结构优化、引导经济协调发展、推动社会全面进步的目标，国家运用规划、经济政策和各种手段对国民经济进行调控。宏观调控法是调整国家对宏观经济进行调控的过程中所发生的各种社会经济关系的法律规范的总称。国家宏观调控关系主要包括规划调控关系、财税调控关系、金融调控关系等宏观经济关系，与之相对应，宏观调控法律制度也主要包括规划法、财税法、金融法等法律制度。作为一个内容庞杂、层次多级而又紧密联系的结构体系，宏观调控法种类繁杂、内容广泛，且地位日益提高，并正逐渐成为经济法体系的新核心。本书主要介绍财税法、银行法的内容，以及与宏观管理有关的会计、审计、统计等方面的法律。

学习目标

重点：掌握宏观调控法的概念与特征。
理解中央银行、商业银行的法律地位。
掌握会计法的概念、会计年度及记账本位币的概念。
了解我国国家预算体系及税收的特征。

难点：中国人民银行的地位及职责。
会计核算、会计监督的法律规定。
我国的主要税种。

引导案例

宏观调控贯穿于市场经济整个活动的过程中。宏观调控就是为了经济持续、快速增长。小冯就职的涉外企业为了加深员工对当前经济环境下宏观调控法律制度的了解，增强员工的工作责任感和归属感，特意聘请了国内著名高校的知名经济学专家进行了专门的讲座，解读宏观调控法律制度的具体内容，引领企业员工进行了学习。小冯在学习过程中受益匪浅，比较系统、全面地学习了宏观调控法律制度的内容。

5.1 宏观调控法概述

5.1.1 宏观调控法的含义

宏观调控是经济学用语。所谓宏观调控法，是指调整国家对宏观经济进行调控的过程中所发生的各种社会经济关系的法律规范的总称。它是经济法体系中的重要部门经济法，是国家管理经济的主要法律手段之一。

为了克服和矫正市场的盲目性和滞后性所导致的市场失灵，国家（政府）开始介入经济生活，对经济活动施加干预。由于政府也不是万能的，因此也会因干预不到位或干预错位而导致政府失灵。为了克服"看不见的手"（"无形的手"）与"看得见的手"（"有形的手"）存在的缺陷，规范国家干预经济的行为，需要运用法律手段加以保障。宏观调控作为国家干预经济生活的方式之一，同样无法克服市场调节和政府干预所固有的局限性。因此，为了规范宏观调控中相关主体的行为，维护宏观调控秩序，保障宏观调控的有效实施及其目标的顺利实现，需要制定相应的法律。这种法律就是宏观调控法。

宏观调控法是经济法体系十分重要的组成部分。自20世纪80年代开始，我国不断加强经济宏观调控方面的立法，规范宏观调控行为，宏观调控法已成为经济法体系中最主要的起主导作用的构成部分。

知识链接

宏观调控中的宏观，指的是宏观经济，即一个国家或地区经济运行的总量、结构状况，包括国民生产总值、国民收入、国家预算收支、货币的供给与需求、社会商品服务供给与需求、外贸进出口、外汇收支和资本的进出等各方面的总量及比例关系。调控是指国家对宏观经济运行进行调节和控制的行为。

宏观调控就是国家从经济运行的全局出发，运用各种宏观经济手段，对国民经济总体的供求关系进行调节和控制，即国家对整个国民总量进行调控，以实现社会总供给和总需求的平衡（包括总量平衡和结构平衡）。社会总供给与总需求之间能否保持平衡，对国民经济的平衡和发展具有重要意义。如果总供给大于总需求，就会造成社会资源的浪费；如果总供给小于总需求，又会造成物价上涨，引起经济生活的动荡。因而，要使国民经济保持持续、健康的发展，就必须努力保持总供给与总需求的平衡。

在完全自由的市场上，由于微观经济主体的唯利性和市场的滞后性，总供给与总需求无法自发地实现。这就需要国家运用法律的、经济的和行政的手段对国民经济的结构和运行进行调节、控制，保持总供给与总需求的动态平衡，从而维护和促进国民经济持续、稳定、协调发展。

5.1.2 宏观调控法的调整对象及特征

1. 宏观调控法的调整对象

宏观调控法的调整对象是宏观调控关系，是国家对国民经济和社会发展运行进行规划、调节和控制过程中发生的经济关系，主要包括计划、财税、金融三大类调控关系。

2. 宏观调控法的特征

宏观调控法的特征属于经济关系范畴，体现国家干预经济生活的特征。在各类宏观调控关系中，调控主体与受控主体之间存在着命令与服从的关系，有时也存在着调整、合作的关系。这些特征使得它能够同经济法内部的其他亚部门法相区别。

（1）宏观调控法既遵守经济法的基本原则，又遵守行政法的基本原则

遵守经济法的基本原则是因为宏观调控法是经济法的亚法部门，是经济法这一大体系中的有机组成部分；遵守行政法的基本原则是因为宏观调控事实上主要是一种行政行为。

（2）宏观调控是对经济有限的和必要性的调控

宏观调控不能冲击和削弱市场机制作用的发挥，相反应当促进和保护市场机制调节功能的充分发挥。不影响市场机制作用的发挥，即是宏观调控的边界线；弥补市场的缺陷和促进、保护市场机制调节功能的充分发挥，即是宏观调控的必要性所在。

（3）宏观调控主要采取指导性的调节控制方法

宏观调控措施主要采取间接的行政指导，是一种授益性、促进性的行政指导。它按照特定的宏观调控目标给社会经济活动者以指导、鼓励、帮助和服务，引导、促进社会经济发展。

5.1.3　宏观调控法的原则

宏观调控法的基本原则是宏观调控法的立法、执法和司法的指导思想和根本准则，也是所有宏观调控主体参与宏观调控关系的基本行为准则。

宏观调控法的基本原则主要有以下4项。

1. 统一协调原则

所谓“统一”，是指宏观调控决策权要实行集权化，由中央政府统一领导，不能过于分散，各自为政。所谓“协调”，是指作为宏观调控措施的规划、财税、金融等调控手段相互之间要协调一致、相互配合，形成合力，共同发挥调节经济结构和运行的作用，完成宏观调控的任务。

2. 宏观效益原则

强调宏观调控法的宏观效益原则目的在于规范和约束国家的宏观调控行为，引导和激励市场主体的经济行为，防范和克服国家宏观调控行为与市场主体经营行为的冲突与矛盾，从而促进和保护宏观经济效益的提高，实现国民经济稳定、协调、持续的发展。

3. 间接调控原则

间接调控原则是指政府运用经济手段通过市场机制引导市场主体的活动，使其符合整个宏观经济发展目标的原则。

4. 依法调控原则

依法调控原则主要包含了两层含义：一是国家的宏观调控行为必须有法律的明确授权，并依宏观调控法规定的权限、方式、内容和程序行事，不得恣意妄为，损害受控主体的合法权益；二是国家的宏观调控行为必须有一定的限度，即政府调控不得冲击和削弱市场机制作用的发挥，相反应当促进和保护市场机制调节功能的充分发挥。政府调控必须尊重客观经济规律，依法进行干预；政府一般不得直接干预经济组织的生产经营活动。

知识链接

市场经济的稳定、协调、持续发展需要宏观调控，宏观调控需要法治的保障。宏观调控法是宏观调控的法制化，其功能体现在保障宏观调控目标的实现。

《中共中央关于建立社会主义市场经济体制若干问题的决定》指出：“宏观调控的主要任务是保持经济总量的基本平衡，促进经济结构的优化，引导国民经济持续、快速、健康发展，推动社会全面进步。”

5.2　金融法

5.2.1　金融与金融法

1. 金融法的概念和调整对象

金融法是调整货币融通和信用活动中所发生的金融关系的法律规范的总称，主要包括两类：一类是金融管理关系，即主要包括在中央银行对各类金融机构和各种金融活动实施的监督、管理过程中，以及金融机构内部管理中发生的经济关系；另一类是金融企业的经营关系，即主要指以金融企业为中心的在金融市场的各种融资活动中发生的经济关系。

2. 金融法的构成

金融法主要包括银行法、货币管理法、信贷法、银行结算与票据法、信托法、融资租赁法、保险法、证券法等。银行法是金融法的核心，是调整金融活动的基本法。本节主要介绍中央银行法和商业银行法。

3. 我国金融管理体系

随着金融体制改革的不断深化，我国已建立以中国人民银行为核心、以国有商业银行为主体、政策性银行与商业性银行相分离、非银行金融机构相配合的金融体系。

我国金融体系的构成如下。

(1) 中国人民银行

中国人民银行是我国金融体系的核心，享有国家法律赋予的各种职权，是国家的货币发行银行，负责制定和执行国家金融方针、政策和法令，并对国内整个金融体系和金融活动实行管理和监督。

(2) 政策性银行

政策性银行是指由政府设立的专门从事某一方面的政策性货币信用业务的不以营利为目的的金融机构。我国的政策性银行主要有国家开发银行、中国农业发展银行和中国进出口银行。

(3) 商业银行

商业银行是指以营利为目的并以追求利润最大化为目标，以吸收公众存款，发放短期和中长期贷款为主要业务，同时办理国内外结算、票据承兑与贴现，发行金融债券，代理发行、代理兑付、承销政府债券，买卖政府债券、金融债券，从事同业拆借，买卖、代理买卖外汇；提供保管箱服务等业务，具有法人资格的金融机构。

知识链接

我国的商业银行主要有中国工商银行、中国农业银行、中国银行、中国建设银行、交通银行、招商银行、民生银行、光大银行及城市商业银行、农村信用合作银行等。

思考

中国人民银行与中国银行一样吗？有何区别？

(4) 非银行金融机构

非银行金融机构是指中央银行、政策性银行和商业银行以外的,具有一定限度的资金融通职能,业务被限定在一定的范围内,并担负某一专项社会职能的金融机构。我国非银行金融机构主要包括保险公司、信托投资公司、证券公司、金融租赁公司等。

(5) 境内的外资金融机构

境内的外资金融机构是指总行在中国境内的外国资本的银行(外国独资银行)、外国银行分行、中外合资银行、外国独资财务公司、中外合资财务公司等。

5.2.2 中央银行法

1. 中央银行法的概述

中央银行法是调整中央银行因制定和实施货币政策,行使对金融业的监督管理职能而产生的银行管理关系的法律规范的总称。1995 年 3 月 18 日,第八届全国人民代表大会第三次会议通过了《中华人民共和国中国人民银行法》(简称《中国人民银行法》),2003 年 12 月 27 日第十届全国人民代表大会常务委员会第六次会议对其进行了修改。

《中国人民银行法》主要规定了中国人民银行的性质、地位、职能、组织机构、业务和人民币发行流通管理、金融监督管理等内容。

2. 中国人民银行的性质和地位

在性质上,中国人民银行是我国的中央银行,具有发行的银行、政府的银行、银行的银行三大职能。中国人民银行的性质决定了它的特殊地位。中国人民银行在国务院的领导下依法独立执行货币政策,履行职责,开展业务,不受地方政府、各级政府部门、社会团体和个人的干涉。

知识链接

《中国人民银行法》第二条规定:"中国人民银行是中华人民共和国的中央银行。中国人民银行在国务院领导下,制定和执行货币政策,防范和化解金融风险,维护金融稳定。"

3. 中国人民银行的业务

(1) 执行货币政策

中国人民银行为执行货币政策,可以运用这些货币政策工具:要求银行业金融机构按照规定的比例交存存款准备金;确定中央银行基准利率;为中国人民银行开立账户的银行业金融机构办理再贴现;向商业银行提供贷款;在公开市场上买卖国债、其他政府债券和金融债券及外汇;国务院确定的其他货币政策工具。

(2) 依法经理国库

中国人民银行作为政府的银行,具有经理国库、执行国库出纳的职责。

(3) 代理国务院财政部门向各金融机构组织发行、兑付国债和其他政府债券

中国人民银行不得直接认购、报销国债和其他政府债券。

(4) 组织协调清算事宜

组织或协助组织银行业金融机构相互之间的清算系统,协调金融机构相互之间的清算事项,提供清算服务。

(5) 开立账户,不得透支

为银行业金融机构开立账户,但不得对金融机构的账户透支,也不得对政府财政透支。

（6）禁止性业务

中国人民银行不得向地方政府、各级政府部门提供贷款，不得向任何单位和个人提供担保，不得向非银行金融机构及其他单位和个人提供贷款，但国务院决定可以向特定的非银行金融机构提供贷款的除外。

4. 人民币管理

中华人民共和国的法定货币是人民币。以人民币支付中华人民共和国境内的一切公共的和私人的债务，任何单位和个人不得拒收。

人民币由中国人民银行统一印制、发行。任何单位和个人不得印制、发售代币票券，以代替人民币在市场上流通。

禁止伪造、变造人民币；禁止出售、购买伪造、变造的人民币；禁止运输、持有、使用伪造、变造的人民币；禁止故意毁损人民币；禁止在宣传品、出版物或其他商品上非法使用人民币图样。

5.2.3　商业银行法

1. 商业银行法概述

商业银行法是调整商业银行法的组织机构及经营业务关系的法律规范的总称。《中华人民共和国商业银行法》（简称《商业银行法》）于1995年5月10日第八届全国人民代表大会常务委员会第十三次会议通过，并于同年7月1日起施行。2003年12月27日，第十届全国人民代表大会第六次会议对《商业银行法》进行了修改。

《商业银行法》的立法目的是保护商业银行、存款人和其他客户的合法权益，规范商业银行的行为，提高信贷资产质量，加强监督管理，保障商业银行稳健运行，维护金融秩序，促进社会主义市场经济的发展。

2. 商业银行的概念及经营范围

商业银行是依照《商业银行法》和《中华人民共和国公司法》设立的吸收公众存款、发放贷款、办理结算业务的企业法人。商业银行以其全部法人财产独立承担民事责任。

商业银行可以经营的业务有：吸收公众存款，发放短期、中期和长期贷款，办理国内外结算，办理票据承兑与贴现，发行金融债券，代理发行、代理兑付、承销政府债券，买卖政府债券、金融债券，从事同业拆借，买卖、代理买卖外汇，从事银行卡业务，提供信用证服务及担保，代理收付款项及代理保险业务，提供保管箱服务，经国务院银行业监督管理机构批准的其他业务等。

3. 商业银行的设立、接管和终止

（1）商业银行的设立

商业银行设立的条件有：有符合法律规定的章程、符合法律规定的注册资本最低限额，有具备任职专业知识和工作经验且为法律所允许的董事、高级管理人员，有健全的组织结构和管理制度，有符合要求的营业场所、安全防范措施和与业务有关的其他设施。

商业银行可以根据业务需要在我国境内设立分支机构，设立分支机构必须经国务院银行业监督管理机构审查批准。商业银行分支机构不具有法人资格，在总行授权范围内依法开展业务，其民事责任由总行承担。

知识拓展

设立全国性商业银行的注册资本最低限额为10亿元人民币，设立城市商业银行的注册资本最低限额为1亿元人民币，设立农村商业银行的注册资本最低限额为5 000万元人民币。

(2) 商业银行的接管

已经或可能发生信用危机,严重影响存款人的利益时,国务院银行业监督管理机构可以对该银行实行接管。接管的目的是对被接管的商业银行采取必要措施,以保护存款人的利益,恢复商业银行的正常经营能力。被接管的商业银行的债权债务关系不因接管而变化。

(3) 商业银行的终止

商业银行因解散、被撤销和被宣告破产而终止。商业银行终止应当向国务院银行业监督管理机构提出申请,并依法进行清算。

4. 商业银行的从业准则

① 商业银行以安全性、流动性、效益性为经营原则,实行自主经营,自担风险,自负盈亏,自我约束。

② 商业银行开展业务应当遵循平等、自愿、公平和诚实信用的原则,应当遵守法律、行政法规的有关规定,不得损害国家利益、社会公共利益,不得从事不正当竞争。

③ 商业银行应当保障存款人的合法权益不受任何单位和个人的侵犯。商业银行办理个人储蓄存款业务,应当遵循存款自愿、取款自由、存款有息、为存款人保密的原则。对个人储蓄存款和单位存款,商业银行有权拒绝任何单位或个人查询、冻结、扣划,但法律另有规定的除外。

④ 商业银行开展信贷业务应当严格审查借款人的资信,实行担保,保障按期收回贷款。

⑤ 商业银行制定本行的业务规则,建立、健全本行的风险管理和内部控制制度,建立、健全本行对存款、贷款、结算、呆账等各项情况的稽核、检查制度,并依法接受国务院银行业监督管理机构的监督管理和审计机关的审计监督。

5.3 财政法

5.3.1 财政法概述

1. 财政法的概念

财政法是调整国家为了满足公共需求而取得、使用和管理资财过程中发生的经济关系的法律规范的总称。

2. 财政法的调整对象

财政法的调整对象是在财政收入、财政支出、财政管理的过程中发生的社会关系。

3. 财政法的体系

我国的财政法主要包括预算法和税收法。

5.3.2 预算法

1. 预算的概念

预算是指国家对会计年度内的收入和支出的预先估算。

知识拓展

国家实行一级政府一级预算,根据政府层级的不同,我国共有5级预算,即中央预算,省、自治区、直辖市预算,设区的市、自治州、县、自治县预算,不设区的市、市辖区预算,乡、民族乡、镇预算。

2. 预算立法情况

预算法是调整国家进行预算编制、审批、执行和决算及预算监督等活动中所发生的社会关系的法律规范的总称。

为了适应建立社会主义市场经济体制的需要，1994 年 3 月 22 日第八届全国人民代表大会第二次会议通过了《中华人民共和国预算法》，并于 1995 年 1 月 1 日起施行。1995 年 11 月 2 日，国务院又通过了《中华人民共和国预算法实施条例》，自 1995 年 11 月 22 日起施行。

3. 预算收支范围

预算由预算收入和预算支出组成。预算收入划分为中央预算收入、地方预算收入、中央和地方预算共享收入；预算支出划分为中央预算支出和地方预算支出。

预算收入包括税收收入，依照规定应当上缴的国有资产收益，专项收入，其他收入。

预算支出包括经济建设支出，教育、科学、文化、卫生、体育等事业发展支出，国家管理费用支出，国防支出，各项补贴支出，其他支出。

4. 预算管理的法律规定

（1）预算的编制

中央预算和地方各级政府预算应当参考上一年预算执行情况和本年度收支预测进行编制。中央政府公共预算不列赤字，中央预算中必需的建设投资的部分资金，可以通过举借国内和国外债务等方式筹措，但是借债应当有合理的规模和结构。地方各级预算按照量入为出、收支平衡的原则编制，不列赤字。中央预算由全国人民代表大会审查和批准。地方各级政府预算由本级人民代表大会审查和批准。

（2）预算的执行和调整

国家预算审定后，各级人民政府所属各部门、各单位、各级财政部门及其经营机关都要按照法律规定的管理范围和职权执行国家预算。在执行过程中，如确需调整预算，各级政府应当编制预算调整方案，提请本级人民代表大会常务委员会审查和批准；未经批准，不得调整预算。

（3）决算

决算是对预算执行情况的总结，是国家经济活动在财政上的集中反映，是预算管理的最终环节。决算草案由各级政府、各部门、各单位在每一预算年度终了后按照国务院规定的时间编制。国家决算自下而上逐级进行编制，由财政部汇总上报国务院审核后再由国务院提请全国人民代表大会讨论审核批准。地方各级总决算由各级财政部门报请同级人民政府审查，提请本级人民代表大会审核批准。

（4）预算、决算的监督

各级人民代表大会及其常务委员会对本级和下级政府预算、决算进行监督。各级政府则监督下级政府预算的执行；各级政府财政部门负责监督检查本级各部门及其所属各单位预算的执行；各级政府审计部门对本级各部门、各单位和下级政府的预算执行、决算实行审计监督。

5. 违反预算法的法律责任

各级政府未经依法批准擅自变更预算，使经批准的收支平衡的预算和总支出超过总收入，或者使经批准的预算中举借职务的数额增加的，对负有直接责任的主管人员和其他直接责任人员追究行政责任。

违反法律、行政法规的规定，擅自动用国库库款或擅自以其他方式支配已入国库的库款的，由政府部门责令退还或追回国库库款，并由上级机关对负有直接责任的主管人员和其他直接责任人员给予行政处分。

隐瞒预算收入或将不应当在预算支出的款项转为预算内支出的，由上一级政府或本级政府财政部门责令纠正，并由上级机关给予负有直接责任主管人员和其他直接责任人员行政处分。

5.3.3 税收法律制度

1. 税收的概念

税收是指以国家为主体，为实现国家职能，凭借政治权利，按照法定标准，无偿取得财政收入的一种特定分配形式。

2. 税收的特征

税收与其他财政收入形式相比，具有强制性、无偿性和固定性3个特征。

(1) 强制性

税收的强制性是指税收是国家以社会管理者的身份，凭借政权力量，通过颁布法律或法规，按照一定的征收标准进行强制征收。负有纳税义务的社会集团和社会成员都必须遵守国家强制性的税收法令依法纳税，否则就要受到法律的制裁，这是税收法律地位的体现。

(2) 无偿性

税收的无偿性是指国家取得税收收入既不需偿还，也不需对纳税人付出任何代价，社会集团和社会成员的一部分收入转归国家所有，不需原纳税人支付任何报酬或代价，也不直接偿还给原来的纳税人。

(3) 固定性

税收的固定性是指国家征税以法律形式预先规定征税范围和征收比例，便于征纳双方共同遵守。

案例分析

王某是个体工商户，经营服装生意。当税务机关向其征税时，王某以其收入是自己辛苦经营的成果，没理由将它无偿交给别人为由，拒绝缴纳税款。

请分析：王某需不需要纳税？为什么？

3. 税收的法律关系

税收法律关系体现在国家征税与纳税人的利益分配关系上。税收法律关系与其他法律关系一样，由主体、客体和内容构成。

主体是指税收法律关系中享有权利和承担义务的当事人。在我国税收法律关系中，主体一方是代表国家行使征税职责的国家税务机关，包括国家各级税务机关、海关和财政机关；另一方是履行纳税义务的人，包括法人、自然人和其他组织。

客体是指主体的权利、义务所共同指向的对象，也就是课税对象。例如，所得税法律关系客体就是生产经营所得和其他所得，流转税法律关系客体就是货物销售收入或劳务收入。

内容是指主体所享受的权利和所应承担的义务。它具体规定了主体可以有什么行为，不可以有什么行为，如果违反了税法的规定，应该如何处罚等。

4. 税种的分类

(1) 按课税对象的性质分类

① 流转税类。它包括增值税、消费税、营业税、城市维护建设税、关税等。这是我国税制体

系中的主体税种,其又以增值税为主体税种。

② 所得税类。它包括企业所得税、外商投资企业和外国企业所得税、个人所得税等。

③ 资源税类。它包括资源税、城镇土地使用税、土地增值税、耕地占用税等。

④ 财产税类。它包括房产税、城市房地产税、契税等。

⑤ 行为税类。它包括固定资产投资方向调节税、印花税、车船使用税、车船使用牌照税、船舶吨税、屠宰税、筵席税等。

(2) 按惯例和使用权限分类

① 中央税。它属于中央财政固定收入的税种,包括关税,海关代征的消费税和增值税,中央企业所得税,地方银行和外资银行及非银行金融企业的所得税,铁道部门、各银行总行、各保险总公司集中缴纳的营业税、所得税和城市维护建设税等。

② 地方税。它属于地方财政固定收入的税种,包括营业税、个人所得税、城镇土地使用税、固定资产投资方向调节税、城市维护建设税、房产税、车船使用税、车船使用牌照税、船舶吨税、屠宰税、筵席税、耕地占用税、契税、土地增值税等。

③ 中央与地方共享税。它属于中央和地方共同拥有的税种,包括增值税(中央75%,地方25%)、资源税(中央海洋石油资源税,地方其他资源税)、证券交易印花税(中央50%,地方50%)。

5. 税制的要素

(1) 征税人

征税人是指代表国家行使征税职权的各级税务机关和其他征收机关。我国的单项税法中都有有关征税主体的规定,如增值税的征税主体是税务机关,关税的征税主体是海关。

(2) 纳税义务人

纳税人是指依法直接负有纳税义务的自然人、法人和其他组织。与纳税人相联系的另一个概念是扣缴义务人。扣缴义务人是税法规定的,在其经营活动中负有代扣税款并向国库缴纳义务的单位。扣缴义务人必须按照税法规定代扣税款,并在规定期限缴入国库。

(3) 课税对象

课税对象,又称课征对象,是纳税的客体。它是指税收法律关系中权利义务所指的对象,即对什么征税。课税对象包括物或行为,是区别税种的重要标志。

(4) 税目

税目是税法中具体规定应当征税的项目,是课税对象的具体化。

(5) 税率

税率是指应征税额与计税金额(或数量单位)之间的比例,是计算税额的尺度,是税收法律制度中的核心要素。税率的高低直接体现国家的政策要求,直接关系到国家财政收入的多少和纳税人的负担程度。我国现行税法规定的税率有比例税率、累进税率、定额税率。

知识拓展

比例税率是指对同一课税对象,不论其数额大小,均按同一个比例征税的税率。例如,我国企业所得税的税率一般为33%,即属于比例税率。

累进税率是指根据课税对象数额的大小规定不同等级的税率,即课税对象数额越大,税率越高。累进税率又分为全额累进税率、超额累进税率和超率累进税率3种。我国个人所得税多采取超额累进税率。

定额税率是指按课税对象的一定单位直接规定固定的税额,而不采取百分比的形式。

(6) 计税依据

计税依据是指计算应纳税额的依据或标准,即根据什么来计算纳税人应缴纳的税额。一般有两种:一是从价计征,以计税金额为计税依据(计税金额是指课税对象的数量乘以计税价格的数额);二是从量计征,以课税对象的重量、体积、数量为计税依据。

(7) 纳税环节

商品流转过程的各个环节包括工业生产、农业生产、货物进出口、农产品采购或发运、商业批发、商业零售等。具体确定在哪个环节缴纳税款,该环节就成为纳税环节。

(8) 纳税期限

纳税期限是指纳税人的纳税义务发生后应依法缴纳税款的期限。国家在《税法》中根据不同的情况规定不同的纳税期限,纳税人必须在规定的纳税期限内缴纳税款。

(9) 减免税

减免税是指国家对某些纳税人和课税对象给予鼓励和照顾的一种特殊规定。减免税主要包括减税和免税、起征点、免征额3种形式。

(10) 法律责任

法律责任是指为违反国家《税法》规定的行为人采取的处罚措施,一般包括违法行为和因违法而应承担的法律责任两部分内容。《税法》中的法律责任包括行政责任和刑事责任。纳税人和税务人员违反《税法》规定都将依法承担法律责任。

5.4 会计法

5.4.1 会计与会计法

会计是指以货币计量为基本形式,根据会计凭证,采用记账、报账、用账等手段,核算和分析各企业、事业及有关单位的经济活动和财务开支,进而达到加强经济管理、提高经济效益目的的一种管理活动。

会计法是调整国家机关、社会团体、公司、企业、事业单位和其他组织在办理会计事务中产生的经济关系,以及国家在监督管理会计工作过程中发生经济关系的法律规范的总称。

会计法有广义和狭义之分。广义的会计法是指调整会计关系的法律规范的总和,包括1985年1月21日通过并于1999年10月31日修改的《中华人民共和国会计法》,国务院发布的《总会计师条例》、《企业会计准则》、《企业会计报告条例》等,也包括有权部门依法定职权和程序制定的会计规章;狭义的会计法仅指《中华人民共和国会计法》(简称《会计法》)。

5.4.2 我国会计工作的管理体制

我国会计工作实行统一领导、分级管理的体制,主要包括以下几个方面的内容。

1. 会计工作的领导体制

我国会计工作领导体制的主要内容包括:国务院财政部门管理全国的会计工作;地方各级人民政府的财政部门管理本地区的会计工作;各单位的领导人领导各单位的会计机构、会计人员和其他人员遵守《会计法》的法律规定,保障会计人员依法行使职权。

2. 制定会计制度的权限

国务院财政部门根据《会计法》制定国家统一的会计制度;各省、自治区、直辖市人民政府的财政部门，国务院业务主管部门，中国人民解放军总后勤部，在与《会计法》和国家统一的会计制度不相抵的前提下，可以制定实施国家统一会计制度的具体办法或补充规定，报国务院财政部门审核批准或备案。

3. 会计机构和会计人员的管理体制

根据我国《会计法》的相关规定，各单位应当根据会计业务的需要设置会计机构，并指定会计主管人员。不具备设置条件的，应当委托经批准设立从事代理记账业务的中介机构代理记账。会计机构内部应当建立稽核制度。出纳人员不得兼任稽核、会计档案保管和收入、支出费用、债权债务账目的登记工作。

4. 会计人员的从业条件和任免

会计人员应当具备必要的会计专业知识，忠于职守，坚持原则。从事会计工作的人员必须取得会计从业资格证书。担任单位会计机构负责人（会计主管人员）的，除取得会计从业资格证书外，还应当具备会计师以上专业技术职务资格或从事会计工作3年以上的经历。会计人员忠于职守，坚持原则，受到所在单位错误处理的，主管单位应当责成其所在单位予以纠正；玩忽职守，丧失原则，不宜担任会计工作的，主管单位应当责成其所在单位予以撤职或免职。

知识拓展

我国《会计法》第四十条规定："因有提供虚假财务会计报告，做假账，隐匿或故意销毁会计凭证、会计账簿、财务会计报告，贪污，挪用公款，职务侵占等与会计职务有关的违法行为被依法追究刑事责任的人员，不得取得或重新取得会计从业资格证书。除前款规定的人员外，因违法违纪行为被吊销会计从业资格证书的人员，自被吊销会计从业资格证书之日起五年内，不得重新取得会计从业资格证书。"

5.4.3　会计机构和会计人员的职责

会计机构和会计人员的职责主要有：依法进行会计核算；按照《会计法》规定实行会计监督；拟定本单位办理的具体办法；参与拟订经济计划、业务计划，考核与分析预算、财务计划的执行情况；办理其他会计事务。

5.4.4　会计核算

会计核算是指根据国家统一的财务会计制度，运用会计形式对企业、事业、机关团体等单位的经济业务和财政收支进行及时、连续、系统的记录、计算、分析，如实反映财务状况的经营成果并据以编制会计报表的活动。会计核算是会计工作的基本任务之一，是会计法的核心内容。

1. 会计核算的内容

根据《会计法》的规定，各单位的这些经济业务事项，应当办理会计手续，进行会计核算：款项和有价证券的收付；财物的收发、增减和使用；债权债务的发生和结算；资本、基金的增减；收入、支出、费用、成本的计算；财物成果的计算和处理；需要办理会计手续、进行会计核算的其他事项。

2. 会计年度和记账本位币

会计核算应当划分会计期间、分期结算账目和编制会计报表。我国《会计法》规定，会计年度自公历1月1日起至12月31日止。会计核算以人民币为记账本位币，编报的财务会计报告应当折算为人民币。

3. 会计核算的基本要求

根据《会计法》的有关规定，会计凭证、会计账簿、会计报表和其他会计资料必须合法、真实、准确、完整，符合国家统一的会计制度的规定。使用计算机进行会计核算的，其软件及生成的会计凭证、会计账簿、财务会计报告和其他会计资料必须符合国家统一的会计制度的规定。任何单位和个人不得伪造、变造会计凭证、会计账簿及其他会计资料，不得提供虚假的财务会计报告。

4. 会计核算的程序

会计核算的程序如下。

1）办理《会计法》规定的必须进行会计核算的事项，必须填制或取得原始凭证，并及时送交会计机构。

2）会计机构必须对原始凭证进行审核，并根据经过审核的原始凭证编制记账凭证。

3）各单位按照国家统一的会计制度的规定设置会计账目和会计账簿。

4）会计机构按照国家统一的会计制度关于记账规则的规定记账。

5）各单位应当建立财产清查制度，保证账簿记录与实物、款项相符。

6）各单位按照国家统一的会计制度的规定，根据账簿记录编制财务会计报表，报送财政部门和有关部门。财务会计报表由单位负责人和主管会计工作的负责人员签名并盖章，设置总会计师的单位还须由总会计师签名盖章。

5. 会计资料的保管

会计凭证、会计账簿、会计报表和其他会计资料应当按照国家有关规定建立档案，妥善保管。会计档案的保管期限和销毁办法由国务院财政部门会同有关部门制定。

5.4.5 会计监督

会计监督是会计工作的一项基本职能，是对经济活动过程的合法性、合理性和有效性进行监督。会计监督是为了加强资金管理，提高经济效益，维护国家财政和财务制度。从会计监督的主体来分，会计监督可分为单位内部监督、国家监督和社会监督。

1. 单位内部监督

单位内部监督是指为了保护资产安全完整，保证经营活动符合国家法律、法规和内部制度的规定，提高经营管理水平和效率而在单位内部采取的一系列相互制约、相互监督的制度与方法。建立、健全单位内部会计监督制度是贯彻执行会计法律、法规、规章，保证会计工作有序进行，完善会计监督体系的重要措施。

2. 国家监督

国家监督是指财政部门代表国家对各单位的会计工作实行监督，是我国会计监督体系的一个重要方面。

3. 社会监督

社会监督主要是指注册会计师及其所在的会计师事务所对受托单位的经济活动进行审计、签证的一种监督制度。

知识拓展

根据我国《注册会计师法》的规定，注册会计师是依法取得注册会计师证书并接受委托从事审计和会计咨询、会计服务业务的人员。注册会计师依法接受委托承办审计业务，并对其所出具的财务会计报告负责，因此，会计师从事财务报告审计是对有关单位的财务会计报告和会计工作所进行的监督。

根据我国法律、法规规定，须经注册会计师进行审计的单位，应当向受委托的会计师事务所如实提供会计凭证、会计账簿、财务会计报告和其他会计资料及有关情况，配合注册会计师进行审计工作。任何单位和个人不得以任何方式要求或示意注册会计师及其所在地会计师事务所出具不实或不当的审计报告。

财政部门有权对会计师事务所出具审计报告的程序和内容进行监督。

思考

我国的会计监督制度包括哪些内容？

5.4.6 违反会计法的法律责任

违反《会计法》和国家统一会计制度的规定，由县级以上人民政府财政部门给予罚款、吊销会计从业资格证书或给予行政处分；构成犯罪的，依法追究刑事责任。

案例分析

2004年6月15日，昆山某照明灯具厂厂长刘云秋召集该厂副厂长、会计、出纳等人对该厂上年度的财务支出流水账、会计凭证等会计资料进行审核，确认无异议后由在场人员签名，而后将该会计资料予以销毁。后来刘某又用相同手段多次销毁会计资料，涉及金额60余万元。

请问：刘某的行为该如何认定？依据《会计法》和《刑法》的规定，应如何处罚？

5.5 审计法

5.5.1 审计的概念和特征

审计是指审计机关和审计人员依据《审计法》的规定独立审查被审计单位的会计凭证、会计账簿、会计报表，以及其他财政收支、财务收支有关的资料和资产，监督财政收支、财务收支真实、合法效益的活动。

审计具有以下法律特征。

① 审计是经济监督的一种形式。

② 审计由会计人员之外的人员独立进行。

③ 审计通过对会计活动所提供的会计资料进行审查来进行。

④ 审计是为了严明财经法纪，提高经济效益，加强宏观调控和管理。

5.5.2 我国的审计法律制度

审计法是指调整审计关系的法律规范的总称。审计关系是指审计机关和审计人员运用正确的方法在对被审计单位的预算和财政收支、财务收支状况及其记录进行审核、评价等活动的过程中所发生的社会关系。

1994年8月31日第八届全国人民代表大会常务委员会第九次会议通过《中华人民共和国审计法》(简称《审计法》)。1997年10月21日国务院颁布《中华人民共和国审计法实施条例》(简称《审计法实施条例》)及其他一些审计法规、规章。《审计法实施条例》已经2010年2月2日国务院第100次常务会议修订通过。

知识拓展

我国《审计法》第一条规定："为了加强国际的审计监督，维护国家财政经济秩序，提高财政资金使用效益促进廉政建设，保障国民经济健康发展，根据宪法制定本法。"这也是审计法的立法宗旨。审计法在我国社会主义市场经济体制的建立和发展过程中具有重要作用。通过审计监督，可以有力地维护社会主义市场经济的财经秩序，查处违法行为，促进廉政建设，减少国有资产的流失，保障国民经济健康发展。

5.5.3 审计机关和审计人员

审计机关是代表国家执行审计监督权的国家行政机关，具有宪法赋予的独立性和权威性，实行统一领导、分级负责的原则。根据我国《审计法》的规定，审计机关依照法律规定独立行使审计监督权，不受其他行政机关、社会团体、个人的干涉。

国务院设立审计署，在国务院总理领导下主管全国的审计工作。审计长是审计署的行政首长。省、自治区、直辖市、设区的市、自治州、自治县、不设区的人民政府的审计机关，分别在省长、自治区主席、市长、州长、县长、区长和上一级审计机关的领导下负责本行政区域内的审计工作。

审计人员应当具备从事审计工作的专业知识和业务能力。审计人员办理审计事项，与被审计单位或审计事项有利害关系的应当回避。审计人员对其在执行职务中知悉的国家秘密和被审计单位的商业秘密有保密的义务。审计人员依法执行职务受法律保护，任何组织不得妨碍、拒绝审计工作，不得对审计人员进行打击和报复。

知识拓展

我国《审计法》对审计机关的权限有明确规定。该法规定，国务院设立审计机关对国务院各部门和地方各级政府的财政收支、国家财政金融机构和企业事业组织的财务收支进行审计监督。审计机关在国务院总理领导下依照法律规定独立行使审计监督权不受其他行政机关、社会团体和个人的干涉。

5.5.4 审计的范围

根据《审计法》的规定，审计的范围主要包括：政府预算的执行情况和决算；中央银行的财务收支；国家事业组织的财务收支；国有企业的资产、负债、损益；国家建设项目预算；政府部门管理的和社会团体受政府委托管理的社会保障基金、社会捐赠资金，以及其他有关基金、资金的财务收支；国际组织和外国政府援助、贷款项目的财务收支；其他法律、行政法规规定应当进行审计的事项。

5.5.5　审计机关的权限

(1) 检查监督权

检查监督权具体包括：有权要求被审计单位报送的有关文件，如预算报告、财务收支、预算执行情况、决算、财务报告，以及其他有关资料等；有权检查被审计单位的有关资料和资产；有权向被审计单位和个人进行调查，并取得有关证明材料。

(2) 采取行政强制措施权

审计机关有权制止被审计单位的违法行为，制止无效的，经县级以上审计机关负责人批准，通知财政部门和有关主管部门暂停拨付与违反国家规定的财政收支、财务收支行为直接有关的款项，已经拨付的，暂停使用。采取该措施不得影响被审计单位的合法业务活动和生产经营活动。

(3) 提出建议权

审计机关认为单位所执行的上级主管部门有关财政收支、财务收支的规定与法律、行政法规相抵触的，应当建议有关部门纠正；有关主管部门不予纠正的，审计机关应当提请有权处理的机关依法处理。

(4) 通报和公布权

审计机关可以向政府有关部门通报或向社会公布审计结果。审计结果通报或公布审计结果应当依法保守国家秘密和被审计单位的商业秘密，遵守国务院的有关规定。

5.5.6　被审计单位及有关人员应承担的法律责任

被审计单位及有关人员违反《审计法》的规定，审计机关可以责令其改正，并采取通报批评、警告、建议给予直接责任人员行政处分等行政措施；拒不改正的，审计机关依法追究行政责任；构成犯罪的，由司法机关依法追究刑事责任。

审计人员滥用职权、徇私舞弊、玩忽职守，构成犯罪的，依法追究刑事责任；尚未构成犯罪的，给予行政处分。对审计人员违法、违纪取得的财物，依法予以追缴、没收或责令退赔。

案例分析

某县审计局对本县的政府部门财政预算进行审计时，发现本县工商局、财政局等几个机关单位违反法律的规定存在超出预算建设豪华办公楼、私设单位小金库用于发放职工奖金、财务收支记载不真实等情况。审计局将上述情况写入了审计报告，依法制作了审计意见书。某县政府在得知这一情况后，以如实制作审计意见书，并予以通报将会对本县的形象和声誉造成负面影响为由要求审计局重新制作审计意见书，审计局予以拒绝。于是，县政府宣布免去审计局局长的职务并任命了新的审计局局长。

请问：县政府的行为是否符合《审计法》的规定？

5.6 统计法

5.6.1 统计与统计法

统计是指对某一现象有关资料的收集、整理和分析的活动。统计包括自然统计和社会经济统计,这里所研究的是社会经济统计,即国民经济和社会发展情况的统计。

统计法是调整因国家统计机关行使统计职能而产生的各种统计关系法律规范的总称。目前,我国已经制定的专门调整统计工作的法律法规有:1983 年 12 月 8 日通过,1984 年 1 月 1 日起施行,并于 1996 年 5 月 15 日第八届全国人民代表大会常务委员会修订的《中华人民共和国统计法》和 1987 年 2 月 15 日经国务院批准、国家统计局发布的《中华人民共和国统计法实施细则》。

5.6.2 我国统计管理体制

根据我国《统计法》的有关规定,国家建立集中统一的统计系统,实行统一领导、分级负责的统计管理体制。

(1) 国家和地方统计机关

国家统计局是国家最高统计机关,负责组织、领导和协调全国统计工作。县级以上地方各级人民政府设立地方统计机构,乡镇人民政府设置专职或兼职统计员负责组织、领导和协调本行政区以内的统计工作。地方各级统计机关接受本级人民政府和上一级统计机关的双重领导,统计业务以上级统计机关的领导为主。

(2) 部门和单位统计机构

国务院和地方各级人民政府的各部门根据统计任务的需要设立统计机构,或者在有关机构中设置统计人员,并指定统计负责人。企业事业组织根据统计任务的需要设立统计机构,或者在有关机构中设置统计人员,并指定统计负责人。统计机构的统计人员执行国家统计调查和地方统计调查任务,接受统计机关的业务指导和监督。

(3) 统计人员

统计人员是统计机关或其他统计机构中从事统计工作的专门人员。统计人员应当具有执行统计任务所需要的专业知识。

5.6.3 统计机构和统计人员的职责

统计机构和统计人员的职责如下。

① 制订统计调查计划,部署和检查全国或本行政区域内的统计工作。

② 组织国家统计调查、地方统计调查,搜集、整理、提供全国或本行政区域内的统计资料。

③ 对国民经济的社会发展状况进行统计分析、实行统计监督。

④ 管理和协调各部门制定的统计调查表和统计标准。

5.6.4 统计人员的权利和义务

根据我国《统计法》的规定,统计人员有权要求有关单位和人员依照国家规定提供资料;有权检查统计资料的准确性;有权揭发和检举统计调查工作中的违法行为。

统计人员的义务主要包括:在履行职责时,必须出示县级以上政府统计机构颁发的工作证件;必须执行国家统计制度,完成各项统计义务;必须如实提供统计资料,对所提供资料的准确性、及时性负责，不得虚报、瞒报、迟报、拒报；在进行统计工作过程中，应当保守统计秘密。

5.6.5　统计资料的管理

根据我国《统计法》的规定，统计资料实行分级管理。国家统计调查和地方统计调查范围内的统计资料分别由国家统计局、县级以上地方各级人民政府统计机构或乡镇统计员统一管理。部门统计调查范围内的统计资料由主管部门的统计机构或统计负责人统一管理。企业事业组织的统计资料由企业事业组织的统计机构或统计负责人统一管理。

5.6.6　违反统计法的法律责任

违反《统计法》规定，篡改统计资料或编造虚假数据的，应当依法给予行政处分，并予以通报批评。构成犯罪的，依法追究刑事责任。

练习题

一、单项选择题

1. 宏观调控法的调整对象是(　　)。
   A. 计划、财税、金融　B. 会计部门　C. 税务部门　D. 审计部门

2. 根据《会计法》第四条的规定，(　　)对本单位的会计工作和会计资料的真实性、完整性负责。
   A. 主管会计　B. 会计部门负责人　C. 出纳人员　D. 单位负责人

3. 中国人民银行总行行长由(　　)提名。
   A. 国家主席　B. 全国人民代表大会
   C. 国务院总理　D. 全国人民代表大会常务委员会

4. 国务院审计机关和各级人民政府的审计机关依法对(　　)的财务收支进行审计监督。
   A. 各级政府　B. 国家银行　C. 市公司　D. 保险机构

5. 企业所得税的一般税率是(　　)。
   A. 30%　B. 33%　C. 17%　D. 24%

6. 我国的国家预算采用了财政法原理中的(　　)原则。
   A. 统一领导、分级管理　B. 统一领导、统一管理
   C. 一级政权、一级财政　D. 一级人大、一级财政

7. 我国《预算法》规定，我国的国家预算共分为(　　)。
   A. 三级　B. 两级　C. 五级　D. 七级

8. 不适用我国《会计法》的单位是(　　)。
   A. 国务院　B. 西门子(中国)有限公司
   C. 海尔(马来西亚)有限责任公司　D. 中国驻日本大使馆

9. 各单位在进行会计核算、填制会计凭证时，应以(　　)为依据。
   A. 实际发生的经济业务　B. 历史上发生的经济业务
   C. 将要发生的经济业务　D. 或有事项

10. 我国会计年度实行(　　)。
    A. 历年制　B. 跨年制　C. 重年制　D. 多年制

二、多项选择题

1. 我国金融机构体系包括(　　　　)。
   A. 中央银行　　B. 商业银行
   C. 政策性银行　　D. 非银行金融机构
2. 属于商业银行的有(　　　　)。
   A. 中国银行　　B. 中国人民银行　　C. 农村信用社　　D. 中国工商银行
3. 国家预算的原则包括(　　　　)。
   A. 公开性　　B. 完整性　　C. 统一性　　D. 法律性
4. 不属于我国税收的特征的是(　　　　)。
   A. 固定性　　B. 无偿性　　C. 地域性　　D. 强制性
5. 我国《会计法》适用于(　　　　)。
   A. 办理会计事务的单位　　B. 办理会计事务的个人
   C. 会计主管机关　　D. 其他有关机关
6. 各单位的会计档案包括(　　　　)。
   A. 会计凭证　　B. 会计账簿　　C. 财务会计报告　　D. 其他会计资料

三、简答题

1. 简述我国金融体系的构成。
2. 简述会计法的基本原则。
3. 简述会计核算内容。
4. 简述我国预算收支范围。
5. 简述税收的概念及特征。
6. 简述税法的构成要素。

四、论述题

1. 论述宏观调控法的原则与功能。
2. 论述金融法的基本原则。

五、案例分析题

某电池销售公司的会计账簿设置得混乱。总账账页与明细账附在一起;库存商品明细账只有数量,没有金额。会计凭证填制手续不全,原始凭证复印件较多。资金管理混乱,账外资金16.5万元。总账与明细账余额相差257.25万元,库存商品卡片比总账溢出431.28万元,长期不核对。该公司指定其所属单位将应列入本单位营业收入的53万多元现金上交公司,收到资金后,不记入法定会计账册,而是私自存放。先后以半年奖、年终奖、突出贡献奖等多种名目发放给单位职工,合计达49余万元。

请问:该公司违反了《会计法》的哪些规定?应当如何处理?

实战演练

在老师的带领下,结合我国《个人所得税法》关于工资、薪金所得的规定,掌握超额累进税率的计算。

第6章 社会保障法律制度

知识导读

社会保障是国家和社会在通过立法对国民收入进行分配和再分配,对社会成员特别是生活有特殊困难的人们的基本生活权利给予保障的社会安全制度。社会保障的本质是维护社会公平进而促进社会稳定发展。《中华人民共和国宪法》规定:"中华人民共和国公民在年老、疾病或丧失劳动能力的情况下,有从国家和社会获得物质帮助的权利。"一般来说,社会保障由社会保险、社会救助、社会福利、社会优抚等组成。其中,社会保险是社会保障的核心内容。

学习目标

重点:掌握社会保障法律制度的基本内容。
　　　掌握订立劳动合同的条款。
　　　掌握社会保险的种类。
难点:掌握劳动合同的解除。
　　　掌握劳务派遣的原则。

引导案例

小冯就职的涉外企业举办了爱心公益活动,对社会上一些患病和有工伤的劳动者进行慰问和救助。同时,还在企业内部开展了涉及我国社会保障法律制度的相关知识问卷答题活动,由小冯具体负责相关知识的整理选用和题目设计。社会保障法是调整社会保障关系的法律规范的总和,主要包括社会保险关系、社会救助关系、社会福利关系、优抚安置关系和社会互助关系等。小冯通过精心筹划,圆满完成了工作任务。

6.1 社会保障法律制度概述

6.1.1 社会保障及社会保障法的概念

社会保障是指国家通过立法积极动员社会各方面资源保证无收入、低收入及遭受各种意外灾害的公民能够维持生存,保障劳动者在年老、失业、患病、工伤、生育时的基本生活不受影响。同时,根据经济和社会发展状况,逐步增进公共福利水平,提高国民生活质量。社会保障作为一种国民收入再分配形式是通过一定的制度得以实现的。

社会保障法是指调整关于社会保险和社会福利关系的法律规范的总称,包括安全生产法、消防法等。它也是保障社会成员基本生活需要和经济发展享受权的各种法律规范的总称。

6.1.2　社会保障法的基本原则

1. 权利保障原则

现代文明国家均由《宪法》规定，享受社会保障是公民的一项应有权利。我国《宪法》第四十五条规定："中华人民共和国公民在年老、疾病或丧失劳动能力的情况下，有从国家和社会获得物质帮助的权利。"

2. 普通性原则

对公民实行普遍的社会保障是各国社会保障立法共同奉行的一项基本原则。《经济、社会、文化权利国际公约》规定人人有权享受社会保障。我国《宪法》第四十五条所规定的物质帮助权利的享受自然是对全体公民而言的。

3. 平等性原则

这项原则包括两层含义：一是社会保障权利享受，必须是人人平等；二是社会保障待遇的确定，应力求遵循平衡原则。

4. 基本生活保障与提高生活质量相结合的原则

社会保障首先要使所有公民的基本生活得到保障。这一制度是城市困难群体的最后一道安全网，与最低工资保障、下岗人员基本生活保障、失业保险、退职退休人员基本养老金最低标准保障等制度相衔接编织成一张完整的安全保障网络。

6.1.3　社会保障法的基本特征

社会保障法是典型的社会法，最主要的特征是社会性，主要表现在 3 个方面：一是目的的社会性；二是享受权利主体的普遍性；三是社会保障责任和义务的社会化。

1. 目的的社会性

社会保障之设立即为社会利益，保障社会全体成员的生活安全。因此，社会保障法的目标即在于通过保证社会成员的基本生活需要来达到社会稳定。

2. 享受权利主体的普遍性

社会保障的权利由全体社会成员享有，且随着经济的发展可以享受保障的成员数目及可以享受的社会保障项目会越来越多。

3. 社会保障责任和义务的社会化

社会保障要获得长久的生命力需要整个社会的参与。社会保障通过立法，采取国家、用人单位和社会成员共同负担的原则，将责任和义务分散到整个社会，以资金来源的多渠道来保证社会保障的正常运转。

6.1.4　社会保障法的基本内容

1. 社会保险法律制度

社会保险法律制度具体规定对劳动者在年老、失业、患病、工伤、生育等情况下获得帮助和补偿，即建立基本养老保险、基本医疗保险、失业保险、工伤保险、生育保险制度。

2. 社会救济法律制度

社会救济法律制度具体规定对公民在遭受自然灾害或生活发生严重困难的情况下获得经济

帮助，即建立灾民救济、城市居民最低生活救济、城乡特殊贫困人员救济等制度。

3. 社会福利法律制度

社会福利法律制度具体规定对不同的社会成员在分享社会发展成果方面获得的经济帮助，即建立老年福利、托幼福利、残疾人福利、社区服务、城镇居民福利津贴等项制度和设立文化、教育、卫生、保健等社会公益设施。

4. 社会互助法律制度

社会互助法律制度具体规定由不同的社会组织建立其成员之间相互提供帮助，如工会组织建立的工会会员互助金制度。

5. 社会优抚法律制度

社会优抚法律制度具体规定由国家和社会对军人及其家属提供社会优待和经济帮助，即建立优待军人和军人家属、军人转业和退伍安置、军人伤残抚恤和死亡抚恤等项制度。

知识链接

为加快建立社会保障体系的步伐，国家先后出台了一系列政策。具体做法如下。

第一，完善失业保险机制，提高失业保险金支付能力。

第二，在养老保险方面，按照社会统筹和个人账户相结合的原则统一全国养老保险制度。

第三，在医疗保险制度方面，有关部门根据《国务院关于建立城镇职工基本医疗保险制度的决定》，分别制定了有关定点医疗机构、定点药店、用药管理、诊疗项目、服务设施标准和结算办法等6个配套文件，基本建立起了适应市场经济要求的新的医疗保险制度。

第四，建立城市居民最低生活保障制度。

社会保障制度的建立要取得突破性进展，基本建立起适应发展、改革和稳定需要的，并尽量覆盖全社会的保障网或"安全网"，基本目标是"加快形成独立于企业事业单位之外、资金来源多元化、保障制度规范化、管理服务社会化的社会保障体系"。

6.2　劳动法

6.2.1　劳动法的概念和特征

1. 劳动法的概念

劳动法是指调整劳动关系及与劳动关系密切联系的社会关系的法律规范的总称。其内容主要包括：劳动者的主要权利和义务；劳动就业方针政策及录用职工的规定；劳动合同的订立、变更与解除程序的规定；集体合同的签订与执行办法；工作时间与休息时间制度；劳动报酬制度；劳动卫生和安全技术规程；女职工与未成年工的特殊保护办法；职业培训制度；社会保险与福利制度；劳动争议的解决程序；对执行劳动法的监督、检查制度，以及违反劳动法的法律责任等。《中华人民共和国劳动法》（简称《劳动法》）于1994年7月5日公布，自1995年1月1日起施行。

2. 劳动法基本原则的特征

(1) 全面涵盖性

劳动法基本原则既然是基本原则,就应该具有基础性地位,应该贯穿于劳动立法、守法、执法、司法等全部环节,得到普遍遵循。

(2) 权威性

劳动法基本原则既然是法律原则,就要有一定的高度和地位。劳动法基本原则是高于劳动法律规范的,具有高度的权威性。

(3) 相当强的稳定性

劳动法基本原则应当具有稳定性,只要国家的政治经济制度及劳动关系未发生根本性变化,其一经确定便不应随便发生变化,即使是社会经济体制改革时期也是如此。

6.2.2　劳动法适用的范围

《劳动法》第二条规定:"在中华人民共和国境内的企业、个体经济组织和与之形成劳动关系的劳动者,适用本法。国家机关、事业组织、社会团体和与之建立劳动合同关系的劳动者,依照本法执行。"由此可知,劳动法调整的劳动关系的范围包括:中华人民共和国境内的企业、个体经济组织和与之建立劳动关系的劳动者之间的劳动关系;国家机关、事业组织、社会团体和与之建立劳动合同关系的劳动者之间的劳动关系。

劳动者一般包括工人、农民、脑力劳动者、个体劳动者等。劳动关系中的劳动者一般称为职工或员工。属于《劳动法》调整对象的劳动者有:与企业、个体经济组织之间形成劳动关系的劳动者;国家机关、事业组织、社会团体的工勤人员;实行企业化管理的事业组织的非工勤人员;其他通过劳动合同(包括聘用合同)与国家机关、事业单位、社会团体建立劳动关系的劳动者。不属于其调整对象的劳动者有:公务员和比照实行公务员制度的事业组织和社会团体的工作人员;农业劳动者(乡镇企业职工和进城务工、经商的农民除外);现役军人;家庭保姆;事业单位、社会团体未建立劳动合同关系的干部。

案例分析

李某现已达到法定退休年龄,其又被返聘到原单位中从事工作。

请分析:是否属于劳动法调整范围?

6.2.3　劳动关系

1. 劳动关系的概念

劳动关系是指用人单位招用劳动者为其成员,劳动者在用人单位的管理下提供有报酬的劳动而产生的权利义务关系。

2. 劳动关系的特征

① 劳动关系是指在现实劳动过程中所发生的关系,与劳动者有直接的联系。

② 劳动关系的双方当事人,一方是劳动者,另一方是提供生产资料的劳动者所在单位。

③ 劳动关系的一方劳动者要成为另一方所在单位的成员应遵守单位内部的劳动规则及有关制度。

3. 劳动关系的存在形式

劳动关系分为有效劳动关系和无效劳动关系(非法劳动关系)。

(1) 有效劳动关系

有效劳动关系是指适格的劳动者与适格的用人单位之间形成的符合法律规范的、能产生积极后果的权利义务关系,包括劳动法律关系和事实劳动关系。

(2) 无效劳动关系

无效劳动关系是指适格的劳动者与用人单位之间形成的违反法律、行政法规,不能产生积极后果的劳动关系。它包括劳动内容不合法产生的劳动关系、意思表示不真实产生的劳动关系。

4. 事实劳动关系的概念

事实劳动关系是指无书面合同或无有效书面合同形成的劳动雇佣关系,以及口头协议达成的劳动雇佣关系。事实劳动关系的确认需存在雇佣劳动的事实。事实劳动关系的合法地位确认了劳动关系不依赖书面合同的存在而存在,扩大了劳动保护范围,对不签订劳动合同的雇主有了更大的约束,更多地维护了劳动者的合法权益。目前在我国,事实劳动关系存在普遍性。

5. 事实劳动关系的特征

① 复杂性。事实劳动关系产生的原因多种多样、涉及面广、人数众多。

② 特殊性。事实劳动关系与非法劳动关系有着主体、内容、保护手段等方面的本质区别;合法性事实劳动关系依照现行法律的规定属于有效的劳动关系,具有合法性。

③ 隐匿性。事实劳动关系的存在不容易引起人们的重视和关注,只有在事实劳动关系引发劳动争议时才引起人们的注意。

案例分析

张某系进城打工的一名农民工,与某企业签订了一年期劳动合同。期满双方没有续签合同,但张某一直在该企业中从事原来工作,双方未提出异议。一日因其父亲病重,张某在请假未果的情况下回家照料,当返回公司时,公司以未与张某继订劳动合同为由主张劳动关系不存在。

请分析:张某与该企业是否存在劳动关系?

6.2.4 劳动关系的解除

合法劳动关系成立后,并非一成不变,正如普通合同有解除情况一样,劳动合同在出现无法维持情形时也要解除。因劳动合同的解除,用工双方的权利义务即行终止。

1. 双方合意解除劳动关系

在劳动合同约定的期满前,用人单位与劳动者协商解除劳动关系,未履行的劳动合同权利义务则不再履行。《劳动法》第二十四条规定:“经劳动合同当事人协商一致,劳动合同可以解除。”据此条规定协议解除劳动合同的,没有必要分清是谁的责任导致的。

2. 过失性、非过失性辞退

过失性辞退是指劳动者的行为违反《劳动法》和行政法规的规定,由用人单位予以辞退而解除劳动合同,劳动关系消灭,即《劳动法》第二十五条规定的情形;非过失性辞退是指非因职工的原因用人单位将其辞退而解除劳动合同。《劳动法》第二十六条规定了用人单位可以解除劳动合同的情形,但是应当提前30日以书面形式通知劳动者本人(即非过失性辞退情况):劳动者患病或因工负伤,医疗期满后,不能从事原工作也不能从事由用人单位另行安排的工作的;劳动者不能胜任工作,经过培训或调整工作岗位,仍不能胜任工作的;劳动合同订立时所依据的客观情况发生重大变化,致使原合同无法履行,经当事人协商不能就变更劳动合同达成协议的。

3. 裁员和辞职

用人单位濒临破产或进行法定整顿期间,或者生产经营状况发生严重困难必须裁减人员的,被裁人员即与企业解除劳动关系,《劳动法》第二十七条对此类劳动合同的解除做了明确规定。企业富余人员辞职按国务院有关规定是允许的,同样也导致劳动关系的解除。

4. 主动提出解除劳动合同

《劳动法》第三十二条规定了劳动者可以随时通知用人单位解除劳动合同的情况:在试用期内;用人单位以暴力、威胁或非法限制人身自由的手段强迫劳动的;用人单位未按照劳动合同约定支付劳动报酬或提供劳动条件的。

5. 劳动合同终止导致劳动关系的自然解除

《劳动法》第二十三条规定了劳动合同的终止,即"劳动合同期满或当事人约定的劳动合同终止条件出现,劳动合同即行终止"。

6.2.5 国家、工会在劳动关系中的职责

1. 国家在劳动关系中的职责

《劳动法》第五条规定:"国家采取各种措施,促进劳动就业,发展职业教育,制定劳动标准,调节社会收入,完善社会保险,协调劳动关系,逐步提高劳动者的生活水平。"

《劳动法》第六条规定:"国家提倡劳动者参加社会义务劳动,开展劳动竞赛和合理化建议活动,鼓励和保护劳动者进行科学研究、技术革新和发明创造,表彰和奖励劳动模范和先进工作者。"

2. 工会在劳动关系中的职责

劳动关系是工人阶级存在和发展的经济基础,也是工会存在和发展的经济基础,还是工会运动和工会工作的出发点,工会的性质、职能和作用都要从此得到说明。工会是在一定产权关系和劳动关系基础上产生和发展起来的,对改革、构建和协调产权关系和劳动关系发挥重要的不可或缺的作用。

6.3 劳动合同法

6.3.1 劳动合同的概念和特征

1. 劳动合同的概念

劳动合同是劳动者与用工单位之间确立劳动关系、明确双方权利和义务的协议。

2. 劳动合同的特征

劳动合同除了具有合同的共同特征外,还有以下特征。

① 劳动合同主体具有特定性。一方是劳动者,即具有劳动权利能力和劳动行为能力的中国人、外国人和无国籍人;另一方是用人单位,即具有使用劳动能力的权利能力和行为能力的企业、

个体经济组织、事业组织、国家机关、社会团体等用人单位。双方在实现劳动过程中具有支配与被支配、领导与服从的从属关系。

② 劳动合同内容具有劳动权利和义务的统一性和对应性。没有只享受劳动权利而不履行劳动义务的,也没有只履行劳动义务而不享受劳动权利的。一方的劳动权利是另一方的劳动义务;反之,亦然。

③ 劳动合同客体具有单一性,即劳动行为。

④ 劳动合同具有诺成、有偿、双务合同的特征。劳动者与用人单位就劳动合同条款内容达成一致意见,劳动合同即成立。用人单位根据劳动者劳动的数量和质量给付劳动报酬,不能无偿使用劳动力。劳动者与用人单位均享有一定的权利并履行相应的义务。

⑤ 劳动合同往往涉及第三人的物质利益关系。劳动合同必须具备社会保险条款,同时劳动合同双方当事人也可以在劳动合同中明确规定有关福利待遇条款,而这些条款往往涉及第三人物质利益待遇。

6.3.2　劳动合同法的适用范围

《中华人民共和国劳动合同法》(简称《劳动合同法》)于2007年6月29日第十届全国人民代表大会常务委员会第28次会议通过,自2008年1月1日起施行。

《劳动合同法》第二条规定:“中华人民共和国境内的企业、个体经济组织、民办非企业单位等组织(以下称用人单位)与劳动者建立劳动关系,订立、履行、变更、解除或终止劳动合同,适用本法。

“国家机关、事业单位、社会团体和与其建立劳动关系的劳动者,订立、履行、变更、解除或终止劳动合同,依照本法执行。”

6.3.3　劳动合同订立

1. 劳动合同订立的概念

劳动合同的订立是指劳动者和用人单位经过相互选择和平等协商就劳动合同的各项条款达成一致协议,并以书面形式明确规定双方的权利和义务,从而确立劳动关系的法律行为。

2. 劳动合同订立的原则

根据《劳动合同法》第三条的规定,订立劳动合同应当遵循以下原则。

(1) 合法原则

劳动合同必须依法以书面形式订立,做到主体合法、内容合法、形式合法、程序合法。只有合法的劳动合同才能产生相应的法律效力。任何一方面不合法的,都是无效合同,不受法律承认和保护。

(2) 协商一致原则

在合法的前提下,劳动合同的订立必须是劳动者与用人单位双方协商一致的结果,是双方合意的表现,不能是单方意思表示的结果。

(3) 合同主体地位平等原则

在劳动合同的订立过程中,当事人双方的法律地位是平等的。劳动者与用人单位不因为各自性质的不同而处于不平等地位,任何一方不得对他方进行胁迫或强制命令,严禁用人单位对劳动者横加限制或强迫命令的情况。只有真正做到地位平等,才能使所订立的劳动合同具有公正性。

(4) 等价有偿原则

劳动合同明确双方在劳动关系中的地位、作用。劳动合同是一种双务有偿合同,劳动者承担和完成用人单位分配的劳动任务,用人单位付给劳动者一定的报酬,并负责劳动者的保险金额。

3. 劳动合同订立的主体

劳动合同的主体,即劳动法律关系当事人,具体是指劳动者和用人单位。劳动合同的主体是由法律规定的,具有特定性:一方是劳动者;另一方是用人单位。劳动者和用人单位都要具备法律规定的劳动合同主体条件,才能签订劳动合同。不具有法定资格的公民与不具有用工权的组织和个人都不能签订劳动合同。

《劳动合同法》第二条的规定(见上文)及第九十六条的规定——“事业单位与实行聘用制的工作人员订立、履行、变更、解除或者终止劳动合同,法律、行政法规或国务院另有规定的,依照其规定;未做规定的,依照本法有关规定执行。”这些规定不仅明确了我国《劳动合同法》的适用范围,同时也规定了劳动合同主体的表现形式。

(1) 用人单位的义务和责任

用人单位招用劳动者时应当如实告知劳动者的工作内容、工作条件、工作地点、职业危害、安全生产状况、劳动报酬,以及劳动者要求了解的其他情况。

用人单位招用劳动者不得扣押劳动者的居民身份证和其他证件,不得要求劳动者提供担保或以其他名义向劳动者收取财物。

用人单位扣押劳动者居民身份证等证件的,由劳动行政部门责令限期退还劳动者本人,并依据有关法律规定给予处罚。用人单位以担保其他名义向劳动者收取财物的,由劳动行政部门责令限期退还劳动者本人,并以每人500元以上2 000元以下的标准对用人单位处以罚款;给劳动者造成损害的,应当承担赔偿责任。

(2) 劳动者的义务

用人单位有权了解劳动者与劳动合同直接相关的基本情况,劳动者应当如实说明。

思考

小刘和企业已经初步达成了工作意向,准备签订劳动合同。结合企业关于劳动合同订立主体的义务想一想,用人单位针对劳动者小刘而言必须要履行哪些相关的义务?

案例分析

年满15周岁的刘某与一汽车修理厂签订了劳动合同从事修理工作。

请分析:有何违法之处?

4. 劳动合同订立的形式

劳动合同是劳动者与用工单位之间确立劳动关系,明确双方权利和义务的协议。劳动合同的形式是劳动合同内容赖以确定和存在的方式,即劳动合同当事人双方意思表示一致的具体表现。《劳动合同法》第十条规定:“建立劳动关系,应当订立书面劳动合同。”因此,签订劳动合同应当采用书面形式。书面劳动合同具有严肃性。它是明确劳动者与用人单位权利与义务的重要依据。它把劳动合同内容条文化,便于双方当事人履行和有关部门对劳动合同的履行情况进行监督检查,一旦发生劳动争议也有据可查,能更有效地保护劳动合同当事人的合法权益。

作为订立劳动合同应当采用书面形式的例外情况,《劳动合同法》规定,非全日制用工双方当事人可以订立口头协议。

案例分析

小王在某饭店做钟点工,但并未与饭店签订劳动合同。现小王因拖欠工资问题与饭店产生纠纷。

请分析:小王与饭店的劳动关系是否成立?

6.3.4 劳动合同的类型

根据《中华人民共和国劳动合同法实施条例》第十八条、第十九条的规定,劳动合同包括固定期限劳动合同、无固定期限劳动合同和单项劳动合同。

(1) 固定期限劳动合同

固定期限劳动合同是指用人单位与劳动者约定合同终止时间的劳动合同。用人单位与劳动者协商一致,可以订立固定期限劳动合同。

(2) 无固定期限劳动合同

社会优抚法律制度是指用人单位与劳动者约定无确定终止时间的劳动合同。

(3) 单项劳动合同

社会优抚法律制度以完成一定工作任务为期限的劳动合同,是指用人单位与劳动者约定以某项工作的完成为合同期限的劳动合同。

6.3.5 劳动合同的效力

1. 劳动合同的生效

劳动合同由用人单位与劳动者协商一致,并经用人单位与劳动者在劳动合同文本上签字或盖章生效。双方各执一份。

2. 无效劳动合同

根据《劳动法》第十八条的规定,违反法律、行政法规的劳动合同和采取欺诈、威胁等手段订立的劳动合同都是无效劳动合同。劳动合同的无效由劳动争议仲裁委员会或人民法院确认,引起无效的原因大体有以下几种。

(1) 合同主体不合格

例如,受雇一方提供了假的学历、学位、专业技术资格证书,聘用单位不具备招聘资格等。

(2) 合同内容不合法

劳动合同有悖法律、法规及善良风俗,或者是损害了国家及社会的公共利益,如约定制造冰毒、假钞等。内容不合法的劳动合同不受法律保护。

3. 无效劳动合同的法律后果

无效劳动合同从订立时起就未能产生法律约束力。劳动合同部分无效,不影响其他部分效力的,其他部分仍然有效。

6.3.6 劳动合同的主要内容及相关规定

劳动合同的内容可分为两方面:一方面是必备条款的内容;另一方面是协商约定的内容。

1. 必备条款

《劳动法》第十九条规定了劳动合同的法定形式是书面形式，必备条款有以下7项。

(1) 劳动合同期限

法律规定合同期限分为3种：有固定期限，如1年期限、3年期限等均属于这一种；无固定期限，合同期限没有具体时间约定，只约定终止合同的条件，无特殊情况，这种期限的合同应存续到劳动者到达退休年龄；以完成一定的工作为期限。例如，劳务公司外派一名员工去另外一公司工作，两个公司签订了劳务合同，劳务公司与外派员工签订的劳动合同期限是以劳务合同的解除或终止而终止，这种合同期限就属于以完成一定工作为期限的种类。用人单位与劳动者在协商选择合同期限时，应根据双方的实际情况和需要来约定。

(2) 工作内容

在这一必备条款中，双方可以约定工作数量、质量，劳动者的工作岗位等内容。在约定工作岗位时可以约定较宽泛的岗位概念，也可以另外签一个短期的岗位协议作为劳动合同的附件，还可以约定在何种条件下可以变更岗位条款等。掌握这种订立劳动合同的技巧，可以避免工作岗位约定过死，因变更岗位条款协商不一致而发生的争议。

(3) 劳动保护和劳动条件

在这方面可以约定工作时间和休息休假的规定，各项劳动安全与卫生的措施，对女工和未成年工的劳动保护措施与制度，以及用人单位为不同岗位劳动者提供的劳动、工作的必要条件等。

(4) 劳动报酬

此必备条款可以约定劳动者的标准工资、加班加点工资、奖金、津贴、补贴的数额及支付时间、支付方式等。

(5) 劳动纪律

此条款应当将用人单位制定的规章制度约定进来，可采取将内部规章制度印制成册作为合同附件的形式加以简要约定。

(6) 劳动合同终止的条件

这一必备条款一般是在无固定期限的劳动合同中约定，因这类合同没有终止的时限。其他期限种类的合同同样也可以约定。须注意的是，双方当事人不得将法律规定的可以解除合同的条件约定为终止合同的条件，以避免出现用人单位应当在解除合同时支付经济补偿金而改为终止合同不予支付经济补偿金的情况。

(7) 违反劳动合同的责任

一般约定两种违约责任形式：一种是一方违约赔偿给对方造成经济损失，即赔偿损失的方式；另一种是约定违约金的计算方法，采用违约金方式应当注意根据职工一方的承受能力来约定具体金额，避免出现显失公平的情形。违约不是指一般性的违约，而是指严重违约，致使劳动合同无法继续履行，如职工违约离职、单位违法解除劳动者合同等。

2. 约定条款

按照法律规定，用人单位与劳动者订立的劳动合同除上述7项必须具备的条款内容外，还可以协商约定其他的内容，一般简称为协商条款或约定条款，其实称为随机条款似乎更准确些，因为必备条款的内容也需要双方当事人协商、约定。

这类约定条款的内容是当国家法律规定不明确，或者国家尚无法律规定的情况下，用人单位与劳动者根据双方的实际情况协商约定的一些随机性的条款。劳动行政部门印制的劳动合同样本，一般都将必备条款写得很具体，同时留出一定的空白由双方随机约定一些内容。例如，可以约定试用期、保守用人单位商业秘密的事项、用人单位内部的一些福利待遇、房屋分配或购置等内容。

知识链接

商业秘密是指不能从公开渠道直接获取的能为权利人带来经济利益、具有实用性，并须权利人采取保密措施的信息。该信息必须全部具备上述特点，方能称为商业秘密。作为用人单位应特别注意对自己认为属于商业秘密的信息和资料采取切实可行的保密措施。例如，用内部规章制度对保密的范围、内容、岗位、人员、措施等加以明确，也就是制定保密制度；用协议书的形式与有关单位和职工约定保守秘密的权利与义务。只有如此，才能在发生争议之后依法保护自己的合法利益。

签订劳动合同既可不约定试用期，也可约定试用期，且约定的试用期最长不得超过6个月。劳动合同期限在3个月以上不满1年的，试用期不得超过1个月；劳动合同期限在1年以上不满3年的，试用期不得超过2个月；3年以上的固定期限和无固定期限的劳动合同，试用期不得超过6个月。试用期包括在劳动合同期限中。非全日制劳动合同不得约定试用期，以完成一定工作任务为期限的劳动合同或合同期限不满3个月的，不得约定试用期限。

思考

甲公司与李某签订了为期一学期的劳动合同。思考一下，根据规定，在劳动合同中约定的试用期不得超过多长时间？

6.3.7 劳动合同的履行、变更和解除

1. 劳动合同的履行

(1) 劳动合同履行的概念和原则

劳动合同的履行是指当事人双方按照劳动合同规定的条件履行自己所应承担义务的行为。履行劳动合同的原则有：亲自履行原则；权利义务统一原则；全面履行原则；协作履行原则。

(2) 劳动合同履行的要求

① 用人单位与劳动者应当按照劳动合同的约定全面履行各自的义务。用人单位应当按照劳动合同的约定和国家规定向劳动者及时足额支付劳动报酬。用人单位拖欠或未足额支付劳动报酬的，劳动者可以依法向当地人民法院申请支付令，人民法院应当依法发出支付令。用人单位应当严格执行劳动定额标准，不得强迫或变相强迫劳动者加班。劳动者拒绝用人单位管理人员违章指挥、强令冒险作业的，不视为违反劳动合同。劳动者对危害生命安全和身体健康的劳动条件有权对用人单位提出批评、检举和控告。用人单位变更名称、法定代表人、主要负责人或投资人等事项不影响劳动合同的履行。用人单位发生合并或分立等情况，原劳动合同继续有效，劳动合同由承继其权利和义务的用人单位继续履行。

② 用人单位应当依法建立和完善劳动规章制度，保障劳动者享有劳动权利、履行劳动义务，建立劳动规章制度的程序(核心是民主协商与劳资共议)。经职代会或全体职工讨论，提出方案和意见，与工会或职工代表平等协商确定。用人单位应当将直接涉及劳动者切身利益的规章制

度和重大事项决定在单位内公示或告知劳动者。

如果用人单位的规章制度未经公示或未对劳动者告知，该规章制度对劳动者不生效。企业公示或告知劳动者规章制度可以采用张贴通告、员工手册送达、会议精神传达等方式。

（3）劳动规章制度的监督和法律责任

如果规章制度损害劳动者权益的，劳动者可以据此解除劳动合同，用人单位应当向劳动者支付经济补偿；如果该规章制度的实施给劳动者造成了损害的，用人单位应承担赔偿责任。

2. 劳动合同的变更

劳动合同的变更是指在劳动合同开始履行但尚未完全履行之前，因订立劳动合同的主客观条件发生了变化，当事人依照法律规定的条件和程序，对原合同中的某些条款进行修改、补充的法律行为。

① 变更劳动合同必须在劳动合同依法订立之后，在合同没有履行或者没未履行完毕之前的有效时间内进行。

② 变更劳动合同必须坚持平等自愿、协商一致的原则，即劳动合同变更必须经用人单位和劳动者双方当事人的同意。

③ 变更后的劳动合同必须合法，不得违反法律、法规的强制性规定。

④ 变更劳动合同必须采用书面形式。

⑤ 变更后的劳动合同文本应交付劳动。

3. 劳动合同的解除

劳动合同的解除是指当事人双方提前终止劳动合同的法律效力，解除双方的权利义务关系。

（1）双方协商解除劳动合同

用人单位与劳动者协商一致，可以解除劳动合同。

协商解除劳动合同没有规定实体、程序上的限定条件，只要双方达成一致，内容、形式、程序不违反法律禁止性、强制性规定即可。

如果是用人单位提出解除劳动合同的，用人单位应向劳动者支付解除劳动合同的经济补偿金。

（2）劳动者单方解除劳动合同

即具备法律规定的条件时，劳动者享有单方解除权，无须双方协商达成一致意见，也无须征得用人单位的同意。其具体可以分为预告解除和即时解除。

① 预告解除，即劳动者履行预告程序后单方解除劳动合同，可分为两种情形：一是劳动者提前30日以书面形式通知用人单位，可以解除劳动合同；二是劳动者在试用期内提前3日通知用人单位，可以解除劳动合同。

② 即时解除，即可以立即解除且不用事先告知用人单位的情形。用人单位以暴力、威胁或非法限制人身自由的手段强迫劳动者劳动的，或者用人单位违章指挥、强令冒险作业危及劳动者人身安全的，劳动者可以立即解除劳动合同，不需事先告知用人单位。对于劳动者可即时解除劳动合同的情形，劳动者无须支付违约金，用人单位应当支付经济补偿。

（3）用人单位单方解除劳动合同

即具备法律规定的条件时，用人单位享有单方解除权，无须双方协商达成一致意见。其主要包括过错性辞退、非过错性辞退、经济性裁员3种情形。

① 过错性辞退，即在劳动者有过错性情形时，用人单位有权单方解除劳动合同。过错性解除劳动合同在程序上没有严格限制。用人单位无须支付劳动者解除劳动合同的经济补偿金。如

果规定了符合法律规定的违约金条款的，劳动者须支付违约金。适用情形：在试用期间被证明不符合录用条件的；严重违反用人单位的规章制度的；严重失职、营私舞弊、给用人单位造成重大损害的；劳动者同时与其他用人单位建立劳动关系，对完成本单位的工作任务造成严重影响的，或者经用人单位提出，拒不改正的；因劳动者以欺诈、胁迫的手段或乘人之危，使对方在违背真实意思的情况下订立或变更劳动合同致使劳动合同无效的；被依法追究刑事责任的。

② 非过错性辞退，即劳动者本人无过错，但由于主客观原因致使劳动合同无法履行，用人单位在符合法律规定的情形下，履行法律规定的程序后有权单方解除劳动合同。非过错性解除劳动合同在程序上具有严格的限制。具体是指：用人单位应提前30日以书面形式通知劳动者本人或额外支付劳动者1个月工资后，才可以解除劳动合同；用人单位选择额外支付劳动者1个月工资解除劳动合同的，其额外支付的工资应当按照该劳动者上一个月的工资标准确定。用人单位应当支付劳动者经济补偿。

③ 经济性裁员，即用人单位为降低劳动成本、改善经营管理，因经济或技术等原因一次裁减20人以上，或者不足20人，但占企业职工总数10%以上的劳动者。

经济性裁员具有严格的条件和程序限制，用人单位裁员时必须遵守规定。经济性裁员，用人单位应当支付劳动者经济补偿金。适用情形：依照企业破产法规定进行重整的；生产经营发生严重困难的；企业转产、重大技术革新或经营方式调整，经变更劳动合同后，仍需裁减人员的；其他因劳动合同订立时所依据的客观经济情况发生重大变化，致使劳动合同无法履行的。

裁员时应优先留用的人员：与本单位订立较长期限的固定期限劳动合同的；与本单位订立无固定期限劳动合同的；家庭无其他就业人员，有需要扶养的老人或未成年人的。

裁员后重新招录的限制：用人单位依法裁减人员时，在6个月内重新招用人员的，应当通知被裁减的人员，并在同等条件下优先招用被裁减的人员。

经济性裁员的例外：即用人单位有这些情形之一的，不得依据第四十条非过错性辞退和第四十一条经济性裁员的规定单方解除劳动合同——从事接触职业病危害作业的劳动者未进行离岗前职业健康检查，或者疑似职业病病人在诊断或医学观察期间的；在本单位患职业病或因工负伤并被确认丧失或部分丧失劳动能力的；患病或非因工负伤，在规定的医疗期内的；女职工在孕期、产期、哺乳期的；在本单位连续工作满15年，且距法定退休年龄不足5年的；法律、行政法规规定的其他情形。

案例分析

李某是企业员工，并与企业签订劳动合同。在生产中，企业强令要求李某从事一种高危险工作，李某欲辞去该项工作。

请分析：李某可否与企业解决劳动合同？

6.3.8 劳务派遣

1. 劳务派遣的概念

劳务派遣，又称人才派遣、人才租赁、劳动派遣、劳动力租赁，是指由劳务派遣机构与派遣劳工订立劳动合同，由要派企业（实际用工单位）向派遣劳工给付劳务报酬。劳动合同是关于劳务派遣机构与派遣劳工的，而劳动力给付的事实则发生于派遣劳工与要派企业（实际用工单位）之间。

2. 劳务派遣的岗位要求

《劳动合同法》第六十六条规定："劳动合同用工是我国的企业基本用工形式。劳务派遣用工是补充形式，只能在临时性、辅助性或替代性的工作岗位上实施。"此条款规定的临时性工作岗位是指存续时间不超过6个月的岗位；辅助性工作岗位是指为主营业务岗位提供服务的非主营业务岗位；替代性工作岗位是指用工单位的劳动者因脱产学习、休假等原因无法工作的一定期间内，可以由其他劳动者替代工作的岗位。

用工单位应当严格控制劳务派遣用工数量，不得超过其用工总量的一定比例，具体比例由国务院劳动行政部门规定。

3. 劳务派遣的四大原则

劳务派遣公司经营服务有着自身的特点和规律，因此自然有必须遵循的基本原则。劳务派遣公司经营服务四大基本原则如下。

（1）雇员租赁原则

劳务派遣的本质是雇员租赁。派遣一词并不适用于解释劳务派遣经营活动的法律关系和业务特征。租赁一词却能概括劳务派遣所有业务特征，并合理解读劳务派遣复杂的三方法律关系。租赁与雇佣一样更适用于解释劳动力与工作单位之间的法律关系。以生产线承包为特征的劳务外包合作因为不存在租赁关系而并非劳务派遣，也不适宜签订劳务派遣合同。

（2）同工同酬原则

现行法律制度规定劳务派遣用工单位应当实行同工同酬制度，让派遣员工与企业自身的员工享受完全相同的工资和福利待遇。同工同酬可以简单地理解为，相同岗位、相同等级的员工应该执行同等工资待遇标准。如此就容易被异化为用工单位应对同工同酬的一种对策。

（3）拒绝垫付原则

现行法律制度明确了劳务派遣三方法律关系中用工单位应当实际承担派遣员工工资和社保费用。这是劳务派遣公司不垫付原则的法律基础，也就是说派遣公司不用为用工单位垫付派遣员工工资和社保费用。一旦派遣公司不能坚持原则为用工单位垫付上述费用，也就意味着无形中极大地增加了自身的经营风险。

（4）受益归责原则

《侵权责任法》规定："派遣员工因执行工作任务造成他人损害的，由接受劳务派遣的用工单位承担侵权责任；劳务派遣单位有过错的，承担相应的补充责任。""谁用工，谁受益"是常识，"谁受益，谁担责"则是利益义务对等的基本原则。派遣员工一旦出现工伤事故，工伤保险待遇赔偿不足部分则应由真正用工受益方即用工单位负责承担。

知识链接

目前，我国劳务派遣业正处于起步、发展阶段，作为一个新生事物，还没有充分进入政府政策的视野。在缺乏规范的情况下，劳务派遣在运作中暴露出了以下几个方面的问题。

一是经营地位不明确。劳务派遣机构从事的是一种特殊的劳务经济，其经营的业务还没有法律的明确规定，这给劳务派遣企业开展业务造成了很大的影响：企业无法按业务内容进行登记注册；如何核算劳务派遣企业的收入，依据什么税法，没有规定。

二是经营资质没有审批。由于经营地位不明确，还没有专门的部门对其经营资质和经营业务进行审批，可能造成盲目发展的局面。

三是混业经营问题。从调查的情况看,很少有纯粹的劳务派遣组织,大多是以劳务承包或劳务中介为主,兼营劳务派遣。

劳务派遣的优势有:简化管理程序,减少劳动争议,分担风险和责任,降低成本费用,自主灵活用工,规范用工行为。

6.3.9 劳动争议的解决

1. 劳动争议的概念

劳动争议是指劳动关系当事人之间因劳动的权利与义务发生分歧而引起的争议,又称劳动纠纷。

2. 劳动争议的解决办法

(1) 争议调解

这由劳动争议调节委员会主持,这个委员会是企业内部的一个非常设机构,是否经过争议调解,系双方当事人自愿。一般企业都没有这个机构,但是劳动法上有规定。

(2) 劳动仲裁

这是法定的必经程序。法律规定,劳动争议需先经过劳动仲裁,不经仲裁直接起诉的,法院应当依法驳回。

(3) 诉讼

经劳动仲裁裁决的,当事人一方或双方对裁决结果不服的,可以向当地人民法院提起诉讼。

3. 劳动争议的范围

在不同的国家有不同的规定。根据《劳动争议调解仲裁法》第二条的规定,劳动争议的范围如下。

① 因确认劳动关系发生的争议。

② 因订立、履行、变更、解除和终止劳动合同发生的争议。

③ 因除名、辞退和辞职、离职发生的争议。

④ 因工作时间、休息休假、社会保险、福利、培训,以及劳动保护发生的争议。

⑤ 因劳动报酬、工伤医疗费、经济补偿或赔偿金等发生的争议。

⑥ 法律、法规规定的其他劳动争议。

知识拓展

解决劳动纠纷首先要向劳动仲裁机构申请仲裁,这是解决劳动争议的必经程序。未申请劳动仲裁而直接向人民法院提起诉讼的,人民法院不予受理。

思考

企业长期拖欠小李工资,经多次催要无果,现小李要通过法律途径解决拖欠工资问题。

请思考:小李可以选择哪些方式来解决这个问题?

6.3.10 违反劳动合同法的法律责任

1. 用人单位订立劳动合同违法的法律责任

① 用人单位自用工之日起超过1个月不满1年未与劳动者订立书面劳动合同的，应当向劳动者每月支付2倍的工资。

向劳动者支付每月2倍的工资的起算时间自用工之日起满一个月的次日至补订书面劳动合同的前一日。（解释：首月不罚。公式：工期乘2减1）

② 用人单位违反规定不与劳动者订立无固定期限的劳动合同的，自应当订立无固定期限劳动合同之日起向劳动者每月支付2倍的工资。

③ 用人单位违反法律规定扣押劳动者居民身份证等证件的，由劳动行政部门责令限期退还劳动者本人，并依照有关法律规定给予处罚。

④ 用人单位违反规定以担保或其他名义向劳动者收取财物的，由劳动行政部门责令限期退还劳动者本人，并以每人500元以上2 000元以下的标准处以罚款；给劳动者造成损害的，应当承担赔偿责任。

2. 用人单位履行劳动合同违法的法律责任

用人单位有下列情形之一的，由劳动行政部门责令限期支付劳动报酬、加班费或经济补偿金；劳动报酬低于当地最低工资标准的，应当支付其差额部分；逾期不支付的，责令用人单位按应支付金额50%以上100%以下的标准向劳动者加付赔偿金。

① 未按照劳动合同的约定或国家规定及时足额支付劳动者劳动报酬的。

② 低于当地最低工资标准支付劳动者工资的。

③ 安排加班不支付加班费的。

④ 解除或终止劳动合同未按照法律规定向劳动者支付经济补偿的。

3. 用人单位违法解除或终止劳动合同的法律责任

① 用人单位违反《劳动合同法》的规定解除或终止劳动合同的，应当依照《劳动合同法》规定的经济补偿标准的2倍向劳动者支付赔偿金。

② 用人单位违反《劳动合同法》的规定未向劳动者出具解除或终止劳动合同的书面证明，由劳动行政部门责令改正；给劳动者造成损害的，应当承担赔偿责任。

③ 劳动者依法解除或终止劳动合同，用人单位扣押劳动者档案或其他物品的，由劳动行政部门责令限期退还劳动者本人，并以每人500元以上2 000以下的标准处以罚款；给劳动者造成损害的，应当承担赔偿责任。

知识拓展

用人单位招用与其他用人单位尚未解除或终止劳动合同的劳动者，给其他用人单位造成损失的，应当承担连带赔偿责任。

个人承包经营者违反《劳动合同法》规定招用劳动者，给劳动者造成损害的，发包的组织与个人承包经营者承担连带赔偿责任。

4. 劳动者的法律责任

① 劳动者违反劳动合同中约定的保密义务或竞业限制，劳动者应当按照劳动合同的约定向

用人单位支付违约金。给用人单位造成损失的,应承担赔偿责任。

② 劳动者违反培训协议,未满服务期解除或终止劳动合同的,或者因劳动者严重违纪,用人单位与劳动者解除约定服务期的劳动合同的,劳动者应当按照劳动合同的约定向用人单位支付违约金。

6.4 社会保险法

《社会保险法》是中国特色社会主义法律体系中起支架作用的重要法律,是一部着力保障和改善民生的法律。它的颁布实施是我国人力资源社会保障法制建设中的又一个里程碑,对于建立覆盖城乡居民的社会保障体系,更好地维护公民参加社会保险和享受社会保险待遇的合法权益,使公民共享发展成果,促进社会主义和谐社会建设具有十分重要的意义。

6.4.1 社会保险的特点

1. 社会共济

社会保险在全社会范围内统一筹集资金,建立保险基金,实行互助共济,集合多数人的力量来均衡分担少数人遭遇的社会风险。

2. 责任分担

社会风险应由全体社会成员共同承担,个人、用人单位、国家都应承担社会保险责任。

3. 国家干预和主导

社会保险具有强制性,通过立法强制单位和个人参加,政府参与组织社会保险的组织和运作。

6.4.2 社会保险的功能

社会保险的功能如下。

1. 防范风险

个人风险包括人身风险与工作风险。人身风险包括年老、疾病、工伤、生育风险;工作风险包括失业风险。社会保险将个人风险转化为社会风险,让社会为个人风险买单,避免个人遭遇风险时因独木难支而陷于困境甚至绝境,保障其生存尊严。

2. 维稳功能

社会保险是社会稳定的调节器,不仅可以使社会成员产生安全感,还能缓解社会矛盾。

3. 利于实现社会公平

社会保险可以通过强制征收保险费,设立保险基金,对收入较低或失去收入来源的社会成员给予物质帮助,在一定程度上实现社会的公平分配。

4. 利于劳动力的再生产

对于那些暂时退出劳动岗位的社会成员,社会保险可以确保其基本的生活需要,使劳动力的供给和再生产成为可能。

6.4.3 社会保险制度的基本原则

社会保险制度的基本原则如下。

1. 广覆盖

扩大社会保险的覆盖面,使尽可能多的社会成员纳入到社会保险制度中去。

2. 保基本

社会保险以保障公民基本生活和需要为主,这是由我国经济发展水平相对落后所决定的。社会保险待遇应与经济发展水平保持水涨船高的正相关关系。

3. 多层次

除了基本养老保险、基本医疗保险之外,还有补充养老保险、补充医疗保险及补充性的商业保险。

4. 可持续

主要是社保基金收支能够平衡,自身能够良性运作,在人口老龄化来临时基本养老保险制度能够持续,不给财政造成过大的压力,不给企业和个人造成太大的缴费压力。

目前,我国已有规章制度的社会保险包括的险种有企业职工基本养老保险、职工基本医疗保险、工伤保险、失业保险、生育保险,统称为五险。

6.4.4 基本养老保险

基本养老保险是国家根据法律、法规的规定,强制建立和实施的一种社会保险制度。在这一制度下,用人单位和劳动者必须依法缴纳养老保险费,在劳动者达到国家规定的退休年龄或因其他原因而退出劳动岗位后,社会保险经办机构依法向其支付养老金等待遇,从而保障其基本生活。

1. 职工基本养老保险覆盖范围的规定

(1) 企业职工

企业职工是参加基本养老保险的主力,职工基本养老保险由国家、企业和个人共同负担筹集资金,采取社会统筹和个人账户相结合的基本模式。

(2) 灵活就业人员

灵活就业人员是指以非全日制、临时性、季节性、弹性工作等灵活多样的形式实现就业的人员,包括无雇工的个体工商户、非全日制从业人员,以及律师、会计师、自由撰稿人、演员等自由职业者等。灵活就业人员可以自愿参加职工基本养老保险,保险费也由个人全部承担。

(3) 事业单位职工

事业单位有管理类、公益类、经营类等类型,事业单位工作人员实行退休养老制度,费用由国家或单位负担,个人不缴费,养老金标准以本人工资为基数,按照工龄长短计发。目前,事业单位工作人员养老保险制度改革与事业单位分类改革在山西、浙江、广东、上海、重庆地区正在配套推行,现有承担行政职能的事业单位执行公务员的养老保险制度,从事生产经营的事业单位执行企业职工养老保险制度,公益性事业单位实行单独的事业单位养老保险制度,制度模式与企业职工养老保险一样。

(4) 公务员和参照《公务员法》管理的工作人员

目前,我国公务员和参照《公务员法》管理的工作人员实行退休养老,费用由国家负担,个人不缴费,养老金标准以个人工资为基数,按工龄长短计发。

2. 我国基本养老保险的模式

我国实行社会统筹和个人账户相结合的模式。基本养老保险基金和待遇分为两部分:一部分是用人单位缴纳的基本养老保险费进入基本养老统筹基金，用于支付职工退休时社会统筹部分养老金，统筹基金用于均衡用人单位的负担，实行现收现付，体现社会互助共济；另一部分是个人缴纳的基本养老保险费进入个人账户，用于负担退休后个人账户养老金的支付，体现个人责任。

3. 我国基本养老保险的筹资方式

我国基本养老保险基金主要由用人单位和个人缴费组成。此外，国家和统筹地区政府也给予一定的补贴。

4. 享受基本养老保险待遇条件的规定

享受基本养老保险待遇的条件如下。

① 必须达到法定退休年龄。

② 累计最低缴费满 15 年。

知识链接

男职工退休年龄为 60 周岁，女干部为 55 周岁，女工人为 50 岁。

从事井下、高空、高温，特别繁重体力劳动或其他有害身体健康的工作，男年满 55 周岁，女年满 45 周岁，连续工龄满 10 年的。

男年满 50 周岁，女年满 45 周岁，连续工龄满 10 年，经医院证明，并经劳动鉴定委员会确认，完全丧失劳动能力的；因工致残，经医疗证明，并经劳动鉴定委员会确认，完全丧失劳动能力的。

6.4.5 职工基本医疗保险

基本医疗保险是为补偿劳动者因疾病风险造成的经济损失而建立的一项社会保险制度。通过用人单位和个人缴费建立医疗保险基金，参保人员患病就诊发生医疗费用后，由医疗保险经办机构给予一定的经济补偿，以避免或减轻劳动者因患病、治疗等所带来的经济风险。

1. 职工基本医疗保险覆盖范围

城镇所有用人单位及其职工都要参加基本医疗保险，包括企业、机关、事业单位、社会团体、民办非企业单位及其职工。

2. 筹资方式

基本医疗保险费由用人单位和职工双方共同负担，用人单位缴费比例控制在职工工资总额的 6% 左右，职工缴费比例一般为本人工资收入的 2%。

职工个人缴纳的基本医疗保险费全部划入个人账户；用人单位缴纳的基本医疗保险费分为两部分，一部分用于建立统筹基金，另一部分划入个人账户。

3. 灵活就业人员参保

无雇工的个体工商户、未在用人单位参加职工基本医疗保险的非全日制从业人员及其他灵活就业人员根据自愿原则可以参加职工基本医疗保险的，由其个人缴纳基本医疗保险费。

知识拓展

基本医疗保险医疗服务设施是指由定点医疗机构提供的，参保人员在接受诊断、治疗和护理过程中所必需的生活服务设施，主要包括住院床位费或门(急)诊留观床位费。基本医疗保险基金不予支付的生活服务项目和服务设施费用主要包括以下几项。

- 就(转)诊交通费、急救车费。
- 空调费、电视费、电话费、婴儿保温箱费、食品保温箱费。
- 陪护费、护工费、洗理费、门诊煎药费。
- 膳食费。
- 文娱活动费及其他特需生活服务费用。

知识链接

不纳入基本医疗保险基金支付范围的医疗费用如下。

- 应当从工伤保险基金中支付的。
- 应当由第三人负担的。
- 应当由公共卫生负担的。
- 在境外就医的。

知识链接

社会保险各险种的缴费比例

缴费工资的界定：参保人的缴费工资是个人的实际工资额，但缴费上限不高于当地上年度职工的平均工资的3倍，下限不低于当地上年度职工平均工资的60%。

- 职工基本养老保险是缴费工资的18%。其中，单位负担10%，个人负担8%。
- 职工基本医疗保险是缴费工资的2%，由单位负担，个人并不负担。
- 工伤保险是缴费工资的1% ~1.5%，按工作工种的危险程度定缴费比例，由单位负担，个人不负担。
- 职工基本医疗保险是缴费工资的2%，由单位负担，个人并不负担。
- 生育保险是缴费工资的0.5%，由单位负担，个人并不负担。

知识拓展

- 用人单位的缴费基数和缴费比例。关于缴费基数，有的地方以企业工资总额为缴费基数，如辽宁、吉林、河南、浙江等多数省、市；有的地方以全部职工缴费工资之和为基数，如北京、天津、深圳等部分省、市。用人单位缴纳基本养老保险费的比例一般不超过企业工资总额的20%，具体比例由省、自治区、直辖市人民政府确定。
- 职工个人的缴费基数和缴费比例。职工个人按照本人缴费工资的8%缴费，计入个人账户，缴费工资为本人上一年度月平均工资。月平均工资超过当地职工平均工资

300% 以上的部分，不计入个人缴费工资基数；低于当地职工平均工资 60% 的，按 60% 计算缴费工资基数。职工个人缴纳的养老保险费全部计入个人账户，形成个人账户基金，用于退休后个人账户养老金的发放。

- 灵活就业人员的缴费基数和缴费比例。灵活就业人员参加基本养老保险的缴费基数为当地上年度职工月平均工资，缴费比例为 20%。其中，8% 计入个人账户。

思考

张某因重病在国内医院住院，后经朋友介绍，去国外就医。张某因看病所产生的医疗费用应如何界定？

6.4.6 工伤保险

工伤保险是劳动者在工作中或在规定的特殊情况下遭受意外伤害或患职业病导致暂时或永久丧失劳动能力及死亡时，劳动者或其遗属从国家和社会获得物质帮助的一种社会保险制度。

1. 参保范围

① 企业。它包括法人企业和非法人企业，是本法的主要调整对象。

② 有雇工的个体工商户。即雇佣 2～7 名学徒或帮工，在工商行政管理部门登记的自然人。

③ 事业单位、社会团体、基金会和民办非企业单位。

④ 灵活就业人员。由于工伤保险实行雇主责任制，由用人单位单方缴费，个人不缴费，因此未将灵活就业人员纳入工伤保险的覆盖范围。

2. 保险费承担主体

工伤保险实行用人单位单方缴费制度，用人单位为本单位职工缴纳工伤保险费，职工不缴纳工伤保险费，职工在受到工伤事故伤害时由工伤保险基金为其支付相应的工伤保险待遇。

知识拓展

职工因下列情形之一导致本人在工作中伤亡的，不认定为工伤。

- 故意犯罪。
- 醉酒或吸毒。
- 自残或自杀。
- 法律、行政法规规定的其他情形。

3. 工伤保险的支付范围

因工伤发生的下列费用，按照国家规定从工伤保险基金中支付。

① 治疗工伤的医疗费用和康复费用。

② 住院伙食补助费。

③ 到统筹地区以外就医的交通食宿费。

④ 安装配置伤残辅助器具所需费用。

⑤ 生活不能自理的,经劳动能力鉴定委员会确认的生活护理费。

⑥ 一次性伤残补助金和一至四级伤残职工按月领取的伤残津贴。

⑦ 终止或解除劳动合同时,应当享受的一次性医疗补助金。

⑧ 因工死亡的,其遗属领取的丧葬补助金、供养亲属抚恤金和因工死亡补助金。

⑨ 劳动能力鉴定费。

知识拓展

因工伤发生的下列费用,按照国家规定由用人单位支付。

- 治疗工伤期间的工资福利。
- 五级、六级伤残职工按月领取的伤残津贴。
- 终止或解除劳动合同时,应当享受的一次性伤残就业补助金。

案例分析

李某与张某因工作中的纠纷在上班期间发生口角厮打起来。最后张某因受伤住院被鉴定为重伤。

请分析:张某可否认定为工伤?

6.4.7 失业保险

失业保险是指国家通过立法强制实行的,由社会集中建立基金,为因失业而暂时中断生活来源的劳动者提供物质帮助的制度。它是社会保障体系的重要组成部分,是社会保险的主要项目之一。

1. 失业保险的特点

(1) 普遍性

参保单位不分行业、所有制性质,不分城镇职工还是农民工,所有参加失业保险的职工,在解除或终止劳动关系后,只要符合条件都有享受失业保险待遇的权利。

(2) 强制性

失业保险是通过国家立法强制实施的,在失业保险制度覆盖范围内的单位及职工有参加失业保险并缴费的义务。

(3) 互济性

失业保险基金主要面向社会筹集,由单位、个人共同负担,筹集的失业保险资金全部并入失业保险基金,在统筹地区内统一调度使用以发挥互济功能。

2. 失业保险的参保范围

《失业保险条例》将城镇所有企业、事业单位及其职工都纳入了失业保险的范围,并且规定各省级人民政府可以确定社会团体及其专职人员、民办非企业单位及其职工、城镇有雇工的个体工商户及其雇工可否纳入失业保险范围。目前,公务员和参照公务员法管理的工作人员未纳入失业保险范围。

3. 失业保险费负担

城镇企业事业单位按照本单位工资总额的2%缴纳失业保险费,职工按照本人工资的1%缴纳失业保险费。失业保险基金由城镇企业事业单位及其职工缴纳的失业保险费、失业保险基金的利息、财政补贴、依法纳入失业保险基金的其他资金构成。

知识拓展

失业人员的基本医疗保险费由失业保险基金支付，失业人员无须缴纳基本医疗保险费。失业保险基金所支付的基本医疗保险费包括个人应当缴纳的部分和用人单位应当缴纳的部分，统筹地区可以对缴费标准等做出具体规定。

知识链接

失业保险基金是国家通过立法建立的支付失业保险待遇的资金，主要用于保障失业人员基本生活的支出，包括支付失业保险金，支付领取失业保险金期间的医疗补助金，支付领取失业保险金期间死亡的失业人员的丧葬补助金和其供养的配偶、直系亲属的抚恤金等。

失业人员在领取失业保险金期间有下列情形之一的，停止领取失业保险金，并同时停止享受其他失业保险待遇。

- 重新就业的。
- 应征服兵役的。
- 移居境外的。
- 享受基本养老保险待遇的。
- 无正当理由，拒不接受当地人民政府指定部门或机构介绍的适当工作或提供的培训的。

6.4.8 生育保险

生育保险是国家通过立法在怀孕和分娩的妇女劳动者暂时中断劳动时，由国家和社会提供医疗服务、生育津贴和产假的一种社会保险制度。国家或社会对生育的职工给予必要的经济补偿和医疗保健。

1. 生育保险的覆盖范围

目前，我国生育保险实行两种制度并存：一是新中国成立初期延续下来的传统生育保险制度，法律依据是1988年的《女职工劳动保护规定》，覆盖范围包括国家机关、人民团体、企业和事业单位，职工生育后，由所在单位负担职工的生育津贴、报销生育医疗费，生育保险的管理由职工所在单位负责；二是生育保险社会统筹制度，法律依据是《企业职工生育保险试行办法》，覆盖范围包括城镇企业及其职工，参加生育保险社会统筹的用人单位应向当地社保经办机构缴纳生育保险费，职工个人不缴费。实践中，全国有15个省、自治区、直辖市规定将机关、事业单位、社会团体、民办非企业、个体工商户等单位纳入了生育保险覆盖范围。

2. 生育保险费的缴纳

生育保险根据以支定收、收支基本平衡的原则筹集资金，由企业按照其工资总额的一定比例向社保经办机构缴纳生育保险费，建立生育保险基金。生育保险费的提取比例由当地政府根据计划内生育人数和生育津贴、生育医疗费等项费用确定，并可根据费用支出情况适时调整，但最高不得超过工资总额的1%。企业缴纳的生育保险费作为期间费用处理，列入企业管理费用。

生育医疗费用包括以下各项。

① 生育的医疗费用。
② 计划生育的医疗费用。
③ 法律、法规规定的其他项目费用。

知识链接

女职工在妊娠期、分娩期、产褥期内,因生育所发生的检查费、接生费、手术费、住院费、药费等医疗费用,以及生育出院后因生育引起疾病的医疗费,均由生育保险基金支付。在生育期间超出规定的医疗服务费和药费(含自费药品和营养药品的药费)由职工个人负担。

知识拓展

现法定正常产假为90天。其中,产前假期15天,产后假期75天。难产的,增加产假15天。如果系多胞胎生育,每多生育一个婴儿增加产假15天。流产产假以4个月划界。其中,不满4个月流产的,根据医务部门的证明给予15~30天的产假;满4个月以上流产的,产假为42天。很多地区还采取了对晚婚、晚育职工给予奖励政策,假期延长到180天。

职工有下列情形之一的,可以按照国家规定享受生育津贴。

- 女职工生育享受产假。
- 享受计划生育手术休假。
- 法律、法规规定的其他情形。

生育津贴按照职工所在用人单位上年度职工月平均工资计发。

6.4.9 社会保障基金的财务规则

1. 分别建账、分账核算

各项社会保险在保险目的、覆盖人群、筹资模式、运行模式、支付项目等方面不尽相同,应彼此保持相对独立性,分别建立账户,分别设置会计科目和编制会计报表,原则上不允许各社会保障基金之间调剂使用。

2. 执行统一的会计制度

社会保障基金关系到巨额资金,必须规范财务行为、执行统一的会计制度、规范基金收支行为,才能使社会保障基金的运行情况让人一目了然,更好地接受监督和检查,也能切实加强对社会保障基金的管理,维护参保人的合法权益。

3. 专款专用

社保经办机构、社保行政主管部门乃至各级人民政府及其工作人员,都不得违反社会保障基金专款专用的基本原则。社会保障基金主要用于社会保险待遇支出,除了有关国家规定的支持项目外一律不得支出。社会保障基金除了依照法律法规规定做一定的投资运行外,不得挪作他用,更不得侵占。

知识链接

全国社会保障基金的性质、资金来源和主要用途

- 全国社会保障基金定位于完善社会保障体系的战略储备性资金,主要用于应对老龄化高峰时期的社会保障缺口,用于社会保障支出的补充调剂,不用于解决社会保险一般收支平衡问题,也不是专门用于弥补社会保障基金支付缺口。
- 全国社会保障基金的资金来源主要是中央财政预算拨款和国务院批准的其他筹资方式。目前,国务院批准的其他筹资方式有彩票公益金、国有股减持或转持划入资金或股权资产。

6.4.10 社会保险行政部门对社会保障基金实行监督的规定

具体监督的内容如下。

(1) 对社会保障基金的收入情况进行监督

主要是监督社会保险费征收机构征收的保险费是否及时足额存入基金收入户,有无不入账,搞体外循环或被挤占挪用的情况,收入户资金是否按规定及时足额转入财政专户等。

(2) 对基金支出情况进行监督

主要是监督社保经办机构是否按规定的项目、范围和标准支出基金,有无多支、少支或不支,有无挪用支出户基金,以及有无骗取社会保险待遇行为等。

(3) 对社会保障基金管理情况进行监督

主要是监督有无挤占挪用、动用基金的行为,是否按规定及时足额拨入支出户等。

(4) 对社会保障基金投资运营情况进行监督

主要是监督社会保障基金除按规定预留必要的支付费用外是否全部存入银行和购买国债,是否合理安排存期以追求收益最大化等。

知识拓展

社会保险行政部门对监督检查过程中发现被监督单位存在问题并需要改进的,应当提出整改建议,对属于其职权范围的,依法做出处理决定;不属于其职权范围的,向被监督单位的行政主管部门等有关行政部门提出处理建议。社会保险行政部门应当将社会保障基金检查结果定期向社会公布,保障公众的知情权,接受公众的监督。

6.4.11 违反社会保险法的法律责任

1. 用人单位的法律责任

社会保险登记是社会保险费征缴的前提,是整个社会保险制度得以建立的基础。用人单位不办理社会保险登记,职工无从参保,社会保险行政部门也无法进行监督。

根据用人单位不办理社会保险登记违法行为情节的轻重,其应当承担以下法律责任。

(1) 责令限期改正

责令改正不属于行政处罚,是一种补救性的行政责任,是对违法者消除违法状态、恢复合法状态的要求。

(2) 罚款

经由社会保险行政部门责令限期改正、用人单位仍不办理社保登记的,由社会保险行政部门对用人单位处以应缴社会保险费数额1倍以上3倍以下的罚款,对其直接负责的主管人员和其他责任人员处500元以上3 000元以下的罚款。

知识拓展

不办理社会保险登记的情况有以下3种。

- 用人单位成立后不办理社会保险登记。用人单位应当自成立之日起30日内申办社会保险登记,否则即属于违法。
- 用人单位不及时变更或注销登记。用人单位应自社保登记事项发生变更或用人单位依法终止之日起30日内办理变更或注销社会保险登记,否则亦属违法。
- 用人单位自用工之日起30日内不为职工办理社会保险登记。用人单位应自用工之日起30日内为其职工向社保经办机构申办社会保险登记,否则即属违法。

2. 骗取社会保障基金支出法律责任

骗保的情形相应的法律责任具体包括以下几项。

(1) 责令退回骗取的社会保险金,并处罚款

社会保险行政部门发现社保经办机构及医疗机构、药品经营单位等社会保险服务机构骗取社会保障基金支出的,应当责令退回骗取的社会保险金,同时应处骗取金额2倍以上5倍以下的罚款。《劳动保障监察条例》、《工伤保险条例》、《失业保险条例》对骗取社会保障基金的法律责任均有规定,但罚款数额为骗取金额1倍以上3倍以下,本法实施之后,前述条例关于罚款幅度的规定即告失效。

(2) 解除服务协议

社保经办机构根据管理服务的需要可以与医疗机构、药品经营单位签订服务协议规范医疗服务行为。对于骗取社会保障基金的医疗机构、药品经营单位,除了责令退回骗取的社会保险金,并处罚款外,还应当由社保经办机构与其解除服务协议。

(3) 吊销执业资格

吊销执业资格是一种资格罚,即剥夺行政相对人的行为能力,行政相对人被吊销执业资格后就不能从事某种特定行为。对于参与骗保的,直接负责的主管人员和其他直接责任人员是医师的,应当吊销其执业资格,由卫生行政部门吊销。

知识链接

实践中,欺诈、伪造证明材料或其他手段较多。以骗取医疗保险待遇为例,现介绍如下。

- 允许非参保人以参保人名义就医的。
- 允许使用医疗保险基金支付应当由参保人自付、自费的医疗费用。
- 允许使用医疗保险个人账户基金购买保健品、化妆品及其他用品的。
- 提供虚假疾病诊断证明、病历、处方和医疗费票据等资料的。
- 向参保人提供不必要的医疗服务和过度医疗服务的。
- 转借医疗保险POS机(服务终端)给非定点单位使用或代非定点单位使用医疗保险个人账户基金进行结算等情况。

练习题

一、填空题

1. 社会保障是指国家通过立法，积极动员社会各方面资源，保证无收入、低收入，以及遭受各种意外灾害的公民能够维持生存，保障劳动者在__________、__________、__________、__________、__________的基本生活不受影响，同时根据经济和社会发展状况，逐步增进公共福利水平，提高国民生活质量。

2. 社会福利法律制度具体规定对不同的社会成员在分享社会发展成果方面获得的经济帮助，即建立老年福利、__________、残疾人福利、__________、城镇居民福利津贴等项制度和设立文化、教育、卫生、保健等社会公益设施。

3.《中华人民共和国劳动合同法》于2007年6月29日第十届全国人民代表大会常务委员会第28次会议通过，自______________起施行。

4. 劳动合同履行是指当事人双方按照劳动合同规定的条件履行自己所应承担义务的行为。履行劳动合同的原则包括亲自履行原则；__________；全面履行原则；__________。

5. 经济性裁员是指用人单位为降低劳动成本，改善经营管理，因经济或技术等原因一次裁减__________人以上，或者不足20人但占企业职工总数__________以上的劳动者。

二、单项选择题

1. 属于劳动法调整对象的劳动者是(　　)。

A. 现役军人　B. 家庭保姆　C. 国家公务员　D. 企业员工

2.《劳动法》第二十六条规定用人单位可以解除劳动合同情形，但是应当提前(　　)日以书面形式通知劳动者本人(即非过失性辞退情况)。

A. 15　B. 20　C. 30　D. 60

3. 用人单位以担保其他名义向劳动者收取财物的，由劳动行政部门责令限期退还劳动者本人，并以每人(　　)元以上(　　)元以下的标准对用人单位处以罚款；给劳动者造成损害的，应当承担赔偿责任。

A. 500　1 000　B. 500　2 000　C. 1 000　2 000　D. 1 000　3 000

4. 签订劳动合同既可不约定试用期，也可约定试用期，且约定的试用期最长不得超过(　　)个月。

A. 1　B. 3　C. 6　D. 9

5. 基本医疗保险费由用人单位和职工双方共同负担，用人单位缴费比例控制在职工工资总额的(　　)左右，职工缴费比例一般为本人工资收入的(　　)。

A. 2%　6%　B. 3%　5%　C. 6%　2%　D. 3%　6%

三、多项选择题

1. 劳动法调整的争议与民法中的民事争议不同，不适用《劳动法》的争议是(　　　　)。

A. 张某雇佣韩某照顾自己年迈患病的父亲，张某与韩某就报酬发生争议

B. 某大学毕业生到某单位实习期内的报酬争议

C. 某企业工会主席与该企业就年休假问题发生争议

D. 某股份有限公司的股东与该公司就年终分红问题发生争议

2. 社会关系中属于劳动法调整的对象的是(　　　　)。
   A. 劳动者小张与劳动者小李发生借款关系
   B. 某公司与其职工因补发津贴问题而发生的关系
   C. 某公司向职工进行集资而发生的关系
   D. 某劳动者被个体餐馆录用为服务员产生的关系

3. 我国劳动法具有自己特定的调整对象,属于劳动法的调整对象的是(　　　　)。
   A. 个体工商户与其家庭成员共同劳动所形成的共同劳动关系
   B. 企业与劳动者因劳动争议发生的关系
   C. 某知名作家将其书稿交付出版社而形成的出版关系
   D. 企业向劳动者支付劳动报酬的关系

四、判断题

1. 我国《宪法》第四十五条规定:“中华人民共和国公民在年老、疾病或丧失劳动能力的情况下,有从国家和社会获得物质帮助的权利。” (　)

2. 劳动合同主体具有特定性,作为劳动者,即具有劳动权利能力和劳动行为能力的中国公民。 (　)

3. 用人单位在招用劳动者时,可以要求劳动者适当提供押金。 (　)

4. 劳务派遣用工是补充形式,只能在临时性、辅助性或替代性的工作岗位上实施。 (　)

5. 解决劳动纠纷首先要向劳动仲裁机构申请仲裁,这是解决劳动争议的必经程序。未申请劳动仲裁而直接向人民法院提起诉讼的,人民法院不予受理。 (　)

五、简答题

1. 简述工伤保险参保范围。

2. 简述社会保险制度的基本原则。

实战演练

假设你在单位人事劳资部门工作,现企业要向社会招聘一批员工。结合本章所学内容组织一次员工招聘会,在招聘会上向咨询人员解答社会保险相关问题,并与录用员工签订劳动合同。

第7章 经济纠纷解决的法律制度

知识导读

产生经济纠纷的原因很多，既有主观原因，也有客观原因。结合我国经济活动的情况，产生经济纠纷主要有以下几种原因。

1. 进行经济活动的依据不规范。市场主体在进行经济活动时，其依据不规范是引起经济纠纷的主要原因。君子合同随处可见，导致经济合同履行过程无章可循，从而产生纠纷。

2. 在进行经济活动中，不严守规则，有些经济法律关系主体不严格依法办事，根据自己的利益故意不履行合同或订立假合同，因而产生纠纷。

3. 有关部门的行政干预导致经济纠纷。

学习目标

重点：仲裁适用范围。
诉讼管理与时效。
行政复议受理机关。

难点：诉讼时效中止、中断。
民事审判制度。

引导案例

清晨上班不久，小冯大学的舍友小韩惊慌失措地跑来找小冯。原来是小韩自己大学毕业后自主创业开办了一家电脑公司。公司开办初期注册资金不够于是向一家小额贷款公司贷了一笔款项，现在由于还款利息与当初有所出入和对方发生了经济纠纷。小韩初涉职场，也没有什么经验和相关常识，不知道如何应对，这才急急忙忙跑来找小冯问询。小冯经过涉外企业工作这一段时间的洗礼和磨砺，关于经济纠纷解决的法律制度也相对比较熟悉，于是向小韩做了耐心的解释。

7.1 经济纠纷概述

7.1.1 经济纠纷的概念

经济纠纷，又称经济争议，是指平等主体之间发生的以经济权利义务为内容的社会纠纷。经济纠纷有两大类：一类是经济合同纠纷，如买卖合同纠纷、借款合同纠纷、承揽合同纠纷、建设工程合同纠纷、技术合同纠纷等；另一类是经济侵权纠纷，如知识产权（专利权、商标权）侵权纠纷、所有权侵权纠纷、经营权侵权纠纷等。在市场经济中，合同是平等的市场主体间确立交易关系，共同实施交易行为,追求和实现经济目的的法定和普遍的形式。因此,合同纠纷是经济纠纷的主要部分。

7.1.2 经济纠纷的解决途径

在市场经济条件下,市场经济主体为实现各自的经济目标必然要进行各种经济活动。由于各自的经济权益相互独立,加之客观情况经常变化,因而不可避免地会发生各种各样的权益争议产生经济纠纷,如合同纠纷、纳税人与税务机关就纳税事务发生争议等。为了保护当事人的合法权益,维持社会经济秩序必须利用有效手段及时处理、解决这些纠纷。

在我国,解决经济纠纷的途径和方式主要有仲裁、民事诉讼、行政复议和行政诉讼。

仲裁与民事诉讼都是用于横向关系经济纠纷的解决方式。作为平等民事主体的当事人之间发生的经济纠纷,只能在仲裁或民事诉讼两种方式中选择一种解决争议。有效的仲裁协议可排除法院的管辖权,只有在没有仲裁协议或仲裁协议无效当事人放弃仲裁协议的情况下,法院才可以行使管辖权。

当公民、法人或其他组织认为行政机关的具体行政行为侵犯其合法权益时,可以采取申请行政复议或提起行政诉讼的方式解决。行政复议与行政诉讼方式都是针对纵向关系经济纠纷的解决方式,都由行政管理相对人一方提出申请。选择哪种方式则与纠纷性质有关。根据法律的不同规定,有的可以直接向法院起诉,或者先复议,对复议决定不服时再起诉;有的则只能先申请复议,对复议决定不服的才能提起行政诉讼;还有的则只能通过行政复议的方式解决,由行政机关对纠纷做出最终裁决。

思考

王某因个人权益与企业发生了争议。想一想,在争议解决方式中,适用于平等民事主体当事人之间发生的经济纠纷采用什么解决途径?

案例分析

李某在县里开办了一家加工饲料的企业,在联合检查时,被县工商局吊销了营业执照。李某认为县工商局处罚不合理。

请分析:李某可以通过何种方式维护自己的权益?

7.2 仲 裁

7.2.1 仲裁的概念

所谓仲,是居中、居间的意思;所谓裁,是剪、割和决断的意思。所谓仲裁,就是当事人双方发生民商事纠纷后,根据其事先或事后的协议约定将纠纷交由双方认可的、公正的第三方予以裁断,并由国家强制力保障执行的一种民商事纠纷解决机制,是在法院诉讼之外通过非官方途径解决民商事纠纷的重要方式。

7.2.2 仲裁的特征

作为一种解决财产权益纠纷的民间性裁判制度，仲裁既不同于解决同类争议的司法、行政途径，也不同于人民调解委员会的调解和当事人的自行和解。其具有以下特点。

1. 自愿性

当事人的自愿性是仲裁最突出的特点。仲裁以双方当事人的自愿为前提，即是否将发生在双方当事人之间的纠纷提交仲裁，交予哪个仲裁机构仲裁，仲裁庭如何组成，由谁组成，以及仲裁的审理方式、开庭形式等都是在当事人自愿的基础上由双方当事人协商确定的。因此，仲裁是最能充分体现当事人意思自治原则的争议解决方式。

2. 专业性

民商事纠纷往往涉及特殊的知识领域，会遇到许多复杂的法律、经济贸易和有关的技术性问题，故专家裁判更能体现专业权威性。因此，由具有一定专业水平和能力的专家担任仲裁员对当事人之间的纠纷进行裁决，是仲裁公正性的重要保障。根据我国仲裁法的规定，仲裁机构都备有分专业的、由专家组成的仲裁员名册以供当事人进行选择，专家仲裁由此成为民商事仲裁的重要特点。

3. 灵活性

由于仲裁充分体现当事人的意思自治，仲裁中的诸多具体程序可以由双方当事人协商确定与选择，因此与诉讼相比，仲裁程序更加灵活，更具有弹性。

4. 保密性

仲裁以不公开审理为原则，这是世界性的通行做法。我国有关的仲裁法律和仲裁规则在明确规定仲裁不公开进行的同时，还明确规定了仲裁员及仲裁秘书人员的保密义务。因此，当事人的商业秘密和贸易活动不会因仲裁活动而泄露，仲裁由此表现出极强的保密性。

5. 快捷性

仲裁实行一裁终局制，仲裁裁决一经仲裁庭做出即发生法律效力。这使得当事人之间的纠纷能够迅速得以解决。

6. 经济性

仲裁的经济性主要表现在：时间上的快捷性使得仲裁所需费用相对减少；仲裁无须多审多级收费，使得仲裁费往往低于诉讼费；仲裁的自愿性、保密性使当事人之间通常没有激烈的对抗，且商业秘密不必公之于世，对双方当事人之间今后的商业机会影响较小。

7. 独立性

仲裁机构独立于行政机构和其他机构，仲裁机构之间也无隶属关系。在仲裁过程中，仲裁庭独立进行仲裁，不受任何行政机关、社会团体和个人的干涉，也不受仲裁机构的干涉，显示出极大的独立性。

7.2.3 仲裁的适用范围

仲裁的适用范围是指哪些纠纷可以通过仲裁来解决，哪些纠纷不能通过仲裁来解决，这就是通常所讲的争议的可仲裁性。

《仲裁法》第二条规定："平等主体的公民、法人和其他组织之间发生的合同纠纷和其他财产权益纠纷，可以仲裁。"这里明确了 3 条原则：一是发生纠纷的双方当事人必须是民事主体，包括国内外法人、自然人和其他合法的具有独立主体资格的组织;二是仲裁的争议事项应当是当事人有权处分的;三是仲裁范围必须是合同纠纷和其他财产权益纠纷。

合同纠纷是在经济活动中双方当事人因订立或履行各类经济合同而产生的纠纷,包括国内、国外平等主体的自然人、法人,以及其他组织之间的国内各类经济合同纠纷、知识产权纠纷、房地产合同纠纷、期货和证券交易纠纷、保险合同纠纷、借贷合同纠纷、票据纠纷、抵押合同纠纷、运输合同纠纷和海商纠纷等,还包括涉外的、涉及香港、澳门和台湾地区的经济纠纷,以及涉及国际贸易、国际代理、国际投资、国际技术合作等方面的纠纷。

其他财产权益纠纷主要是指由侵权行为引发的纠纷。产品质量责任和知识产权领域的侵权行为见之较多。

根据《仲裁法》的规定,以下两类纠纷不能仲裁。

① 婚姻、收养、监护、扶养、继承纠纷不能仲裁,这类纠纷虽然属于民事纠纷,也不同程度涉及财产权益争议,但这类纠纷往往涉及当事人本人不能自由处分的身份关系,需要法院做出判决或由政府机关做出决定,不属仲裁机构的管辖范围。

② 行政争议不能裁决。行政争议,也称行政纠纷,是指国家行政机关之间,或者国家行政机关与企事业单位、社会团体及公民之间,由于行政管理而引起的争议。外国法律规定这类纠纷应当依法通过行政复议或行政诉讼解决。

《仲裁法》还规定:劳动争议和农业集体经济组织的内部的农业承包合同纠纷的仲裁,由国家另行规定,也就是说解决这类纠纷不适用仲裁法。这是因为,劳动争议和农业集体经济组织内部的农业承包合同纠纷虽然可以仲裁,但它不同于一般的民事经济纠纷,因此只能另做规定予以调整。

思考

在农村土地承包合同纠纷、货物买卖合同纠纷、遗产继承纠纷和劳动争议纠纷这几项纠纷中具体可以适用《仲裁法》解决的是什么?并分析原因。

知识链接

关于劳动争议的劳动合同纠纷只能适用《劳动仲裁法》向劳动仲裁委员会申请劳动仲裁。

7.2.4　仲裁的基本原则

1. 自愿原则

这是仲裁制度的一个基本原则,主要体现在以下几个方面。

① 采用仲裁方式解决纠纷,必须双方自愿,并达成书面仲裁协议。没有仲裁协议、一方申请仲裁的,仲裁委员会不予受理。

② 当事人双方有权自愿选择仲裁机构。《仲裁法》第六条规定:“仲裁委员会应当由当事人协议选定。仲裁不实行级别管辖和地域管辖。”向哪个仲裁委员会申请仲裁,由当事人协商选定,被选定的仲裁委员会必须仲裁。

③ 当事人有权选择仲裁员。根据《仲裁法》的规定，仲裁员由当事人自愿选任。

④ 当事人有权约定仲裁程序中依法可约定的事项。仲裁法规定了许多当事人可以自由约定的事项，如当事人可约定仲裁庭的组成方式，可约定是否开庭仲裁、是否公开仲裁、是否进行调解。

2. 仲裁独立原则

《仲裁法》第八条规定："仲裁依法独立进行，不受行政机关、社会团体和个人的干涉。"这是法律赋予仲裁机构和仲裁员的权力，也体现出仲裁机构的独立性职能。仲裁的独立性表现在仲裁机构不隶属于任何行政机关；仲裁庭享有独立的仲裁权，仲裁委员会不做干预；法院对仲裁的监督只是事后监督，不能事前干预。

3. 根据事实，符合法律规定，公平合理解决经济纠纷原则

根据事实就是在仲裁审理过程中要全面、客观、深入地查清与案件有关的事实情况，包括纠纷发生的原因、发生的过程、现状及各方的争议所在，通过查明事实，分清是非曲直，为适用法律打下良好基础。符合法律规定就是仲裁庭在查清事实的基础上根据法律的有关规定确认当事人的权利和义务，确定承担责任的方式及赔偿数额的大小。不能撇开法律，随心所欲，仲裁庭处理纠纷应当公平、公正、不偏不倚。仲裁员不同于律师，它不代表任何一方当事人的利益。无论仲裁员是哪一方选定的，他都应当公平地对待双方当事人，公正地处理纠纷。另外，公平合理还意味着，对争议的处理法律未做明确规定的，仲裁庭可以参照经济贸易活动中为人们所普遍接受的做法，即国际贸易惯例或行业惯例进行裁断。

案例分析

甲、乙两公司因合同纠纷向某市仲裁委员会申请仲裁。仲裁庭做出裁决后，甲公司不服拟再次申请仲裁或向法院起诉。

请分析：甲公司是否可以再次申请仲裁或向人民法院起诉？

7.2.5　仲裁机构

仲裁机构主要是指仲裁委员会。仲裁委员会是有权对当事人提交的经济纠纷进行审理和裁决的机构。仲裁委员会可以在直辖市和省、自治区人民政府所在地的市设立，也可以根据需要在其他设区的市设立，不按行政区划层层设立。仲裁委员会独立于行政机关，与行政机关没有隶属关系。仲裁委员会之间也没有隶属关系。

仲裁委员会由主任 1 人、副主任 2 ~ 4 人和委员 7 ~ 11 人组成。仲裁委员会的主任、副主任和委员由法律、经济贸易专家和有实际工作经验的人员担任。仲裁委员会的组成人员中，法律、经济贸易专家不得少于 2/3。仲裁委员会从公道、正派，且符合一定专业条件的人员中聘任仲裁员。

案例分析

根据《仲裁法》的规定，分析仲裁委员会是司法机关、仲裁委员会不按行政区划设立、仲裁委员会独立于行政机关和仲裁委员会之间没有隶属关系这几项描述中表达正确的是什么，并说明理由。

7.2.6 仲裁协议

1. 仲裁协议的概念

所谓仲裁协议,是指双方当事人在自愿、协商、平等互利的基础之上将他们之间已经发生或可能发生的争议提交仲裁解决的书面文件,是申请仲裁的必备材料。

2. 仲裁协议的内容

一份完整、有效的仲裁协议必须具备法定的内容。根据我国《仲裁法》第十六条的规定,仲裁协议应当包括以下内容。

① 仲裁协议中当事人请求仲裁的意思表达要明确。请求仲裁的意思表示不明确的,仲裁协议无法判断当事人的真实意思,仲裁机构也无法受理当事人的仲裁申请。申请仲裁的意思表示明确,最主要是要求通过该意思表示可以得出当事人排除司法管辖而选择仲裁解决争议的结论。

② 请求仲裁的意思表达必须是双方当事人共同的意思表示,而不是一方当事人的意思表示。不能证明是双方当事人的意思表示的仲裁协议是无效的。

③ 请求仲裁的意思表达必须是双方当事人的真实意思表示,即不存在当事人被胁迫、欺诈等而订立仲裁协议的情况,否则仲裁协议无效。

④ 请求仲裁的意思表达必须是双方当事人自己的意思表示,而不是任何其他人的意思表示。例如,上级主管部门不能代替当事人订立仲裁协议。

3. 仲裁协议的效力

仲裁协议的法律效力,即仲裁协议所具有的法律约束力。一项有效的仲裁协议的法律效力包括对双方当事人的约束力、对法院的约束力和对仲裁机构的约束力。

(1) 对双方当事人的法律效力

仲裁协议对当事人的法律效力表现在:约束双方当事人对纠纷解决方式的选择权。仲裁协议一经有效成立,即对双方当事人产生法律效力,双方当事人都受到他们所签订的仲裁协议的约束。发生纠纷后,当事人只能通过向仲裁协议中所确定的仲裁机构申请仲裁的方式解决该纠纷,而丧失了就该纠纷向法院提起诉讼的权利。如果一方当事人违背仲裁协议,就仲裁协议规定范围内的争议事项向法院起诉,另一方当事人有权在首次开庭前依据仲裁协议要求法院停止诉讼程序,法院也应当驳回当事人的起诉。

(2) 对法院的法律效力

仲裁协议对法院的法律效力表现在:仲裁协议排除法院的司法管辖权。有效的仲裁协议可以排除法院对订立于仲裁协议中的争议事项的司法管辖权,这是仲裁协议法律效力的重要体现,也是各国仲裁普遍适用的准则。我国《仲裁法》明确规定,当事人达成仲裁协议,一方向人民法院起诉的,人民法院不予受理,但仲裁协议无效的除外。当事人达成仲裁协议,一方向人民法院起诉未声明有仲裁协议的,人民法院受理后,另一方在首次开庭前提交仲裁协议的,人民法院应当驳回起诉,但仲裁协议无效的除外。当然如果另一方在首次开庭前未对人民法院受理该案提出异议的,视为放弃仲裁协议,人民法院应当继续审理。当事人在首次开庭前未对人民法院受理该案提出异议的,推定当事人默认司法管辖。

(3) 对仲裁机构的法律效力

仲裁协议对仲裁机构的法律效力表现在:授予仲裁机构仲裁管辖权并限定仲裁的范围。仲裁协议是仲裁委员会受理仲裁案件的基础,是仲裁庭审理和裁决仲裁案件的依据。没有仲裁协议就没有仲裁机构对仲裁案件的仲裁管辖权。根据我国《仲裁法》第四条的规定,没有仲裁协议，一方申请仲裁的，仲裁委员会不予受理。同时，仲裁机构的管辖权又受到仲裁协议的严格限制，即仲裁庭只能对当事人在仲裁协议中约定的争议事项进行仲裁，而对仲裁协议约定范围以外的其他争议无权仲裁。

4. 仲裁协议无效的法定情形

仲裁协议是双方当事人意思表示一致的合意行为，法律在赋予其一定的约束力的同时也往往明确规定达到具有这一约束力的强制性条件和规范。当仲裁协议违反了该条件和规范时，该仲裁协议无效。根据我国《仲裁法》的规定，仲裁协议在以下情形下无效。

（1）以口头方式订立的仲裁协议

我国《仲裁法》第十六条规定了仲裁协议的形式要件，即仲裁协议必须以书面方式订立。因此，以口头方式订立的仲裁协议不受法律的保护。

（2）约定的仲裁事项超出法律规定的仲裁范围

根据我国《仲裁法》第二条和第三条的规定，平等主体之间的合同纠纷和其他财产权益纠纷可以仲裁，而婚姻、收养、监护、扶养、继承纠纷，以及依法应当由行政机关处理的行政争议不能仲裁。

（3）无民事行为能力人或限制民事行为能力人订立的仲裁协议

为了维护民商事关系的稳定性及保护未成年人和其他无行为能力人、限制行为能力人的合法权益，法律要求签订仲裁协议的当事人必须具备完全的行为能力，否则，仲裁协议无效。

（4）一方采取胁迫手段迫使对方订立仲裁协议的

自愿原则是仲裁制度的根本原则，贯穿于仲裁程序的始终。仲裁协议的订立也必须是双方当事人在平等协商基础上的真实意思表示。以胁迫的手段与对方当事人订立仲裁协议违反了自愿原则，所订立的仲裁协议不是双方当事人的真实意愿，不符合仲裁协议成立的有效要件。

（5）仲裁协议对仲裁事项没有约定或约定不明确，或者仲裁协议对仲裁委员会没有约定或约定不明确，当事人对此又达不成补充协议的

仲裁协议中要明确规定仲裁事项和选定的仲裁委员会，这是仲裁法对仲裁协议的基本要求。如果仲裁协议中没有对此进行约定或约定不明确，该仲裁协议则具有瑕疵。对于有瑕疵的仲裁协议，法律规定可以补救的，即双方当事人可以达成补充协议。如果未能达成补充协议，仲裁协议即为无效。

案例分析

甲、乙公司因租赁合同发生纠纷，甲向某仲裁委员会申请仲裁，乙向法院提起诉讼。据了解，双方没有签订仲裁协议。

请分析：甲、乙公司解决纠纷的途径是什么？仲裁委员会和法院对甲、乙的请求各会做出什么样的处理？

7.2.7　仲裁裁决

仲裁裁决是指仲裁庭对当事人之间所争议的事项做出的裁决。

仲裁实行一裁终局制度，裁决自做出之日起发生法律效力。任何一方当事人不履行仲裁裁决的，另一方当事人可以向人民法院申请强制执行，受申请的人民法院应当执行。仲裁裁决的方式如下。

1. 先行裁决

先行裁决是指在仲裁程序进行过程中，仲裁庭就已经查清的部分事实所做出的裁决。《仲裁法》第五十五条规定："仲裁庭仲裁纠纷时，其中一部分事实已经清楚，可以就该部分先行裁决。"

2. 最终裁决

最终裁决，即通常意义上的仲裁裁决，是指仲裁庭在查明事实、分清责任的基础上就当事人申请仲裁的全部争议事项做出的终局性判定。

3. 缺席裁决

缺席裁决是指仲裁庭在被申请人无正当理由不到庭或未经许可中途退庭情况下做出的裁决。《仲裁法》第四十二条第二款规定："被申请人经过书面通知，无正当理由不到庭或未经仲裁庭许可中途退庭的，可以缺席裁决。"

4. 合意裁决

合意裁决即仲裁庭根据上访当事人达成协议的内容做出的仲裁裁决。它既包括根据当事人自行和解达成的协议而做出的仲裁裁决，也包括根据经仲裁庭调解双方达成的协议而做出的仲裁裁决。

仲裁裁决是由仲裁庭做出的。独任仲裁员做出仲裁裁决，合议仲裁庭做出进行的审理，则由3名仲裁员集体做出仲裁裁决。根据《仲裁法》的规定，由合议仲裁庭做出仲裁裁决时，根据不同的情况，采取以下不同的方式。

① 按多数仲裁员的意见做出仲裁裁决。按多数仲裁员的意见做出仲裁裁决是裁决的一项基本原则，即少数服从多数的原则，也是仲裁时间通常适用的方式。根据我国《仲裁法》第五十三条的规定，裁决应当按照多数仲裁员的意见做出，少数仲裁员的不同意见可以记入笔录。所谓多数仲裁员的意见，是指仲裁庭的3名仲裁员中至少有两名仲裁员的意见一致，如果3名仲裁员各执己见，无法形成多数意见时，即无法以此种方式做出仲裁裁决。

② 按首席仲裁员的意见做出仲裁裁决。按首席仲裁员的意见做出仲裁裁决是在仲裁庭无法形成多数意见的情况下所采用的做出仲裁裁决的方式。根据《仲裁法》第五十三条的规定，仲裁庭不能形成多数意见时，裁决应当按照首席仲裁员的意见做出。

仲裁员必须回避的情形：本案当事人或当事人的近亲属；与本案有利害关系；与本案当事人、代理人有其他关系，可能影响公正仲裁的；私自会见当事人、代理人，或者接受当事人、代理人请客送礼的，当事人也有权对仲裁员的上述情况提供回避申请。

案例分析

甲、乙因合同纠纷达成仲裁协议，甲选定A仲裁员，乙选定B仲裁员，另由仲裁委员会主任指定一名首席仲裁员，3人组成仲裁庭。仲裁庭在做出裁决时产生了两种不同的意见。

请分析：根据《仲裁法》的规定，仲裁庭应当采取的正确做法是什么？

7.3　民事诉讼

7.3.1　民事诉讼的概念

诉讼是指公民之间、法人之间、其他组织之间，以及他们相互之间因财产关系和人身关系提起的诉讼。民事诉讼是指人民法院、当事人和其他诉讼参与人在审理民事案件的过程中所进行的各种诉讼活动,以及由这些活动所产生的各种关系的总和。

7.3.2　民事诉讼的适用范围

当事人之间因财产关系和人身关系发生纠纷可以提起民事诉讼。适用于《民事诉讼法》的案件具体包括以下5类。

① 因民法、婚姻法、收养法、继承法等调整的平等主体之间的财产关系和人身关系发生的民事案件,如合同纠纷、房产纠纷、侵害名誉权纠纷等案件。

② 因经济法、劳动法调整的社会关系发生的争议,法律规定适用民事诉讼程序审理的案件,如企业破产案件、劳动合同纠纷案件等。

③ 适用特别程序审理的选民资格案件和宣告公民失踪、死亡等非讼案件。

④ 按照督促程序解决的债务案件。

⑤ 按照公示催告程序解决的宣告票据和有关事项无效的案件。

思考

思考适用《民事诉讼法》的范围包括哪些内容,并举例说明。

知识链接

与人身有关的婚姻、收养、监护、扶养、继承纠纷,不能提请仲裁,可以向人民法院提起民事诉讼。

7.3.3　审判制度

1. 合议制度

合议制度是与独任制相对的审判组织形式。合议制是由审判员或与陪审员共同组成的审判集体对民事案件进行审理并做出裁判的制度。

2. 两审终审制度

两审终审制度是指一个民事经济案件经过两个审级法院进行审判后,即宣告终结的制度。两审终审制是案件的审级制度,即案件在地方各级人民法院一审审结后,还可以上诉到第二审级的人民法院进行审判,第二审人民法院的裁判为案件的最终裁判。

两审终审制有2种情况例外:一是最高人民法院作为第一审法院所做的裁判,当事人不能上诉;二是人民法院按特别程序审理的案件所做的判决,当事人不能上诉。

3. 回避制度

适用回避的人员是在审判活动中具有一定审判职能或代行某种职能的人。适用回避的对象有审判人员、书记员、翻译人员、鉴定人、勘验人。适用回避的法定情形有:审判人员或上述其他人员是本案当事人或当事人、诉讼代理人的近亲属;审判人员或其他人员与本案当事人有其他关系,可能影响对案件公正审理的;与本案有利害关系。即本案的审判结果直接关系到审判人员或其他有关人员的某种利益,在此种情况下,审判人员或其他有关人员也应回避。

4. 公开审判制度

公开审判制度是指人民法院审理民事案件,除法律规定的情况外,审判过程和内容应向群众公开,向社会公开;不公开审判的案件,应当公开宣判。

根据《民事诉讼法》的规定,公开审判也有例外。在特殊情况下,如果实行公开审判,那么可能造成消极的社会影响,甚至可能给国家造成难以弥补的损失。法律规定以下案件不宜公开审理:涉及国家机密的案件,包括党的机密、政府的机密和军队的机密,以及各种技术和业务秘密;涉及个人隐私的案件,主要是男女关系方面和个人生活方面不愿公开张扬的案件;离婚案件和涉及商业秘密的案件,当事人申请不公开审理的。

对于不公开审理的案件,宣判应当公开进行。

7.3.4 诉讼管辖

民事诉讼中的管辖是指各级法院之间和同级法院之间受理第一审民事案件的分工和权限。它是在法院内部具体确定特定的民事案件由哪个法院行使民事审判权的一项制度。

1. 级别管辖

(1) 基层人民法院管辖的民事案件

《民事诉讼法》第十八条规定:"基层人民法院管辖第一审民事案件,但本法另有规定的除外。"这说明第一审民事案件一般都是由基层法院管辖的,只是在本法另有规定时除外。

(2) 中级人民法院管辖的民事案件

根据《民事诉讼法》第十九条的规定,中级人民法院管辖的民事案件有重大涉外案件,在本辖区有重大影响的案件,最高人民法院确定由中级人民法院管辖的案件。

(3) 高级人民法院管辖的第一审民事案件

高级人民法院管辖的第一审民事案件是在本辖区有重大影响的民事案件。最高人民法院管辖的第一审民事案件是指在全国有重大影响的案件;认为应当由本院审理的案件。

2. 地域管辖

(1) 一般地域管辖

对公民提起的民事诉讼,由被告住所地人民法院管辖;被告住所地与经常居住地不一致的,由经常居住地人民法院管辖。

对法人或其他组织提起的民事诉讼,由被告住所地人民法院管辖。

同一诉讼的几个被告住所地、经常居住地在2个以上人民法院辖区的,各该人民法院都有管辖权。

公民的住所地是指公民的户籍所在地,法人的住所地是指法人的主要营业地或主要办事机构所在地。

公民的经常居住地是指公民离开住所地至起诉时已连续居住1年以上的地方。公民住院就医的地方除外。

(2) 特殊地域管辖

特殊地域管辖,又称特别地域管辖,是指以被告住所地、诉讼标的所在地、法律事实所在地为标准确定的管辖。在特殊地域管辖中至少有2个以上的法院都有管辖权,且当事人可以选择其中一个进行起诉。

知识拓展

我国《民事诉讼法》确定的特殊地域管辖主要有以下9类。

- 因合同纠纷提起的诉讼，由被告住所地或合同履行地人民法院管辖。
- 因保险合同纠纷提起的诉讼，由被告住所地或保险标的物所在地人民法院管辖。实践中，如果保险标的物是运输工具或运输中的货物，则可由运输工具登记注册地、运输目的地、保险事故发生地的人民法院管辖。
- 因票据纠纷提起的诉讼，由票据支付地或被告所在地人民法院管辖。
- 因铁路、公路、水上、航空运输和联合运输合同纠纷提起的诉讼，由运输始发地、目的地或被告住所地人民法院管辖。
- 因侵权行为提起的诉讼，由侵权行为地或被告住所地人民法院管辖。
- 因铁路、公路、水上和航空事故请求损害赔偿提起的诉讼，由事故发生地或车辆、船舶最先到达地、航空器最先降落地或被告住所地人民法院管辖。
- 因船舶碰撞或其他海事损害事故索赔提起的诉讼，由碰撞发生地、碰撞船舶最先到达地、加害船舶被扣留地或被告住所地人民法院管辖。
- 因海难救助费用提起的诉讼，由救助地或被救助船舶最先到达地人民法院管辖。
- 因共同海损提起的诉讼，由船舶最先到达地、共同海损理算地或航程终止地人民法院管辖。

思考

甲、乙因房屋买卖纠纷欲提起诉讼。想一想对该案有管辖权的应该是哪家。

7.3.5　诉讼时效

1. 诉讼时效的概念

诉讼时效是指民事权利受到侵害的权利人在法定的时效期间内不行使权利，当时效期间届满时，人民法院对权利人的权利不再进行保护的制度。在法律规定的诉讼时效期间内，权利人提出请求的，人民法院就强制义务人履行所承担的义务，而在法定的诉讼时效期间届满之后，权利人行使请求权的，人民法院就不再予以保护。

2. 诉讼时效的分类

（1）一般诉讼时效

一般诉讼时效是指在一般情况下普遍适用的时效。这类时效不是针对某一特殊情况规定的，而是普遍适用的。例如，我国《民法通则》第一百三十五条规定："向人民法院请求保护民事权利的诉讼时效期限为两年，法律另有规定的除外。"这表明，我国民事诉讼的一般诉讼时效为2年。

（2）特别诉讼时效

特别诉讼时效是指针对某些特定的民事法律关系而制定的诉讼时效。特殊时效优于普通时效，也就是说，凡有特殊时效规定的，适用特殊时效。我国《民法通则》第一百四十一条规定："法律对时效另有规定的，依照法律规定。”

（3）短期时效

短期时效是指诉讼时效不满2年的时效。我国《民法通则》第一百三十六条规定：“下列诉讼时效期间为一年：

“（一）身体受到伤害要求赔偿的；

“（二）出售质量不合格的商品未声明的；

“（三）延付或拒付租金的；

“（四）寄存财物被丢失或被损坏的。”

（4）最长诉讼时效

最长诉讼时效为20年。

我国《民法通则》第一百三十七条规定：“从权利被侵害之日起超过二十年，人民法院不予保护。”根据这一规定，最长诉讼时效的期间是从权利被侵害之日起计算。权利享有人不知道自己的权利被侵害，时效最长也是20年，超过20年，人民法院不予保护。

时效具有强制性，任何时效都由法律、法规强制规定，任何单位或个人对时效的延长、缩短、放弃等约定都是无效的。

案例分析

张某与房主李某商定租其一间房屋，先付半年房屋租金，租期一年，到期日为2014年10月2日。2014年5月5日，房主李某向张某索要后半年租金未果。

请分析：法律保护李某权益诉讼时效期间该如何计算？

3. 诉讼时效期间的情形

（1）诉讼时效的中止

诉讼时效的中止是指在诉讼时效进行期间因发生法定事由阻碍权利人行使请求权，诉讼依法暂时停止进行，并在法定事由消失之日起继续进行的情况，又称为时效的暂停。对此，我国《民法通则》第一百三十九条予以规定：“在诉讼时效期间的最后6个月内，因不可抗力或其他障碍不能行使请求权的，诉讼时效中止。从中止时效的原因消除之日起，诉讼时效期间继续计算。”

诉讼时效的中止必须是因法定事由而发生的。这些法定事由包括两大类：一类是不可抗力，如自然灾害、军事行动等，都是当事人无法预见和克服的客观情况；另一类是其他阻碍权利人行使请求权的情况，包括以下几种情况。

① 权利被侵害的无民事行为能力人、限制民事行为能力人没有法定代理人，或者法定代理人死亡、丧失代理权、丧失行为能力。

② 继承开始后未确定继承人或遗产管理人。

③ 权利人被义务人或其他人控制无法主张权利。

④ 其他导致权利人不能主张权利的客观情形。

（2）诉讼时效的中断

诉讼时效的中断是指在诉讼时效期间进行中因发生一定的法定事由致使已经经过的时效期间统归无效，待时效中断的事由消除后，诉讼时效期间重新起算。

根据《民法通则》的规定，中断诉讼时效的事由包括提起诉讼（起诉）、当事人一方提出要求（请求）或同意履行义务（承诺）。这些事由区别于中止诉讼时效的事由，都是依当事人主观意志而实施的行为。诉讼时效的目的是促使权利人行使请求权，消除权利义务关系的不稳定状态，从而诉讼时效进行的条件是权利人不行使权利。如果当事人通过实施这些行为，使权利义务关系重新明确，则诉讼时效已无继续计算的意义，当然应予以中断。

诉讼时效中断有以下几种情形。

① 起诉，即权利人依诉讼程序主张权利，请求人民法院强制义务人履行义务。起诉行为是权利人通过人民法院向义务人行使权利的方式。故诉讼时效因此而中断，并从人民法院裁判生效之时重新起算。

② 请求，这里指权利人直接向义务人做出请求履行义务的意思表示。这一行为是权利人在诉讼程序外向义务人行使请求权。改变了不行使请求权的状态，故应中断诉讼时效。

③ 认诺，即义务人在诉讼时效进行中直接向权利人做出同意履行义务的意思表示。基于义务人认诺所承担的义务，使双方当事人之间的权利义务关系重新得以明确，诉讼时效自此中断，并即时重新起算。认诺的方式多种多样，包括部分清偿、请求延期给付、支付利息、提供履行担保等。

知识拓展

(1) 诉讼时效中断与诉讼时效中止的相同之处。

诉讼时效期间中断和中止的相同之处是，二者都是在时效期间届满前因一定的法定事由发生而产生阻碍诉讼时效完成的效力。

(2) 诉讼时效中断与诉讼时效中止的区别。

- 发生的时间不同。时效中断可发生在时效期间的任何阶段；时效中止只能发生在时效期间最后6个月内。
- 法定事由不同。时效中断的法定事由是当事人主观意志可以决定的事实，如起诉、请求；时效中止的法定事由是当事人主观意志不能左右的事实，如不可抗力、债务人失踪等。
- 法律后果不同。时效中断，中断的法定事由发生前已经过去的时效期间不再计算，从法定事由发生后重新开始计算诉讼时效期间，实际是前后2个时效；时效中止是将中止的期间暂停计算，待法定中止事由消除后，继续计算时效期间。

案例分析

王某与李某因债务发生纠纷，王某准备向法院起诉李某。现王某因病住处入医院，眼看主张权利的诉讼时效即将到期。

请分析：王某可以通过何种方式保护自己的权益？

知识拓展

诉讼时效延长是指人民法院查明权利人在诉讼时效期间确有法律规定之外有正当理由而未行使请求权的，适当延长已完成的诉讼时效期间。我国《民法通则》对于诉讼时效的延长也有明文规定，诉讼时效延长具有不同于诉讼时效中止和中断的特点。

7.3.6　民事判决和执行

民事判决是指人民法院对民事案件审理完结时，查明并认定案件事实，正确适用法律，行使国家审判权，对案件中的实体问题做出权威性判定。

人民法院在审理民事案件的过程中，根据案件的事实和有关的法律就诉讼中发生的各种程序性问题和特定事项，以及当事人之间的民事实体权利义务关系所做出的结论性判定，就是法院裁判。

当事人不服法院第一审判决的，有权在判决书送达之日起15日内向上一级法院提起上诉。如果在上诉期内当事人不上诉，第一审判决就是发生法律效力的判决。

民事执行是指人民法院的执行组织依照法定的程序行使司法执行权，强制义务人履行已经发生法律效力的人民法院的判决、裁定或其他法律文书所确定的义务的活动。

知识链接

我国现行《民事诉讼法》根据不同的执行对象规定了以下9种不同的执行措施。

- 查询、冻结、划拨被申请执行人的存款。
- 扣留、提取被申请执行人的收入。
- 查封、扣押、拍卖、变卖被申请执行人的财产。
- 搜查被申请执行人隐匿的财产。
- 强制被申请执行人交付法律文书指定交付的财物或单据。
- 强制被申请执行人迁出房屋或退出土地。
- 强制执行法律文书指定的行为。
- 强制加倍支付迟延履行期间的债务利息和支付迟延履行金。
- 强制办理有关财产权证照转移手续。

思考

当事人拒绝履行已经发生法律效力的民事判决时，经另一方当事人申请，法院可以采取哪些强制执行措施？

案例分析

刘某诉张某债务纠纷一案，一审判决书于2015年6月10送达。

请分析：双方如不服法院一审判决可以通过何种方式主张各自的权利？如在上诉期满，一方不按判决书要求履行，另一方可以通过何种方式保护自身的权利？

7.4 行政复议

7.4.1 行政复议的概念

行政复议是指公民、法人或其他组织不服行政主体作出的具体行政行为，认为行政主体的具体行政行为侵犯了其合法权益，依法向法定的行政复议机关提出复议申请，行政复议机关依法对该具体行政行为进行合法性、适当性审查，并做出行政复议决定的行政行为。它是公民、法人或其他组织通过行政救济途径解决行政争议的一种方法。

7.4.2 行政复议的范围

根据《行政复议法》的规定，有以下情形之一的，公民、法人或其他组织可以申请行政复议。

① 对行政机关做出的警告、罚款、没收违法所得、没收非法财物、责令停产停业、暂扣或吊销许可证、暂扣或吊销执照、行政拘留等行政处罚决定不服的。

② 对行政机关做出的限制人身自由或查封、扣押、冻结财产等行政强制措施决定不服的。

③ 对行政机关做出的有关许可证、执照、资质证、资格证等证书变更、中止、撤销的决定不服的。

④ 对行政机关做出的关于确认土地、矿藏、水流、森林、山岭、草原、荒地、滩涂、海域等自然资源的所有权或使用权的决定不服的。

⑤ 认为行政机关侵犯合法的经营自主权的。

⑥ 认为行政机关变更或废止农业承包合同侵犯其合法权益的。

⑦ 认为行政机关违法集资、征收财物、摊派费用或违法要求履行其他义务的。

⑧ 认为符合法定条件，申请行政机关颁发许可证、执照、资质证、资格证等证书，或者申请行政机关审批、登记有关事项，行政机关没有依法办理的。

⑨ 申请行政机关履行保护人身权利、财产权利、受教育权利的法定职责，行政机关没有依法履行的。

⑩ 申请行政机关依法发放抚恤金、社会保险金或最低生活保障费，行政机关没有依法发放的。

⑪ 认为行政机关的其他具体行政行为侵犯其合法权益的。

知识拓展

行政复议不受理的事项

- 不服行政机关做出的行政处分或其他人事处理决定。
- 不服行政机关对民事纠纷做出的调解或其他处理。

案例分析

张某在县里开办了一家木器厂，因欠缴税款问题，税处机关给予该木器厂处罚决定书，张某不服。

请分析：张某可以通过何种途径维护其自身的权益？

知识链接

与国家行政机关就普通的债权债务纠纷提起的诉讼，适用于民事诉讼法，而对国家行政机关具体行政行为不服的，应提起行政复议或行政诉讼。

7.4.3 行政复议的申请

1. 行政复议的申请

行政复议的申请是指司法行政相对人不服司法行政机关的具体行政行为而向复议机关提出要求撤销或变更具体行政行为的请求。

2. 行政复议的申请条件

行政复议的申请应当符合以下条件。

① 申请人是认为司法行政机关具体行政行为侵犯其合法权益的公民、法人或其他组织。此处的认为是指申请人主观上认为自己的合法权益受到具体行政行为的侵害，至于在客观上是否受到侵害，则需要通过审理才能确定。

② 有明确的被申请人。没有明确的被申请人，复议机关无法进行审理，申请人的请求也无法实现。

③ 有具体的复议请求和事实根据。复议请求是申请人复议时向复议机关提出的具体要求。

④ 属于司法行政复议的范围，否则复议机关不予受理。

⑤ 法律、法规规定的其他条件。例如，申请人向有管辖权的行政机关申请复议，应当在知道具体行政行为之日起60日内提出；因不可抗力或其他特殊情况应在障碍消除后的10日内申请延长期限；申请人向人民法院起诉，人民法院已经受理的，不得申请司法行政复议。

3. 行政复议机关的种类

按照《行政复议法》规定，具体行政复议案件由以下行政机关管辖。

① 向做出具体行政行为的行政机关的上一级地方人民政府申请行政复议。

② 做出具体行政行为的是县级以上地方各级人民政府工作部门的，当事人可以做出选择，可以向该部门的本级人民政府申请行政复议，也可以向上一级主管部门申请行政复议。例如，要对县公安局的决定申请行政复议，当事人可以找县政府，也可以找上一级公安部门。

③ 对国务院部门或省、自治区、直辖市人民政府的具体行政行为不服的，向做出该具体行政行为的国务院部门或省、自治区、直辖市人民政府申请行政复议；对行政复议决定不服的，当事人可以做出选择，可以依法向人民法院提起行政诉讼，也可以向国务院申请裁决，由国务院依法做出最终裁决。

④ 对海关、金融、国税、外汇管理等实行垂直领导的行政机关和国家安全机关的具体行政行为不服的，向其上一级主管部门申请行政复议。

另外，《行政复议法》还对以下几种情况做出了特别规定。

① 对法律、法规授权的组织的具体行政行为不服的，分别向直接管理该组织的地方人民政府、地方人民政府工作部门或国务院部门申请行政复议。

② 对2个以上行政机关以共同的名义做出的具体行政行为不服的，向其共同上一级行政机关申请行政复议。

③ 对被撤销的行政机关在撤销前所做出的具体行政行为不服的，向继续行使其职权的行政

机关的上一级行政机关申请行政复议。

行政复议期间不停止具体行政行为的执行，但有下列情形之一的，停止具体行政行为的执行。

① 被告认为需要停止执行的。

② 原告申请停止执行，人民法院认为该具体行政行为的执行会造成难以弥补的损失，并且停止执行不损害社会公共利益，裁定停止执行的。

③ 法律、法规规定停止执行的。

案例分析

甲公司对所在辖区工商局吊销营业执照不服，现提起行政复议。

请分析：甲公司应如何维护自己的权益？

7.4.4　行政诉讼

行政诉讼是个人、法人或其他组织认为国家机关做出的行政行为侵犯其合法权益而向法院提起的诉讼。

1. 行政诉讼的适用范围

行政处罚、行政强制措施、行政征收、行政许可、行政给付等侵犯相对人人身权和财产权的具体行政行为属于行政诉讼的受案范围。受理事项如下。

① 对拘留、罚款、吊销许可证和执照、责令停产停业、没收财产等行政处罚不服的。

② 对限制人身自由或对财产的查封、扣押、冻结等行政强制措施不服的。

③ 认为法律机关侵犯法律规定的经营自主权的。

④ 认为符合法定条件申请行政机关颁发许可证和执照，行政机关拒绝颁发或不予答复的。

⑤ 申请行政机关保护人身权、财产权的法定职责，行政机关拒绝履行或不予答复的。

⑥ 认为行政机关没有依法发给抚恤金的。

⑦ 认为行政机关违法要求履行义务的。

⑧ 认为行政机关侵犯其他人身权、财产权的。

除上述规定外，人民法院受理法律、法规规定可以提起诉讼的其他行政案件。

知识拓展

根据《行政诉讼法》及《若干解释》的有关条文规定，下列9种行为不属于人民法院的受案范围。

- 关于国防、外交等国家行为。
- 抽象行政行为。具有普遍约束力的决定、命令是指行政机关针对不特定对象发布的能反复适用的行政规范性文件。
- 内部行政行为。行政机关工作人员的奖惩、任免等决定是指行政机关作出的涉及该行政机关公务员权利义务的决定。
- 终局行政行为。终局行政行为是指法律规定由行政机关最终裁决的具体行政行为。
- 公安、国家安全等机关依照刑事诉讼法明确授权实施的行为。
- 民事调解行为和民事仲裁行为。

- 行政指导行为。
- 重复处理行为。
- 对行政相对人的权利义务不产生实际影响的行为。

2. 行政赔偿

行政赔偿是指行政主体违法实施行政行为侵犯相对人合法权益造成损害时由国家承担的一种赔偿责任。公民、法人或其他组织单独就损害赔偿提出请求,应当先由行政机关解决。对行政机关的处理不服的,可以向人民法院提起诉讼。

7.5 法律责任

7.5.1 法律责任的概念

法律责任是指因违反了法定义务或契约义务,或者不当行使法律权利、权力所产生的,由行为人承担的不利后果。就其性质而言,法律关系可以分为法律上的功利关系和法律上的道义关系,与此相适应,法律责任方式也可以分为补偿性方式和制裁性方式。

7.5.2 民事责任

民事责任是指是民事主体违反了民事义务所应承担的法律后果。民事义务包括法定义务和约定义务,也包括积极义务和消极义务、作为义务和不作为义务。民事责任主要由缔约过失责任、违约责任、侵权责任构成。

《民法通则》规定,承担民事责任的方式主要有以下几种。

① 停止侵害。
② 排除妨碍。
③ 消除危险。
④ 返还财产。
⑤ 恢复原状。
⑥ 修理、重作、更换。
⑦ 赔偿损失。
⑧ 支付违约金。
⑨ 消除影响、恢复名誉。
⑩ 赔礼道歉。

以上承担民事责任方式可以单独适用,也可以合并适用。人民法院审理民事案件,除适用上述规定外,还可予以训诫、责令其悔过、收缴进行非法活动的财物和非法所得,并可以依照法律规定予以罚款、拘留。

7.5.3 行政责任

行政责任是指经济法主体违反经济法律法规依法应承担的行政法律后果,包括行政处罚和行政处分。行政责任是指因为违反行政法或因行政法规定而应承担的法律责任,行政法律规范要求国家行政机关及其公务人员在行政活动中履行和承担的义务。

行政责任分为行政处罚和行政处分。

1. 行政处罚

行政处罚是指行政处罚外在的具体表现形式,具体包括以下内容。

① 警告。

② 罚款。

③ 没收违法所得、没收非法财物。

④ 责令停产停业。

⑤ 暂扣或吊销许可证、暂扣或吊销执照。

⑥ 行政拘留。

⑦ 法律、行政法规规定的其他行政处罚。

2. 行政处分

行政处分是指国家机关、企事业单位对所属的国家工作人员违法失职行为尚不构成犯罪,依据法律、法规所规定的权限而给予的一种惩戒。

行政处分有警告、记过、记大过、降级、撤职、开除等。

7.5.4 刑事责任

刑事责任是依据国家刑事法律规定对犯罪分子依照刑事法律的规定追究的法律责任。

1. 主刑

主刑是对犯罪分子适用的主要刑罚方法,只能独立适用,不能附加适用。对犯罪分子只能判一种主刑。主刑分为管制、拘役、有期徒刑、无期徒刑和死刑。

2. 附加刑

附加刑是既可以独立适用,又可以附加适用的刑罚方法,即对同一犯罪行为既可以在主刑之后判处一个或两个以上的附加刑,也可以独立判处一个或两个以上的附加刑。附加刑分为罚金、剥夺政治权利、没收财产。对犯罪的外国人也可以独立或附加适用驱逐出境。

知识拓展

刑事责任与行政责任不同之处

- 追究的违法行为不同:追究行政责任的是一般违法行为,追究刑事责任的是犯罪行为。
- 追究责任的机关不同:追究行政责任由国家特定的行政机关依照有关法律的规定决定,追究刑事责任只能由司法机关依照《刑法》的规定决定。
- 承担法律责任的后果不同:追究刑事责任是最严厉的制裁,可以判处死刑,比追究行政责任严厉得多。

思考

在我国刑事司法审判中,你会经常见到哪类刑事犯罪在宣判时除判决主刑以外还会判处附加刑?

练习题

一、填空题

1. 仲裁实行__________，仲裁裁决一经仲裁庭作出即发生法律效力。这使得当事人之间的纠纷能够迅速得以解决。

2. 仲裁协议是指双方当事人在自愿、协商、平等互利的基础之上将他们之间已经发生或可能发生的争议提交仲裁解决的__________。

3. 对海关、金融、国税、外汇管理等实行垂直领导的行政机关和国家安全机关的具体行政行为不服的向__________申请行政复议。

4. 民事责任是指民事主体违反了民事义务所应承担的法律后果。民事义务包括__________和__________，也包括积极义务和消极义务、作为义务和不作为义务。

5. 主刑是对犯罪分子适用的主要刑罚方法，只能__________，不能__________。对犯罪分子只能判一种主刑。

二、单项选择题

1. 不属于经济法律关系的是(　　)。
   A. 甲、乙企业签订的买卖合同中发生的合同关系
   B. 客户因商品质量与商家发生的赔偿与被赔偿关系
   C. 单位领导与下属之间的领导与被领导的关系
   D. 企业与企业职工在生产经营中发生的承包关系
2. 属于行政责任的是(　　)。
   A. 停止侵害　　B. 罚款　　C. 返还财产　　D. 支付违约金
3. 属于民事责任的是(　　)。
   A. 赔礼道歉　　B. 吊销执照　　C. 没收违法所得　　D. 拘役
4. 适用诉讼时效期间一年的争议是(　　)。
   A. 甲、乙因普通借款发生纠纷　　B. 乙、丙因拒付房屋租金发生纠纷
   C. 丙、丁因拖欠运费发生纠纷　　D. 甲、丙因拖欠购房款发生纠纷

三、多项选择题

1. 适用《仲裁法》解决的纠纷是(　　　)。
   A. 土地承包合同纠纷　　B. 买卖合同纠纷
   C. 婚姻纠纷　　D. 劳动争议纠纷
2. 属于刑事责任的是(　　　)。
   A. 有期徒刑　　B. 行政拘留　　C. 拘役　　D. 停止侵害
3. 属于刑事附加刑的是(　　　)。
   A. 管制　　B. 拘役　　C. 没收财产　　D. 剥夺政治权力
4. 某企业对甲省乙市国税部门给予其行政处罚的决定不服申请行政复议。应当受理该企业行政复议申请的机关是(　　　)。
   A. 乙市税务部门　　B. 乙市人民政府　　C. 甲省国税部门　　D. 甲省人民政府

四、判断题

1. 当公民、法人或其他组织认为行政机关的具体行政行为侵犯其合法权益时，可以采取申请行政复议或提起行政诉讼的方式解决。（　）

2. 对具体行政行为申请行政复议的，应停止具体行政行为执行。（　）

3. 诉讼时效的中断是指在诉讼时效期间进行中因发生一定的法定事由致使已经经过的时效期间统归无效，待时效中断的事由消除后，诉讼时效期间继续起算。（　）

4. 采用仲裁方式解决纠纷，必须双方自愿，并达成书面仲裁协议。没有仲裁协议、一方申请仲裁的，仲裁委员会也可以受理。（　）

5. 附加刑是既可以独立适用，又可以附加适用的刑罚方法。（　）

四、简答题

1. 简述仲裁的适用范围。

2. 简述特殊地域管辖。

实战演练

经济纠纷是日常经济活动经常遇到的情况。结合法律，根据不同类型的纠纷选择仲裁、诉讼、复议等救济途径使发生的经济纠纷通过法律手段得以解决，最终来维护权利人的合法权益。在本章，通过对仲裁、诉讼、复议的学习，结合自己所掌握的知识，假设甲、乙之间因货款发生一起经济纠纷，双方立有仲裁协议，现向仲裁委员会申请仲裁解决。请同学们担当相关角色，对甲、乙之间的纠纷进行仲裁。

附录A　各类合同范本

房屋租赁合同

出租方:________,以下简称甲方

承租方:________,以下简称乙方

为明确甲、乙双方的权利义务关系,经双方协商一致,签订本合同。

第一条　甲方将自有的坐落在________市________街________巷________号的房屋________栋________间,建筑面积________平方米、使用面积________平方米,类型________,结构等级________,完损等级________,主要装修设备________,出租给乙方作________使用。

第二条　租赁期限。

租赁期共________个月,甲方从________年________月________日起将出租房屋交付乙方使用,至________年________月________日收回。

乙方有下列情形之一的,甲方可以终止合同,收回房屋:

1. 擅自将房屋转租、分租、转让、转借或与他人调剂交换的;

2. 利用承租房屋进行非法活动,损害公共利益的;

3. 拖欠租金××个月或空关××个月的。

合同期满后,如甲方仍继续出租房屋的,乙方拥有优先承租权。租赁合同因期满而终止时,如乙方确实无法找到房屋,可与甲方协商酌情延长租赁期限。

第三条　租金和租金交纳期限、税费和税费交纳方式。

甲乙双方议定月租金________元,由乙方在________月________日交纳给甲方。先付后用。甲方收取租金时必须出具收租凭证。

第四条　租赁期间的房屋修缮和装饰。

修缮房屋是甲方的义务。甲方对出租房屋及其设备应定期检查,及时修缮,做到不漏、不淹、三通(户内上水、下水、照明电)和门窗好,以保障乙方安全正常使用。

甲方修缮房屋时,乙方应积极协助,不得阻挠施工。出租房屋的修缮,经甲、乙双方商定,采取下述第________款办法处理:

1. 按规定的维修范围,由甲方出资并组织施工;

2. 由乙方在甲方允诺的维修范围和工程项目内,先行垫支维修费并组织施工,竣工后,其维修费用凭正式发票在乙方应交纳的房租中分________次扣除;

3. 由乙方负责维修。

乙方因使用需要,在不影响房屋结构的前提下,可以对承租房屋进行装饰,但其规模、范围、工艺、用料等均应事先得到甲方同意后方可施工。对装饰物的工料费和租赁期满后的权属处理,双方议定:

工料费由________方承担(　　);

所有权属________方(　　)。

第五条　租赁双方的变更。

1. 如甲方按法定手续程序将房产所有权转移给第三方时，在无约定的情况下，本合同对新的房产所有者继续有效。

2. 甲方出售房屋，须在三个月前书面通知乙方，在同等条件下，乙方有优先购买权。

3. 乙方需要与第三人互换用房时，应事先征得甲方同意，甲方应当支持乙方的合理要求。

第六条 违约责任。

1. 甲方未按本合同第一、二条的约定向乙方交付符合要求的房屋，负责赔偿×××元。

2. 租赁双方如有一方未履行第四条约定的有关条款的，违约方负责赔偿对方×××元。

3. 乙方逾期交付租金，除仍应补交欠租外，并按租金的________%，以天数计算向甲方交付违约金。

4. 甲方向乙方收取约定租金以外的费用，乙方有权拒付。

5. 乙方擅自将承租房屋转给他人使用，甲方有权责令停止转让行为，终止租赁合同。同时按约定租金的________%，以天数计算由乙方向甲方支付违约金。

6. 本合同期满时，乙方未经甲方同意，继续使用承租房屋，按约定租金的________%，以天数计算向甲方支付违约金后，甲方仍有终止合同的申诉权。

上述违约行为的经济索赔事宜，甲、乙双方议定在本合同签证机关的监督下进行。

第七条 免责条件。

1. 房屋如因不可抗拒的原因导致损毁或造成乙方损失的，甲、乙双方互不承担责任。

2. 因市政建设需要拆除或改造已租赁的房屋，使甲、乙双方造成损失，互不承担责任。

因上述原因而终止合同的，租金按实际使用时间计算，多退少补。

第八条 争议解决的方式。

本合同在履行中如发生争议，双方应协商解决；协商不成时，任何一方均可向房屋租赁管理机关申请调解，调解无效时，可以向人民法院起诉。

第九条 其他约定事宜。

第十条 本合同未尽事宜，甲、乙双方可共同协商，签订补充协议。与本合同具有同等效力。

本合同一式四份。其中，正本两份，甲、乙方各执一份；副本两份，送社区备案。

合同有效期限：　　　年　　　月　　　日至　　　　年　　　月　　　日。

出租方：	承租方：
委托代理人（签名）：	委托代理人（签名）：
地址：	地址：
电话：	电话：
签约地点：	签约时间：

劳动合同书

甲　　方：______________

乙　　方：______________

签订日期：________年______月______日

甲方：______________法定代表人：______________

地址：______________________________

乙方：______性别：______居民身份证号：______________

出生日期：______年______月______日

在甲方工作起始时间：______年______月______日

家庭住址：______________________________

邮政编码：______________________________

户口所在地：______省（市）______区（县）______街道（乡镇）

甲、乙双方经平等协商一致，自愿签订本合同，共同遵守本合同所列条款。

一、劳动合同期限

第一条 本合同为______________期限劳动合同。

本合同于______年______月______日生效。其中，试用期至______年______月______日止。

本合同于______________终止。

二、工作内容

第二条 乙方同意根据甲方工作需要，担任______________岗位（工种）工作。

第三条 乙方工作应达到______________标准。

三、劳动保护和劳动条件

第四条 甲方安排乙方执行______________工时制度。

执行标准工时制的，乙方每日工作时间8小时，每周工作40小时。

执行综合计算工时工作制的，乙方平均每天工作时间不超过8小时，平均每周工作不超过40小时。

执行不定时工作制的，在保证完成甲方工作任务情况下，乙方自行安排工作和休息时间。

第五条 甲方安排乙方加班，应符合法律、法规的规定。甲方安排乙方延长工作时间，应支付不低于工资的150%的工资报酬；甲方安排乙方休息日工作又不能安排补休的，应支付不低于工资200%的工资报酬。甲方安排乙方法定休假日工作的，应支付不低于工资的300%的工资报酬。

乙方加班工资基数为每日____________元或按____________执行。

第六条 甲方为乙方提供必要的劳动条件和劳动工具，建立健全生产工艺流程，制定操作规程、工作范围和劳动安全卫生制度。

第七条 甲方负责对乙方进行职业道德、业务技术、劳动安全、劳动纪律和甲方规章制度的教育。

四、劳动报酬

第八条　甲方每月________日前以货币形式支付乙方工资,月工资为________元或按________________________________执行。乙方在试用期间的工资__________________________。甲、乙双方对工资的其他约定____。

第九条　甲方生产工作任务不足使乙方待工的,甲方支付乙方的月生活费为________元或按________执行。

五、保险福利待遇

第十条　甲、乙双方按国家规定参加社会保险。甲方为乙方办理有关社会保险手续。

第十一条　乙方患病或非因工负伤的医疗待遇按国家有关规定执行。甲方______________支付乙方病假工资。

第十二条　乙方患职业病或因工负伤的待遇按国家有关规定执行。

第十三条　甲方为乙方提供以下福利待遇:

____

____

____

六、劳动纪律

第十四条　甲方根据生产经营需要,依法制定规章制度和劳动纪律,乙方违反劳动纪律和甲方的规章制度,甲方有权根据规章制度进行处理,直至解除本合同。

第十五条　乙方应遵守劳动纪律的规章制度,遵守劳动安全卫生、生产工艺、操作规程和工作规范;爱护甲方的财产,遵守职业道德;积极参加甲方组织的培训,提高自身素质。

七、劳动合同的变更、解除

第十六条　有下列情形之一的,甲、乙双方应变更劳动合同并及时办理变更合同手续:

(一) 甲、乙双方协商一致的;

(二) 订立本合同所依据的客观情况发生重大变化,致使本合同无法履行的;

(三) 订立本合同所依据的法律、法规、规章发生变化的。

第十七条　一方要求变更本合同的,应将变更要求书面通知另一方,另一方应在15日内(含15日)书面答复对方;15日内未答复的视为不同意变更本合同。

第十八条　经甲、乙双方协商一致,本合同可以解除。

第十九条　乙方有下列情形之一,甲方可以解除本合同:

(一) 在试用期间被证明不符合录用条件的;

(二) 严重违反劳动纪律或甲方规章制度,按照甲方单位规定或本合同约定可以解除劳动合同的;

(三) 严重失职,营私舞弊,对甲方利益造成重大损害的;

(四) 被依法追究刑事责任的。

第二十条　有下列情形之一的,甲方可以解除本合同,但应当提前30日以书面形式通知乙方:

(一) 乙方患病或非因工负伤医疗期满后,不能从事原工作,也不能从事由甲方另行安排的工作或不符合国家和本市从事有关行业、工种岗位规定,甲方无法另行安排工作的;

(二) 乙方不能胜任工作,经过培训或调整工作岗位,仍不能胜任工作的;

(三) 本合同订立时所依据的客观情况发生重大变化,致使本合同无法履行,经甲、乙双方协商不能就变更劳动合同达成协议的。

第二十一条　甲方有下列情形之一，确需裁减人员的，应当提前30日向全体职工说明情况，听取工会或职工的意见，经向劳动和社会保障部门报告后，可以解除合同：

（一）濒临破产进行法定整顿期间的；

（二）因防治工业污染源搬迁的；

（三）生产经营状况发生严重困难的。

第二十二条　乙方有下列情况之一的，甲方不得依据本合同第二十条、第二十一条解除本合同：

（一）患职业病或因工负伤并被确认达到伤残等级的；

（二）患病或非因工负伤、在规定的医疗期内的；

（三）女职工在孕期、产期、哺乳期内的；

（四）在甲方连续工作10年以上，且距法定退休年龄不满5年的；

（五）复员、转业退伍军人初次参加工作未满3年的；

（六）建设征地农转非工人员初次参加工作未满3年的；

（七）义务服兵役期间的；

（八）集体协商的职工代表在劳动合同期内自担任代表之日起5年以内的。

第二十三条　乙方解除本合同，应当提前30日以书面形式通知甲方，甲方应予以办理相关手续，但乙方给甲方造成经济损失尚未处理完毕的除外。

第二十四条　有下列情形之一的，乙方可以随时通知甲方解除本合同：

（一）在试用期内的；

（二）甲方以暴力、威胁或非法限制人身自由的手段强迫劳动的；

（三）甲方未按照本合同约定支付劳动报酬或提供劳动条件的；

（四）甲方未依法为乙方缴纳社会保险费的。

第二十五条　本合同期限届满后，因甲方原因未办理终止手续，乙方要求解除劳动关系的，劳动关系即行解除。

八、劳动合同的终止、续订

第二十六条　有下列情形之一的，本合同终止：

（一）合同期限届满的；

（二）合同约定的终止条件出现的；

（三）乙方达到法定退休条件的；

（四）甲方依法破产、解散的；

（五）法律、法规、规章规定的其他情形。

第二十七条　本合同期限届满前30日，甲方应将终止或续订劳动合同意向以书面形式通知乙方。甲方未提前通知乙方而终止劳动合同的，以乙方上月日平均工资为标准，每延迟1日，支付乙方1日工资的赔偿金。

第二十八条　有下列情形之一的，应续订本合同并及时办理续订手续：

（一）甲、乙双方同意续订劳动合同的；

（二）本合同期限届满后，未办理终止劳动合同手续仍存在劳动关系，乙方要求续订劳动合同的。

双方就续订的劳动合同期限协商不一致时，续订的劳动合同期限从签字之日起不得少于12个月；乙方符合续订无固定期限劳动合同条件的，甲方应与其签订无固定期限劳动合同。

九、经济补偿与赔偿

第二十九条　发生下列情形之一的，甲方按下列标准向乙方支付经济补偿金：

（一）甲方克扣或无故拖欠乙方工资的，以及拒不支付乙方延长工作时间工资报酬的，除全额支付乙方工资报酬外，还应加发相当于工资报酬25%的经济补偿金；

（二）支付乙方的工资报酬低于××市最低工资标准的，在补足低于标准部分的同时，另外支付相当于低于部分25%的经济补偿金。

第三十条　有下列情形之一的，甲方根据乙方在甲方工作年限和乙方解除本合同前12个月的平均工资，工作每满1年支付1个月工资的经济补偿金，不满1年的按1年计算，最多不超过12个月：

（一）经与乙方协商一致，甲方解除本合同的；

（二）乙方不能胜任工作，经过培训或调整工作岗位，仍不能胜任工作，由甲方解除本合同的；

（三）本合同期限届满，因甲方原因未办理终止手续仍存在劳动关系，甲方与乙方协商一致，解除劳动关系的。

第三十一条　有下列情形之一的，甲方解除本合同，应根据乙方在甲方工作年限，每满1年支付乙方相当于甲方上年月平均工资1个月工资的经济补偿金，不满1年的按1年计算，如乙方解除本合同前12个月的平均工资高于甲方上年月平均工资，按本人月平均工资计发：

（一）乙方患病或非因工负伤，不能从事原工作，也不能从事甲方另行安排的工作的；

（二）本合同订立时所依据的客观情况发生重大变化，致使合同无法履行，经甲、乙双方协商不能就变更本合同达成协议的；

（三）甲方裁减人员的。

第三十二条　甲方向乙方支付的经济补偿金的计发标准不得低于最低工资。

第三十三条　甲方解除本合同后，未按规定发给乙方经济补偿金的，除全额发给经济补偿金外，还需按该经济补偿金数额的50%支付额外经济补偿金。

第三十四条　甲方依据本合同第二十条第（一）项解除劳动合同的，应支付不低于6个月工资的医疗补助费。患重病的还应加发50%的医疗补助费，患绝症的加发100%的医疗补助费。

第三十五条　甲方违反本合同约定解除劳动合同或由于甲方原因订立无效劳动合同，给乙方造成损害的，应按损失程度承担赔偿责任。

第三十六条　甲方出资培训和出资招接收的乙方，违反本合同的约定解除合同的赔偿标准为____。

第三十七条　乙方因存在本合同规定的第十九条第（二）项、第（三）项规定的情形，被甲方解除本合同，且给甲方造成损失的，应当承担赔偿责任。

第三十八条　乙方违反本合同约定条件解除劳动合同或违反保守商业秘密事项，给甲方造成经济损失的，应依法承担赔偿责任。

双方约定______________________________

____

____

十、当事人约定的其他内容

第三十九条　甲、乙双方约定本合同增加以下内容：

____

____

____

十一、劳动争议处理及其他

第四十条　双方因履行本合同发生争议，当事人可以向甲方劳动争议调解委员会申请调解；调解不成的，应当自劳动争议发生之日起，60 日内向劳动争议仲裁委员会申请仲裁。当事人一方也可以直接向劳动争议仲裁委员会申请仲裁。

第四十一条　本合同的附加条款如下：

____

____

____

____

第四十二条　本合同未尽事宜按有关规定执行。

第四十三条　本合同一式两份，甲、乙双方各执一份。

甲方（公章）：　　　　　　　　　　　　乙方（签字或盖章）：

法定代表人或委托代理人（签字或盖章）：

签订日期：　　　　年　　月　　日

劳动合同续订书

本次续订劳动合同期限类型为________期限合同，续订合同生效日期为________年________月________日，续订合同________终止。

甲方（盖章）：　　　　　　　　　　　　乙方（签字或盖章）：

法定代表人或委托代理人（签章）：

年　　月　　日

劳动合同变更书

经甲、乙双方平等自愿、协商同意，对本合同做以下变更：

1. ____

2. ____

3. ____

甲方（盖章）：

乙方（签字或盖章）：

法定代表人或委托代理人（签字或盖章）：

20________年____月____日

使 用 说 明

一、本合同书可作为用人单位与职工签订劳动合同时使用。

二、用人单位与职工使用本合同书签订劳动合同时，凡需要双方协商约定的内容，协商一致后填写在相应的空格内。签订劳动合同，甲方应加盖公章；法定代表人或委托代理人应本人签字或盖章。

三、经当事人双方协商需要增加的条款，在本合同书中第三十九条中写明。

四、当事人约定的其他内容，劳动合同的变更等内容在本合同内填写不下时，可另附纸。

五、本合同应使用钢笔或签字笔填写，字迹清楚，文字简练、准确，不得涂改。

六、本合同一式两份，甲、乙双方各持一份，交乙方的不得由甲方代为保管。

房屋买卖合同

出 卖 方:________________
姓 名:________________ 身份证号:________________
邮政编码:________________ 联系电话:________________
地 址:________________ 邮政编码:________________

买 受 方:________________
姓 名:________________ 身份证号:________________
邮政编码:________________ 联系电话:________________
地 址:________________ 邮政编码:________________

第一条 房屋的基本情况。

出卖方房屋(以下简称该房屋)坐落于________;位于第________层,共________(套)(间),房屋结构为________,建筑面积为________平方米(其中,实际建筑面积为________平方米,公共部位与公用房屋分摊建筑面积为________平方米),房屋用途为________;该房屋平面图见本合同附件一,该房屋内部附着设施见附件二;(房屋所有权证号、土地使用权证号)、(房地产权证号)为________。

第二条 房屋面积的特殊约定。

本合同第一条所约定的面积为(出卖方暂测)、(原产权证上标明)、(房地产产权登记机关实际测定)面积。若暂测面积或原产权证上标明的面积(以下简称暂测面积)与房地产产权登记机关实际测定的面积有差异的,以房地产产权登记机关实际测定面积(以下简称实际面积)为准。

该房屋交付时,房屋实际面积与暂测面积的差别不超过暂测面积的 ±________%(不包括 ±________%)时,房价款保持不变。

实际面积与暂测面积差别超过暂测面积的 ±________%(包括 ±________%)时,甲、乙双方同意按下述第________种方式处理。

1. 买受方有权提出退房,出卖方须在买受方提出退房要求之日起________天内将买受方已付款退还给买受方,并按________利率付给利息。

2. 每平方米价格保持不变,房价款总金额按实际面积调整。

3. ____。

第三条 土地使用权性质。该房屋相应的土地使用权取得方式为________;土地使用权年限自________年________月________日至________年________月________日止。以划拨方式取得土地使用权的房地产转让批准文件号为________;该房屋买卖后,按照有关规定,买受方(必须)(无须)补办土地使用权出让手续。

第四条 价格。按(总建筑面积)、(实际建筑面积)计算,该房屋售价为(　　币)每平方米________元,总金额为(　　币)________亿________千________百________拾________万________千________百________拾________元整。

第五条 付款方式。买受方应于本合同生效之日向出卖方支付定金(　　币)________亿________千________百________拾________万________千________百________拾________元整,并应于本合同生效之日起________日内将该房屋全部价款付给出卖方。具体付款方式可由双方另行约定。

第六条　交付期限。出卖方应于本合同生效之日起30日内，将该房屋的产权证书交给买受方，并应收到该房屋全部价款之日起________日内，将该房屋付给买受方。

第七条　买受方逾期付款的违约责任。

买受方如未按本合同第四条规定的时间付款，出卖方对买受方的逾期应付款有权追究违约利息。自本合同规定的应付款限期之第二天起至实际付款之日止，月利息按________计算。逾期超过________天后，即视为买受方不履行本合同。届时，出卖方有权按下述第________种约定，追究买受方的违约责任。

1. 终止合同，买受方按累计应付款的________%向出卖方支付违约金。出卖方实际经济损失超过买受方支付的违约金时，实际经济损失与违约金的差额部分由买受方据实赔偿。

2. 买受方按累计应付款的________%向出卖方支付违约金，合同继续履行。

3. ____。

第八条　出卖方逾期交付房屋的违约责任。

除人力不可抗拒的自然灾害等特殊情况外，出卖方如未按本合同第五条规定的期限将该房屋交给买受方使用，买受方有权按已交付的房价款向出卖方追究违约利息。按本合同第十一条规定的最后交付期限的第二天起至实际交付之日止，月利息在________个月内按________利率计算；自第________个月起，月利息则按________利率计算。逾期超过________个月，则视为出卖方不履行本合同，买受方有权按下列第________种约定，追究出卖方的违约责任。

1. 终止合同，出卖方按买受方累计已付款的________%向买受方支付违约金。乙方实际经济损失超过出卖方支付的违约金时，实际经济损失与违约金的差额部分由甲方据实赔偿。

2. 出卖方按买受方累计已付款的________%向买受方支付违约金，合同继续履行。

3. ____。

第九条　关于产权登记的约定。

在买受方实际接收该房屋之日起，出卖方协助买受方在房地产产权登记机关规定的期限内向房地产产权登记机关办理权属登记手续。如因出卖方的过失造成买受方不能在双方实际交接之日起________天内取得房地产权属证书，买受方有权提出退房，出卖方须在买受方提出退房要求之日起________天内将买受方已付款退还给买受方，并按已付款的________%赔偿买受方损失。

第十条　出卖方保证在交易时该房屋没有产权纠纷，有关按揭、抵押债务、税项及租金等，出卖方均在交易前办妥。交易后如有上述未清事项，由出卖方承担全部责任。

第十一条　因本房屋所有权转移所发生的土地增值税由出卖方向国家交纳，契税由买受方向国家交纳；其他房屋交易所发生的税费除另有约定的外，均按政府的规定由甲、乙双方分别交纳。

第十二条　本合同未尽事项，由甲、乙双方另行议定，并签订补充协议。

第十三条　本合同之附件均为本合同不可分割之一部分。本合同及其附件内，空格部分填写的文字与印刷文字具有同等效力。

第十四条　本合同在履行中发生争议，由甲、乙双方协商解决。协商不成时，甲、乙双方同意由×××仲裁委员会仲裁。

第十五条　本合同（经甲、乙双方签字）之日起生效。

第十六条　本合同连同附表共________页，一式________份，甲、乙双方各执一份，________各执一份，均具有同等效力。

出卖方(签章):

________年____月____日

买受方(签章):

________年____月____日

附件一:房屋平面图(略)。

附件二:室内附着设施(略)。

二手房屋买卖合同

卖方(以下简称甲方):

姓名: 身份证号码:

地址: 联系电话:

买方(以下简称乙方):

姓名: 身份证号码:

地址: 联系电话:

第一条 房屋的基本情况:甲方房屋坐落于________;位于第________层________户,房屋结构为________,房产证登记面积________平方米,地下室一间,面积为________平方米,房屋权属证书号为________________________________。

第二条 价格:以房产证登记面积为依据,每平方米________元,该房屋售价总金额为________万元整,大写________________________________。

第三条 付款方式:乙方于本合同签订之日向甲方支付定金________元整,大写________,________日内交付________万元(大写________),余款________元(大写________)在房屋过户手续办理完毕之日支付。

第四条 房屋交付期限:甲方应于本合同签订之日起________日内,将该房屋交付乙方。

第五条 乙方逾期付款的违约责任:乙方如未按本合同第三条规定的时间付款,甲方对乙方的逾期应付款有权追究违约责任。自本合同规定的应付款限期之第二天起至实际付款之日止,每逾期一天,乙方按累计应付款的________%向甲方支付违约金。逾期超过________日,即视为乙方不履行本合同,甲方有权解除合同,追究乙方的违约责任。

第六条 甲方逾期交付房屋的违约责任:除不可抗拒的自然灾害等特殊情况外,甲方如未按本合同第四条规定的期限将该房屋交给乙方使用,乙方有权按已交付的房价款向甲方追究违约责任。每逾期一天,甲方按累计已付款的________%向乙方支付违约金。逾期超过________日,则视为甲方不履行本合同,乙方有权解除合同,追究甲方的违约责任。

第七条 关于产权过户登记的约定:甲方应协助乙方在房屋产权登记机关规定的期限内向房屋产权登记机关办理权属过户登记手续。如因甲方的原因造成乙方不能在房屋交付之日起________天内取得房地产权属证书,乙方有权解除合同,甲方须在乙方提出退房要求之日起________天内将乙方已付款退还给乙方,并按已付款的________%赔偿乙方损失。

第八条 签订合同之后,所售房屋室内设施不再变更。甲方保证在交易时该房屋没有产权纠纷,质量符合国家有关规定,符合房屋出售的法定条件。房屋交付使用之前的有关费用包括水、电、气、物业、有线等费用由甲方承担。由此引发的纠纷由甲方自行处理,与乙方无关。

第九条 甲方保证在办理完过户手续之日起________日内,将户口迁出,逾期超过________日,乙方每日按已付款的________%收取违约金。

第十条 因本房屋所有权转移所发生的税费均按国家的有关规定由甲乙双方交纳。

第十一条 本合同未尽事项,由甲、乙双方另行议定,并签订补充协议。

第十二条 本合同在履行中发生争议,由甲、乙双方协商解决。协商不成时,甲、乙双方同意由________方所在地人民法院起诉。

第十三条 本合同一式两份，甲、乙双方各执一份，自甲、乙双方签字之日起生效，均具有同等效力。

甲方：　　　　　　　　　　　　乙方：

年　　月　　日

家庭装修合同

发包人(甲方):__________
住　　　所:__________　　电话:__________　　传真:__________
委托代理人:__________　　电话:__________　　传真:__________

承包人(乙方):__________
住　　　所:__________　　电话:__________　　传真:__________
法定代表人:__________　　电话:__________
本工程设计人:__________　　电话:__________
施工队负责人:__________　　电话:__________

依照有关法律、法规的规定,甲、乙双方在平等、自愿、协商一致的基础上,就发包人的家庭居室内装饰装修有关事宜(以下称工程),达成如下协议。

第一条　工程概况

1. 工程名称:____。
2. 工程地点:____。
3. 承包范围:参见合同附件之预算表。
4. 工程承包方式:双方商定采取下列第________种承包方式。

(1) 承包人包工、包料。

(2) 承包人包工、包部分辅料,发包人提供装修主要材料。

(3) 承包人包工、发包人包料。

(附件即经双方当事人签字确认的《承包人/发包人提供装饰装修材料明细表》。)

第二条　施工图纸

双方施工图采取下列第____________种方式提供。

(1) 发包人自行设计并提供施工图纸,图纸一式两份,发包人、承包人各一份。

(2) 发包人委托承包人设计施工图纸,设计费(大写)____________元,由发包人支付(此费用不在工程价款内)。

施工图纸经甲、乙双方确认后,提供方应当负责在约定的开工日期前____________内取得有关部门确认或批准。

施工图纸一式两份,甲、乙双方各持一份,作为本合同的附件。

第三条　甲方工作

1. 开工前____________天,全部腾空或部分腾空房屋,清除障碍物(合同已经包清理的除外),对未能全部腾空的房屋的家具和陈设采取保护措施,为承包人进场做好准备工作。

2. 办理工程施工所需要的各种申请、批件等手续,保证乙方能够顺利进场施工,除法律、法规和规章规定应当由乙方办理的手续外。

3. 提供符合施工要求的水源、电源,负责协调邻里及管理机构之间的关系。

4. 参与工程质量和施工进度的监督,负责材料进场、竣工验收确认工作。

5. 施工期间仍然需要部分使用该房屋的,应当负责做好施工现场的保护等工作,应当注意为施工提供各种便利条件。

6. 按照约定的期限支付工程费,依据规定交纳应由其承担的各种税费。

第四条　乙方工作

1. 参加有关施工图纸或作法说明会议或现场交底，拟订施工方案和计划交甲方审定确认。

2. 施工中严格执行安全施工扫做规范、防火规定、施工规范及质量标准，按期保质完成工程。

3. 未经甲方同意或有关部门批准，不得随意拆改原建筑物结构及各种设备管线。

4. 保护好原居室内的家具、陈设及水电管线的完好，保证居室内上、下水管道的通畅。

5. 对于施工过程中的有关事项（如材料的进场、隐蔽工程的验收、竣工验收等）需要甲方确认的，应当及时给予其必要的准备时间。

6. 严格执行有关施工现场管理的规定，不得扰民及污染环境；保证施工现场的整洁，工程完工后负责清扫施工现场。

7. 工程竣工前未移交甲方之前，负责对现场的设施和工程成品进行保护。

第五条　关于工期

1. 工程期限________天，开工日期________年________月________日，竣工日期________年________月________日。

2. 因甲方及其代理人（代表）原因（物料供应不及时、不按期支付工程款等）导致工期延误的，工期顺延。因乙方及其代理人（代表）原因导致工期延误的，工期不予顺延。

3. 因为如下因素影响而导致不能完成工作的，工期顺延，双方互不承担责任。

（1）遭遇严重影响施工的恶劣天气、停水、停电、天灾、战争、暴乱等不可抗力的。

（2）经双方同意的工程量变化和设计变更。

（3）因与甲方和乙方无关的第三方的原因造成工程延误，第三方因素包括但不限于所在地（小）区的管理机构和隔壁邻居的无理行为。

（4）经甲方同意的属新材料或新工艺采用而导致的工期拖延或试验时间浪费。

（5）经甲、乙双方同意工期顺延的其他情况。

第六条　关于材料供应和保管

1. 任何一方负责提供的材料和设备，均须是符合法律、法规规定的合格产品，还必须符合本合同约定的标准和设计的要求。提供方应将材料和设备按时、按量运送到施工现场，并通知对方当事人验收签字确认。

2. 对一方提供的任何材料和设备，如不符质量要求或规格有差异的，对方有权要求更换，提供方应当予以更换。由此造成的费用增加部分由提供方承担。

3. 材料和设备进场后，统一由乙方负责保管和使用，如因保管不善或使用不当造成不必要的浪费、损坏或丢失，应当由乙方负责，施工过程中的正常消耗除外。

第七条　关于质量和验收

1. 工程以施工图纸、作法说明、设计变更和《住宅装饰装修工程施工规范》为质量评定验收标准。

2. 甲、乙方双方应及时办理隐蔽工程和中间工程的检查、验收手续；甲方不按时参加验收的，工期应予顺延。

3. 由于甲方擅自指挥乙方所属人员或第三方人员进行施工所导致的工程质量，由甲方自行负责。由乙方负责返工的，返工费用由甲方负责。

4. 工程竣工后，乙方应通知甲方验收，甲方应当自接到验收通知后________天内组织验收，并办理验收移交手续。

5. 验收时，工程项目合格率达到__________%时（以工程价款比例为准），其他不合格项目(不包括工程项目未完成或成品程序未完成的项目)的维修或返工不影响竣工日期的确立,甲方对此应予以确认。

6. 乙方承诺自竣工日期起,为工程项目保修________年。损耗品、使用不当、人为破坏,以及非工程自身原因的损坏不在保修范围内。

7. 甲、乙两方约定的其他保修或免保修况:____。

8. 工程未验收的,甲方不得先行使用。

第八条 关于工程价款及结算

1. 双方约定按以下第____________________种方式支付工程款。

(1) 合同生效后,发包人按约定直接向承包人支付工程款:支付次数__________;支付阶段或时间________;支付金额(第一次________支付________元;第二次________支付________元;第三次________支付________元;第四次________工程验收后________天________工程总造价的5%,约________元)。

(2) 其他支付方式:____。

2. 双方同意工程的结算方法按下列第____________________种进行结算。

(1) 固定价格,本工程总价款为____________________元。

(2) 单价不变,按实际数量加损耗率计算,但是总价不得超过____________________元。

a. 乳胶漆和油漆类为:墙面面积(减门不减窗) + 顶面面积 + 6% × 拼花部分面积。

b. 瓷砖面积为:实际面积 + 6% × 实际面积。

c. 实木地板面积为:实际面积 + 6% × 实际面积,拼花部分面积 + 10% × 拼花部分面积。

d. 木工衣柜类面积为:实际面积(平方米取整数值,小数位不够0.5平方米按0.5平方米计算,超出0.5平方米的按1平方米计算)。

e. 其他按项目按项计算。

f. 其他按平方米计算的项目为:实际面积 + 6% × 实际面积。

g. 估价项目测量后再具体报价。

h. 经甲方同意代购的项目按预算内造价购买,经甲方同意可以调整。

3. 特别费用的约定。

(1) 施工过程中,施工现场发生的一切水电费用由甲方负责。

(2) 施工过程中,因为乙方的因素违规被执法机构或管理机构罚款的,罚款由乙方支付;如乙方行为是在甲方强行要求或指挥下发生的,罚款由甲方负责。

(3) 合同附件预算表中没有列明税费,税费由甲方按实际征税额向有关部门交纳;已经列明税费的,由乙方负责缴交。

(4) 物业管理机构收取超过正常的物业小区内运输费用的,由甲方负责交涉或向乙方补贴差额。

4. 乙方按双方签署的预算附件项目执行。如甲方增加新的工程项目,另行签署合同。其中涉及款项,甲方应按预付50%、项目完工50%的办法在工程验收前支付给乙方。如其中物料款项大于该项目的50%,则甲方应按实际比例先支付给乙方备料。

5. 工程验收合格后,乙方应将有关资料送交甲方,双方进行工程结算。发包人接到资料后________天内未有异议,即视为同意按照该资料进行工程结算,双方应填写工程结算单并签字,甲方应按照前述期限约定付清乙方工程款。

第九条 工程预算文件(表)属于本合同附件,所列工程项目除经过甲、乙双方同意外,不得随意添加、更改、删除。

第十条 责任与罚则

1. 施工调度、安全管理等事务由乙方负责,其他人事包括甲方均不得无理干涉。甲方擅自指挥工人或亲自进行任何操作,由此引起的损失和事故由甲方负全责。

2. 因乙方及其代理人(代表)的原因造成工期延误的,每拖延一天,应向甲方支付____________________的违约金。

3. 因甲方及其代理人(代表)的原因造成工期延误的,应当赔偿乙方因此造成的人工费损失。

4. 甲方不能按照前述约定期限足额支付乙方工程款的,应当按照____________________支付乙方延期付款违约金。

5. 未办理验收手续,甲方提前使用或擅自动用工程成品而造成损失的,由其自行负责。

6. 因一方原因,造成合同无法继续履行时,该方应及时通知另一方,办理合同终止手续,并由责任方赔偿对方相应的经济损失。

7. 乙方在遭遇不可抗力影响施工的,应当及时采取措施避免损失扩大,并将有关情况通知甲方。否则,应当对造成的损失扩大部分承担赔偿责任。

第十一条 双方如对合同的执行发生争议,应友好协商解决;协商无效的,可提交人民法院诉讼。

第十二条 附则

1. 本合同一式两份,双方各执一份,同具法律效力。

2. 本合同履行完成后自动终止。

甲　　方(签字):____________________	乙　　方(签字):____________________
现场代表(签字):____________________	现场代表(签字):____________________
证 件 名 称:____________________	证 件 名 称:____________________
颁 发 机 构:____________________	颁 发 机 构:____________________
证 件 号 码:____________________	证 件 号 码:____________________
________年____月____日	________年____月____日

还款协议书

______公司(以下简称甲方)
住所:______
法定代表人:______
(法定代表人的代理人:______)

______公司(以下简称乙方)
住所:______
法定代表人:______
(法定代表人的代理人:______)
鉴于:

________年____月____日,甲方与乙方就______(工程项目名称)签订了《建设工程施工合同》(合同编号:______),建设工程总价款为:____________万元整人民币。该项目已于________年____月____日竣工,已经甲方、乙方及____方验收,并于________年____月____日甲、乙双方进行了工程结算,并签订了《______工程结算协议书》。按照甲、乙双方签订的《建设工程施工合同》,乙方应向甲方支付建设工程款共计____________万元整,截至本协议签订之日,乙方实际已向甲方支付建设工程款____________万元整,尚未支付的建设工程款____________万元整。

双方在此相互确认:除乙方应按本协议的约定向甲方支付____________万元外,双方相互无任何其他应付款项或需承担相关合同项下的责任和义务。

双方对以上所述事实均予以确认,并无异议。

基于以上所述,甲方与乙方经友好协商,就乙方向甲方偿还所欠工程款项事宜,达成本协议如下。

第一条 甲、乙双方在此确认:乙方应向甲方支付建设工程款共计____________万元整,截至本协议签订之日,乙方实际已向甲方支付建设工程款____________万元整,尚未支付的建设工程款____________万元整。(见本协议附件:1. 付款凭证;2. 付款明细;3. 未付款明细)

第二条 甲、乙双方经协商同意按如下方式,自________年____月____日至________年____月____日止由乙方向甲方支付建设工程款____________万元整。(见本协议附件:4. 还款计划明细;如系分期支付,请写明分期付款的阶段及数额)

第三条 强制执行条款

1. 甲、乙双方共同确认:根据有关法律的规定已经对赋予强制执行效力公证的含义、内容、程序、效力等具有了明确的了解,经慎重考虑,双方同意本协议签订后向______市公证处申请办理公证并赋予本协议强制执行效力。

2. 乙方保证承担举证义务,自每期(如分期付款)款项付清之日起______个工作日内,向甲方和______市公证处提供有关证据证明其已经支付了应付款项,并分别由甲方和承办公证员核对签收,否则视为乙方对未支付事实的确认,即乙方未按期履行当期应付款项。

3. 甲、乙双方同意如自任何一期款项付款期限届满之日起______个工作日内,乙方未向______市公证处按期提供付款凭证,且甲方出具文件说明乙方未能按期支付应付款项时,甲方有权单方面依据具有强制执行效力的本协议向______市公证处申请签发执行证书。甲方承诺在申请强制执行证书之前，将按照乙方在本协议中确定的联系地址向乙方发出履行应偿借款通知书（函寄或送达），同时注明宽限期起止日期。在宽限日期截止时，如乙方仍未向______市公证处举证其已按期支付了应付款项，或虽积极举证但不足以对抗甲方的债权，也未与甲方达成任何关于还款的展期协议，则视为乙方不履行或不完全履行的事实确有发生，在此情况下，甲方将向______市公证处申请出具强制执行证书。

4. 甲方有权依据______市公证处出具的具有强制执行效力的本协议及执行证书直接向有管辖权的人民法院申请强制执行乙方应向甲方支付的全部未付款项。乙方愿意接受人民法院的强制执行。

5. 甲方在申请执行证书时，应承担相应的举证义务并提供以下文件，保证向______市公证处完全、正确地披露乙方履行债务的情况。

（1）经年检合格的营业执照（副本）。

（2）授权委托书。

（3）强制执行申请。

（4）乙方已经履行还款义务的书面证明材料（如乙方向甲方履行还款义务的情况，包括乙方已偿还/未偿还款项数额等情况）。

（5）经公证的具有强制执行效力的本协议。

（6）甲方在______市公证处的监督下向乙方发出的履行应偿借款通知书。

（7）其他需要提供的材料。

6. 乙方承诺愿以其全部资产接受强制执行，其资产中包括但不限于以下所列内容：______________________。

第四条 双方各自的承诺和保证

1. 甲、乙双方在达成签订本协议意向后即向______市公证处申请办理本协议的公证事宜。

2. 乙方应按本协议的约定按期足额支付应付款项；甲方应按本协议约定办理有关收款和债务抵销的财务手续，并有义务在乙方付款当日向乙方出具有关发票凭证。

3. 甲、乙双方指定联系地址及______市公证处指定联系地址：

甲方联系地址、电话及传真如下：____________；受件人：______。

乙方联系地址、电话及传真如下：____________；受件人：______。

______市公证处联系地址：

地址：

邮编：　　　　　电话：

承办公证员：

甲、乙双方在此确定：如任何一方的联系地址、电话及传真发生变化，应及时告知给对方和北京市公证处，如没有及时履行告知的义务而发生的无法联系的状况，将由未履行告知义务的一方承担由此而带来的法律后果。

第五条 不可抗力

1. 不可抗力是指本协议双方不能预见、不能避免并不能克服的客观情况。包括但不限于下列事件：战争、骚乱、罢工、瘟疫、水灾、洪水、地震、风暴、潮水或其他任何类似事件。

2. 任何一方因不可抗力不能履行本协议规定的全部或部分义务，该方应尽快通知其他方，并须在不可抗力发生后____日内以书面形式向其他方提供详细情况报告及不可抗力对履行本协议的影响程度说明。

3. 发生不可抗力，任何一方均不对因不可抗力无法履行或迟延履行本协议义务而使其他方蒙受的任何损失承担责任。但遭受不可抗力影响的一方有责任尽可能及时采取适当或必要措施减少或消除不可抗力的影响。遭受不可抗力影响的一方因未尽本项责任而给其他方造成损失的，应承担赔偿责任。

4. 各方应根据不可抗力对本协议履行的影响程度，协商确定是否终止本协议，或是继续履行本协议。

第六条 保密

未经另一方同意，本协议任何一方在上述交易完成前，不得将本协议的有关内容向任何第三方透露。

第七条 其他

1. 本协议自______市公证处公证后生效，并赋予强制执行效力。

2. 本协议未尽事宜，由双方通过友好协商方式解决，另行签订补充协议，并经公证处公证。

3. 本协议正本一式______份，每份均具有同等法律效力，双方各持______份，一份留存于______市公证处备案。

甲方：______公司（印章）
法定代表人或授权代表：______（签字）
________年____月____日

乙方：______公司（印章）
法定代表人或授权代表：______（签字）
________年____月____日

租车协议

承租方(甲方):

出租方(乙方):

甲方委托乙方的租用车辆;为明确双方的权益和义务,经双方协商,签订本协议如下:

一、车辆

乙方按甲方要求,提供________座的________车________辆,允许载人数为________人(不含司机),超过该人数,司机有权拒载,否则所有责任由甲方负责。

二、费用

共________元。

三、权利义务

1. 乙方根据甲方提供大概行程进行报价,如甲方实际用车,超出原计划,需根据新的行程计价,否则乙方司机有权拒载。在用车期间,甲方需负责乙方司机的食、宿(二天以上)问题。

费用( )包含、( )不含:所有过路费、过桥费、停车费。

2. 为确保双方权益,甲方在确定用车时(用车前),至少支付给乙方50%保证金________元,如因甲方原因,取消用车,保证金不予退还(未付保证金个人或单位,确定用车,临时变更,取消或改用车日期,需支付车款50%做误工费)。

单接送用车,甲方预约候车时间,不能超过1小时,否则每小时另支付司机加班费¥100元;乙方司机按预约时间准时到达指定地点(迟到不能超过15分钟),否则视乙方违约,扣除¥100元,超过50分钟(非人为造成,如道路严重堵塞、天灾人祸、车祸等),将赔偿甲方全部损失(协议租车价)。

3. 出车事宜,由甲方统一合理安排,但郑重声明,甲方不得利用乙方汽车,作为非法用途,不得载易燃物品;不得强迫司机做违背法律、道德的事情,不得超载(超过汽车座位人数),否则乙方有权拒绝;所造成法律、经济问题,由甲方承担。

4. 乙方驾驶员需遵守公司的各项规章制度,需按时待令派遣;必须遵守司机驾驶条例,有一定的职业道德。

5. 乙方负责合约期间,汽车行驶中(客人在车上)的人生意外保险,顾客离开车辆的保险,由甲方自行负责。

6. 合约期间,乙方负责非甲方原因造成的交通事故及其他意外事故所造成的损失,如因甲方原因导致(如强迫司机行为造成的,甲方人员驾驶丙方汽车造成的),由甲方承担一切责任。

四、违约责任

甲、乙双方当事人如违反合同约定,违约方应当对守约方承担赔偿责任,乙方不参与任何经济及法律责任,但乙方有义务从中调解。

五、合同期限

本合同自________年________月________日起生效,至________年________月________日止。到期后在双方均同意的情况下,可再签租用合同。

六、合同文本

本合同一式两份,甲方、乙方各执一份。本合同自双方当事人签章时生效,并具法律责任。

承租方(签章):
电　　话:
地　　址:
代表人签字:
日　　期:

出租方(签章):
电　　话:
地　　址:
代表人签字:
日　　期:

参 考 文 献

[1] 黄茂钦. 经济法现代性研究[M]. 北京:法律出版社,2006.
[2] 单飞跃,卢代富,等. 需要国家干预——经济法视域的解读[M]. 北京:法律出版社,2005.
[3] 刘水林. 经济法基本范畴的整体主义解释[M]. 厦门:厦门大学出版社,2006.
[4] 徐孟洲. 经济法学原理与案例教程[M]. 北京:中国人民大学出版社,2006.
[5] 张守文. 经济法学[M]. 北京:北京大学出版社,2005.
[6] 郭凯峰,马永双,等. 经济法[M]. 北京:中国社会出版社,2007.
[7] 刘志仁. 经济法[M]. 杭州:浙江大学出版社,2009.
[8] 李方武. 经济法基础[M]. 北京:电子工业出版社,2010.
[9] 郭声龙,江晓波. 经济法基础[M]. 武汉:武汉大学出版社,2012.
[10] 张年勇. 经济法基础[M]. 湘潭:湘潭大学出版社,2009.
[11] 王遂起. 经济法基础[M]. 北京:北京邮电大学出版社,2006.
[12] 潘静成,刘文华. 经济法[M]. 3 版. 北京:中国人民大学出版社,2008.
[13] 万亚平,曾永锋. 经理人不可不知 2000 个经济法律常识[M]. 北京:法律出版社,2013.
[14] 刘文华,肖乾刚. 经济法律通论[M]. 2 版. 北京:高等教育出版社,2000.
[15] 李新霞. 经济法律法规[M]. 北京:北京交通大学出版社,2012.
[16] 陈丽洁. 合同审查的结构与方法[M]. 北京:法律出版社,2011.
[17] 中国法制出版社. 中华人民共和国合同法案例注释版[M]. 2 版. 北京:中国法制出版社,2013.
[18] 徐阳光. 借款合同案例评析[M]. 北京:知识产权出版社,2004.
[19] 王利明,房绍坤,王轶. 合同法[M]. 北京:中国人民大学出版社,2013.
[20] 法律出版社法规中心. 中华人民共和国法律法规全书系列[M]. 北京:法律出版社,2014.
[21] 贺小电,唐吉凯. 担保合同案例评析[M]. 北京:知识产权出版社,2004.

反侵权盗版声明

举报电话：(010)88254396；(010)88258888
传　　真：(010)88254397
E－mail　：dbqq@phei.com.cn
通信地址：北京市万寿路173信箱
　　　　　电子工业出版社总编办公室
邮　　编：100036

尊敬的老师：

您好。

请您认真、完整地填写以下表格的内容（务必填写每一项），索取相关图书的教学资源。

教学资源索取表

书 名				作 者 名	
姓 名		所在学校			
职 称		职 务		讲授课程	
联系方式	电话：		E－mail：		
地址（含邮编）					
贵校已购本教材的数量（本）					
所需教学资源					
系/院主任姓名					

系/院主任：____________________（签字）

（系/院办公室公章）

20____年____月____日

注意：

① 本配套教学资源仅向购买了相关教材的学校老师免费提供。

② 请任课老师认真填写以上信息，并**请系/院加盖公章**，然后传真到（010）80115555 转 718438 索取配套教学资源。也可将加盖公章的文件扫描后，发送到 fservice@126.com 索取教学资源。

微信号：fservice126

中国工信出版集团

電子工業出版社

PUBLISHING HOUSE OF ELECTRONICS INDUSTRY

PHEI

http://www.phei.com.cn